위대한 협상가 시리즈 1

역사 속 위대한 협상가 이야기

원창희, 정주영, 권희범 지음

파인협상아카데미

책을 내며

　우리는 어릴 때 세계위인전을 많이 접하면서 자라났다. 재미있다는 느낌도 들었고 가슴 뭉클할 때도 있었다. 감성 많은 어린 시절에 '나는 어떤 위인처럼 그렇게 살아야겠다.' 하는 다짐을 할 때도 있었다. 세계위인들의 이야기가 참으로 의미 있는 이유는 앞서 열심히 살아간 위인들의 발자취가 후손들에게 귀감이 되고 교훈을 주어 그들의 숭고한 정신과 행동을 본받고 계승하라는 암묵적인 가르침이 있기 때문일 것이다.

　이 책은 세계적 위인들의 협상 이야기를 재미있고 역동적으로 풀어나가고자 시도하였다. 이 책이 일반적 위인전과 다른 점은 위인들의 삶을 협상가적 관점에서 조망하였고 역사적 협상과정과 결과를 보다 면밀히 관찰하였으며 위대한 협상가들을 일정한 기준으로 서로 비교분석함으로써 협상적 교훈을 얻고자 하였다는 점이다. 역사적으로 큰 활동을 하였던 위대한 협상가는 많이 있지만 이번 협상가 시리즈에서는 서양 4명과 동양 3명, 총 7명의 위대한 협상가를 발굴하여 소개하고 있다. 협상가를 발굴하고 위대한 협상가 상(Great Negotiator Award)을 수여하는 것은 하버드로스쿨의 협상프로그램(Program on Negotiation, Harvard Law School)에서 시작하였기에 이에 자극이 되어 본 연구가 시작되었음을 밝혀둔다. 그러나 일부 협상가들만 참고하였으며 나머지는 독자적으로 발굴하였다.

　사례 중 남아공의 넬슨 만델라 대통령, 미국의 버락 오바마 대통령, 콜롬비아의 후안 마누엘 산토스 대통령의 사례와 서문 및 결문은 원창희가 집필하였고 한국의 장위공 서희 장군과 중국의 저우언라이 총리의 사례는 정주영이 담당하였으며 영국의 토니 블레어 총리와 일본의 모리타 아키오 회장의 사례는 권희범이 맡아서 집필하였다. 서양의 4명은 하버드 협상프로그램의 위대한 협상가상이나 소개자료를 참고하였고 동양의 3명은 독자적으로 발굴하였다. 향후 위대한 협상가 시리즈가 이어진다면 독자적으로 더 많은 위대한 협상가를 발굴하여 소개할 예정이다.

이 책의 출간에 후원과 관심을 보내준 여러 분들이 있다. 미국 연방조정알선청(FMCS)의 전임 조정관인 잰선우(Jan Sunoo) 선생님은 이번에도 추천사를 써 주셔서 진심으로 감사의 말씀을 드리며 영어와 한글 번역본을 수록하였다. 이 책에 서평을 작성해주신 서울대학교 경영대학 명예교수 최종태 교수님, 단국대학교 경영대학원 협상코칭 주임교수 겸 ㈜KBC파트너스 대표코치 최동하 교수님, 메인비즈협회 부회장 겸 태일CNT 대표이사 김경수 대표님, 한국여성변호사회 수석부회장 겸 대한변호사협회 전임 사무총장 왕미양 변호사님, 한국노총 금속노련 부위원장 겸 명화공업 노조위원장 백선진 위원장님께 깊은 사의를 표한다.

이 책은 파인협상아카데미에서 실시하는 협상가 1급 자격증과정의 연구출판사업의 일환으로 출판하게 되었다. 과정을 수료한 많은 전문 협상가들이 파인협상그룹(Fine Negotiation Group)을 결성하여 실무역량을 계발하고 연구와 출판을 발전시킬 것으로 기대한다. 위대한 협상가 뿐 아니라 현장에서 발굴하는 협상실무사례도 연구하여 컨퍼런스에 발표하고 출판하여 협상실무연구 발전에 기여하기를 기원한다.

2022년 9월 1일
원창희, 정주영, 권희범 씀

┃추천사┃

　세계적 지도자의 협상은 분리된 국가의 통합, 인종차별의 종식, 침략전쟁으로부터 국가 수호, 민주주의 국가 건설 및 국내 분쟁 해결과 같은 위대한 업적을 달성해 왔다. 이러한 업적의 위대함은 자유, 평등, 민주주의, 평화, 사랑 및 자비와 같은 보편적 가치를 구체적 형태로 실행하는 곳에서 나온다.

　이 책은 넬슨 만델라, 토니 블레어, 버락 오바마, 후안 산토스, 서희, 저우언라이, 모리타 아키오 등 7명의 세계적 지도자들의 성공적 기법들을 분석하였다. 이 책은 "위대한 협상가"의 협상적 전략에 초점을 맞추고 있다. 이들 유명한 협상가의 이름보다 더 중요한 것은 그들의 협상이 국민들의 숭고한 삶, 안전 그리고 번영에 미친 영향이다. 국제적이든 국내적이든 세계적 지도자들의 협상은 세계나 국가의 평화를 위한 근본적 도구이다.

　이 책은 전문적 협상가의 관점에서 협상과정을 바라보고 펼쳐내는 이야기와 사례연구로 구성되어 있다. 각각의 협상이야기는 그 자체가 재미있을 뿐 아니라 학생이나 유경험 협상가들 모두에게 밝게 비추어주고 있다. 많은 이야기와 비교분석은 협상전문가들의 분석에 따라 잘 알려진 이들 협상가들의 철학, 전략 그리고 스킬을 배울 수 있는 기회를 독자들에게 제공하고 있다.

　이 책은 독자들이 사례연구로부터 배우고 영감을 얻도록 장려하고 있다. 좋은 협상이 조심스럽게 분석될 때 교훈을 쉽게 얻고 모방할 수가 있다. 이것이야말로 협상의 학생이나 실무자에게 그들이 활동하는 현장에서 긍정적이고 성공적인 협상을 용감하게 시작하고 지원하는 더 높은 통찰력과 자신감을 줄 것이다.

2022년 9월 1일
잰 선우(Jan Jungmin Sunoo)
미국 연방조정알선청(FMCS) 조정관(전)

Recommendation

Recommendation for
"The Stories of Great Negotiators in History"
by Chang Hee Won, Ju Young Jeong & Hee Beom Kwon

The negotiations of world leaders have resulted in great achievements such as unifying separated nations, putting an end to apartheid, defending a nation from an aggressive war, building a democratic state and resolving internal disputes. The greatness of these achievements comes from their concretizing universal values such as freedom, equality, democracy, peace, love and benevolence into concrete form.

This book analyzes the successful techniques of seven world leaders including Nelson Mandela, Tony Blair, Barack Obama, Juan Santos, Seohee, Zhou Enlai and Morita Akio. It focuses on negotiation strategies of these "Great Negotiators." More important than the names of these famous negotiators, is the impact that their negotiations have had upon the spiritual lives, the safety, and prosperity of their people. International or domestic negotiation for world leaders is a fundamental tool for world or national peace.

This book is composed of stories and case studies with an eye of unwrapping the negotiation process from a professional negotiator's perspective. Each negotiation story is fascinating in itself as well as illuminating to both the student and the experienced negotiator. The many stories and comparative analyses provide the reader the opportunity to learn the philosophies, strategies and skills of these well-known negotiators as analyzed by a negotiation expert.

This book encourages the reader to learn and be inspired from these case studies. When a good negotiation is carefully analyzed, the lessons can be easily learned and replicated. This will give the negotiation student/practitioner better insight and increased confidence to boldly initiate and support positive successful negotiations in the context in which they operate.

September 1, 2022
Jan Jungmin Sunoo
Commissioner, US Federal Mediation and Conciliation Service(retired)

차례

책을 내며_ iii
추천사_ v
Recommendation_ vi

【서문】 ··· 1
1. 역사 속 위대한 협상가의 발굴 ································· 3
《위대한 협상가의 화보 감상》 ····································· 9

【서양편 사례】 ··· 41
2. 남아공 넬슨 만델라 대통령 ····································· 43
3. 영국 토니 블레어 총리 ··· 78
4. 미국 버락 오바마 대통령 ·· 95
5. 콜롬비아 후안 마누엘 산토스 대통령 ······················ 115

【동양편 사례】 ··· 165
6. 한국 장위공 서희 장군 ··· 167
7. 중국 저우언라이 총리 ·· 187
8. 일본 모리타 아키오 회장 ······································ 220

【결문】 ··· 237
9. 위대한 협상가의 비교분석 ···································· 239
10. 위대한 협상가의 교훈 ·· 249

주석_ 260
참고문헌_ 266
찾아보기_273

표 차례

- <표 3-1> 북아일랜드 유혈분쟁의 역사 ········· 87
- <표 3-2> 북아일랜드 벨파스트 협정 주요내용 ········· 90
- <표 3-3> 협상에서의 성공법칙 10가지 ········· 93
- <표 6-1> 서희의 주요 연보 ········· 170
- <표 6-2> 고려사에 기록된 서희의 외교담판 (한문) ········· 172
- <표 6-3> 고려사에 기록된 서희의 외교담판 (한글) ········· 173
- <표 6-4> 서희의 협상과정 ········· 177
- <표 7-1> 중국과 미국의 협상일지 ········· 200
- <표 7-2> 협상가가 지녀야 할 능력과 자질 ········· 206
- <표 7-3> 저우언라이(周恩來) 연보 ········· 216
- <표 8-1> 모리타의 8가지 경영원칙 ········· 231
- <표 8-2> 상대방의 비열한 수법에 대한 대응전략 ········· 233
- <표 9-1> 서양편 협상가 비교분석표 ········· 244
- <표 9-2> 동양편 협상가 비교분석표 ········· 248

그림 차례

- [그림 3-1] 토니 블레어의 이념 편력 ········· 83
- [그림 3-2] 북아일랜드 평화협정서 표지 ········· 90
- [그림 4-1] 미국 건강보험 미가입자 추세 1997-2021 ········· 105
- [그림 5-1] 콜롬비아 정부와 게릴라집단과의 갈등과 협상 구조 ········· 156
- [그림 6-1] 강동 6주: 거란과의 전쟁 ········· 175
- [그림 6-2] 10세기 동아시아 국제관계 ········· 183

【서문】

1. 역사 속 위대한 협상가의 발굴

1. 역사 속 위대한 협상가의 발굴

1) 위대한 협상가란?

　협상가(協商家, negotiator)는 어떤 종류의 협상이든 협상을 책임지고 수행하는 사람으로 어느 정도의 협상 역량을 보유한 전문가를 말한다. 보통 협상의 당사자라는 말도 사용하는데 이는 협상 역량과 상관없이 협상에 임하고 있는 개인이나 집단을 지칭하고 있다. 협상 당사자는 협상이 진행되고 있을 때만 해당되는 주체이므로 협상이 없는 상황에서는 해당되지 않는다. 반면에 협상가는 협상이 없을 때도 협상의 역량을 보유한 전문가로서 지칭할 수 있으며 때로는 직업인이기도 하다.

　이 책에서 '협상가'라는 단어 앞에 '위대한'이라는 수식어를 붙인 것은 일상적인 협상을 잘 완수한 협상가를 말하는 것이 아니라 사회와 국가 또는 인류를 위해 큰 가치를 만들어낸 협상을 성공시킨 협상가를 지칭한다. 다시 말해서 '위대한 협상가'는 역사적으로 실존했던 인물로서 그 사람이 속했던 시대와 사회에서 매우 중요하고 어려웠던 갈등, 분쟁, 전쟁 등을 협상으로 잘 해결하여 사회구성원이나 국민들에게 큰 복리와 평화를 선사한 협상가이면서 지도자라는 역사적 인물을 의미한다. 다만 경제·경영적으로 기업인이나 사회적으로 조직리더가 획기적으로 기업이나 조직의 문제를 해결하기 위해 협상에 성공한 경우도 함께 발굴하여 위대한 협상가에 포함시킬 수 있다.

2) 위대한 협상가 연구의 의미

역사적으로 학문은 고대 그리스의 철학자인 아리스토텔레스의 철학에서 시작되어 수학, 물리학, 천문학, 생물학 등 자연과학이 파생되어 나왔다.[1] 심리학, 경제학, 사회학, 언어학 등 사회과학 및 인문과학은 철학자가 다룬 영역이었으나 철학과 연계성이 줄어들어 17세기부터 발달하기 시작하였다.[2] 경영학, 행정학, 고고학 등은 응용사회과학으로서 사회과학의 이론을 현실에 적용시키는 응용학문이다.

협상은 어떤 학문적 근거를 가지는가? 간혹 '협상학'이라는 용어를 사용하는 곳도 있지만 학문적으로는 인정되지 않고 있다. 협상과 관련된 이론들은 많이 있지만 학문으로 집대성하지 못한 응용분야로 보인다. 대학에서 협상학이 소속되는 분야는 경영학이나 행정학 또는 법학이지만 응용사회과학으로 분류되려면 많은 노력과 학문적 발전이 있어야 할 것이다.

실용적 학문이 다 그렇듯이 현실적으로 어떻게 이루어지는가가 매우 중요하며 그것이 바탕이 되어 이론이 나오는 것이다. 협상과 관련한 많은 도서들이 있는데 이론과 사례들을 다루고 있지만 실무와 사례로부터 정제되어 나온 것이 이론으로 구축되고 그 이론은 다시 규칙을 만들어 학습의 장에 제공되고 있음을 볼 수 있다. 그래서 협상이 현실 속에 사례로 어떻게 나타나는가를 살펴본다는 것은 협상학 또는 협상이론의 발전에 매우 중요하다. 사례를 학습하는 이유는 그 속에 일정한 법칙을 찾으려는 학문적 욕구가 있기 때문일 것이다.

우리의 정의에 의한 위대한 협상가를 연구하는 의미는 무엇일까? 위대한 협상가들은 협상을 배웠기 때문에 위대한 협상이 가능했다기보다 협상이 처해 있는 환경과 자신의 종합적 판단에 의한 협상의 지혜와 결단력 때문에 가능했다고 보는 것이 더 적절하다. 이러한 관찰이 정확하다면 우리는 위대한 협상가가 중대한 국가적, 사회적 협상의 상황에서 어떠한 지혜와 결단력을 발휘했는지를 살펴보는 것이 매우 의미 있다. 지금까지 그러한 지혜와 결단력은 기존의 협상의 이론에서 찾아볼 수도 있지만 이론에는 없는 그 어떤 무엇인가를 발견할 수도 있다. 마치 대통령을 연구하면서 대통령학을 추출해내듯이 위대한 협상가를 연구하면서 위대한 협상가학을 추출할 수도 있다.

국가적, 사회적으로 큰 문제에 봉착했을 때 이를 협상으로 해결할 수 있는 지혜를 발휘하고자 한다면 역사 속에 활약했던 많은 위대한 협상가들을 연구하고 그들의 지혜를 습득하고 응용함으로써 협상의 성공에 더 다가갈 수 있을 것으로 보인다. 이러한 위대한 협상가의 연구는 비단 국가의 지도자뿐만 아니라 조직과 기업의 리더에게도 적용될 수 있을 것이라고 확신한다.

3) 위대한 협상가 선정의 기준

역사 속에서 누구를 위대한 협상가로 선정할 것인가도 고민스러운 부분이다. 위대한 협상가를 발굴해서 연구해봐야 하겠다는 생각은 하버드대학교 로스쿨의 협상프로그램에서 제공하는 '위대한 협상가상(Great Negotiator Award)'에서 시작되었다.3) 이 상은 2000년부터 수여하기 시작하여 2008년까지는 매년 한 사람씩 선정하여 수여하였고 이후 2~5년마다 부정기적으로 수여되는 것으로 보인다. 본 연구는 하버드대학교의 상을 참조는 하지만 굳이 여기에 국한할 필요가 없고 다양한 국가와 계층을 대상으로 선정하는 것으로 판단하였다. 또한 동양과 서양, 정치인과 행정가 및 경제인, 근대와 과거를 가능한 골고루 고려대상에 넣었다.

많은 위대한 협상가가 있지만 이 책에 포함할 수 있는 정도의 일부만 선정하였는바 서양에는 4명, 동양에는 3명을 선정하였다. 국가별로도 한 명씩으로 하여 미국, 영국, 남아공, 콜롬비아, 한국, 일본, 중국 등 7개 국가로 결정하였다. 물론 국가를 먼저 결정하고 인물을 결정한 것은 아니며 위대한 협상가 대상 중에서 적절한 지역별, 국가별 안배가 필요하여 이들 국가가 결정되었다. 위대한 협상가 배열의 순서는 권역으로 나누어 서양편과 동양편으로 구분하고 각 편 내에서 협상가가 협상을 했던 시기를 기준으로 순서를 정하였다. 그래서 서양편에는 남아공의 넬슨 만델라, 영국의 토니 블레어, 미국의 버락 오바마, 콜롬비아의 후안 마누엘 산토스의 순서로 배열하였으며 동양편에서는 한국의 장위공 서희, 중국의 저우언라이(주은래), 일본의 모리타 아키오의 순서로 배열하였다.

위대한 협상가의 순서를 정리하면 다음과 같다.

[서양편]
1. 남아공 넬슨 만델라 대통령
2. 영국 토니 블레어 수상
3. 미국 버락 오바마 대통령
4. 콜롬비아 후안 마누엘 산토스 대통령

[동양편]
5. 한국 장위공 서희 장군
6. 중국 저우언라이 총리
7. 일본 모리타 아키오 회장

4) 사례분석의 방법

사례는 일종의 실제 일어났던 사실이고 이야기이다. 협상가의 사례를 어떻게 기술할 것인가도 고민스러운 부분이다. 협상가를 서로 비교하고 시사점을 얻기 위해서라도 공통의 분석방법이 있어야 할 것이다. 그래서 가장 핵심적으로 있어야 할 부분은 협상의 사례에 대한 소개와 분석이고 부차적으로 협상가의 인생과 철학도 살펴볼 필요가 있다. 협상과 관련해서 어떻게 분석하고 비교하면 좋을지는 분석의 틀을 무엇으로 할 것인가에 달려 있다고 보인다. 협상이야기를 충분히 스토리로서 이끌어가되 협상스킬을 정리하여 분석할 필요가 있다. 그리고 협상가의 인생관, 철학, 삶의 방식 등 특징을 정리하여 리더로서 삶도 이해할 수 있어야 한다. 이러한 협상가의 특징과 협상스킬로부터 학습의 교훈을 도출하면 그 협상가의 지혜를 배울 수 있을 것이다.

각 협상가의 사례는 일률적으로 목차를 정리할 수는 없으나 개략적으로 다음의 항목들을 포함해서 기술하고자 노력하였다.

- 협상가의 탄생, 성장, 활동 개요
- 주요 협상의 스토리
  > 협상의 배경
  > 협상의 과정
  > 협상의 결과
- 협상스킬의 정리
- 협상가의 특징과 교훈

위대한 협상가의 시각적 관찰과 느낌을 가지기 위해 사례소개 이전에 협상가들의 화보를 먼저 모아서 컬러로 감상하려는 목적으로 《위대한 협상가의 화보 감상》 코너를 마련하였다.

《위대한 협상가의 화보 감상》

[화보 1] 남아공 넬슨 만델라 대통령
[화보 2] 영국 토니 블레어 수상
[화보 3] 미국 버락 오바마 대통령
[화보 4] 콜롬비아 후안 마누엘 산토스 대통령
[화보 5] 한국 장위공 서희 장군
[화보 6] 중국 저우언라이 총리
[화보 7] 일본 모리타 아키오 회장

[화보 1] 남아공 넬슨 만델라 대통령

넬슨 만델라의 첫째부인 Evelyn Mase(1944~1958, 상좌), 둘째부인 Winnie(1958~2018, 상우), 셋째부인 Graca Machel(1998~2013, 하)
출처: Wikipedia, "Evelyn Mase"; Blackpast, "Winnie Madikizela-Mandela," October 4, 2010; Daily Maverick, "Mandela and Graça's marriage," 23 Jul 2018.

1962년 8월 16일 법원 앞에서 부인 위니 만델라와 함께 여성들이 만델라 석방을 요구하고 있다.
출처: Alan Taylor, "Nelson Mandela, 1918-2013," The Atlantic, December 6, 2013, (AP Photo/Dennis Lee Royle)

만델라(앞줄 중앙)가 출옥 후 이튿날 소웨토를 방문하여 부인 위니(오른쪽)와 같이 지지 군중들에게 손을 흔들고 있다.
출처: The New Indian Express, 17th July 2020 (Photo | AP)

1990년 5월 4일 만델라(오른쪽)가 데 클레르크와의 회담에서 악수하는 있다.
출처: Claude Leblanc, "Poignées de mains décisives: Nelson Mandela – Frederik de Klerk, l'improbable," l'Opinion, 31 juillet 2017. (Sipa Press)

1991년 11월 13일 CODESA회담에서 시스루, 메이어, 라마포사와 담소하는 넬슨 만델라.
출처: Dr Peter Magubane, "Zwelakhe Sisulu, Roelf Meyer, Nelson Mandela and Cyril Ramaphosa at the CODESA talks," https://southafrica.co.za/

1993년 12월 10일 만델라(왼쪽)와 데 클레르크의 노벨평화상 수상.
출처: "Mandela urged to refuse Nobel peace prize 20 years ago." BY SAPA-AFP, Sowetan Live, 09 December 2013

1994년 5월 10일 넬슨 만델라의 대통령 선서.
출처: Nelson Mandela takes the oath as president of South Africa in Pretoria on May 10 1994, AFP.

2003년 토니 블레어(왼쪽)와 빌 클린튼(오른쪽)과 손을 잡고 있는 넬슨 만델라.
출처: William Gumede, "Nelson Mandela set standards which his successors have not been able to live up to," Independent, 06 December, 2013(AFP/Getty Images 재인용).

2010년 남아공 월드컵에서 우승트로피를 들어올리는 넬슨 만델라. 왼쪽은 투투 대주교.
출처: sportanddev.org, "Nelson Mandela and the power of sport," December 17, 2013.

2013년 12월 5일 만델라가 사망한 후 Houghton에 있는 만델라 집 밖에서 수백명의 시민들이 모여들어 경의를 표하고 있다.
출처: Joy Online, "Nelson Mandela death: Crowds gather to pay tribute," 7 December 2013

[화보 2] 영국 토니 블레어 수상

2012년 7월 토니 블레어 수상이 가족들과 몰디브에서 휴가(왼쪽부터 둘째 아들 니콜라스, 첫째 아들 유안, 부인 체리, 토니 블레어, 딸 캐 츠리 앞줄 중앙 셋째 아들 레오.)
출처: Former British Prime Minister Tony Blair and Family Holidays in Maldives, Maldives Insider, June 7, 2012.

1972년 1월 30일 일요일 아침 시민권행진에 15,000명이 북아일랜드 벨파스트 Derry에 모였는데 '피의 일요일' 사건으로 이어졌다.
출처: "Bloody Sunday: What happened on Sunday 30 January 1972?" BBC News, January 27, 2019.

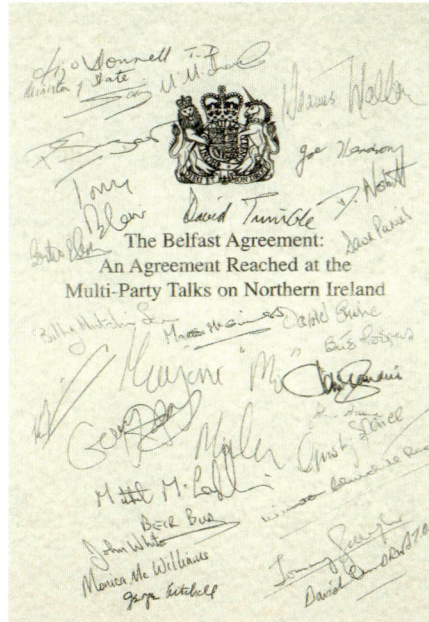

서명된 북아일랜드 벨파스트협정서 원본. 문장의 시작부분에 토니 블레어 서명이 보인다.
출처: 1998 (10 April) Good Friday Agreement facsimile signature sheet, Whytes.

1998년 4월 10일 북아일랜드 평화협정타결 장면. 오른쪽부터 토니 블레어 수상, 조지 미첼 미국 상원의원, 버티 아헌 아일랜드 수상.
출처: "20 years on, Northern Ireland marks peace deal," Deutsche Welle, 10.04.2018.

위대한 협상가의 화보 감상 | 17

2001년 5월 31일 토니 블레어 영국 총리(가운데)가 잉글랜드 브라이턴의 유세장에 모여든 어린이들과 유권자들에게 손을 흔들며 활짝 웃고 있다.
출처: 동아일보, "표밭의 블레어," 2001.06.01.(AP연합 재인용).

2003년 7월 20일 청와대에서 공동기자회견을 하는 토니 블레어 영국총리와 노무현 대통령.
출처: 노무현사료관, "청와대에서 공동기자회견을 하는 토니 블레어 영국총리와 노무현 대통령," 2003.07.20.

2009년 1월 13일 조지 부시 미국 대통령이 토니 블레어 영국 수상에게 대통령자유메달을 수여한 후 박수를 치고 있다.
출처: whitehouse.gov, "President Bush Honors Presidential Medal of Freedom Recipients," January 13, 2009.

2022년 1월 30일 '피의 일요일' 50주년을 맞아 희생자들의 사진을 들고 행진하는 북아일랜드 시민들.
출처: "Ireland Calls for Justice on 50th Anniversary of 'Bloody Sunday'" Reuters, January 30, 2022.

[화보 3] 미국 버락 오바마 대통령

장녀 말리아, 부인 미셸, 버락 오바마, 차녀 사샤(왼쪽부터).
출처: 나무위키, "버락 오바마."

1970년대 중반 호노룰루에서 외조부 Stanley Armour Dunham, 어머니 Ann Dunham, 여동생 Maya Soetoro, 본인 Barack Obama(왼쪽부터).
출처: Ann Dunham with father and children, "Courtesy of Obama for America," Wikipedia.

2009년 1월 20일 미국 제44대 대통령으로서 성경에 왼손을 얹고 대통령 취임선서를 하는 버락 오바마. 오른쪽 성경을 들고 있는 사람은 부인 미셸.
출처: itv, "Barack Obama to be sworn in as US president," 20 January 2013.

2009년 10월 9일 노벨평화상을 수상한 버락 오바마 대통령.
출처: Kathleen Hennessey, "Once lauded as a peacemaker, Obama's tenure fraught with war," AP News, October 6, 2016.

2010년 3월 23일 버락 오바마 대통령이 오바마케어 법안 (Affordable Care Act)에 서명하고 있다.
출처: "The Political Price of Obamacare," by Mike DeBonis, August 16, 2016. Scott Applewhite/Associated Press.

2011년 5월 2일 백악관에서 오사마 빈 라덴에 대한 공격장면을 시청하고 있는 버락 오바마(왼쪽에서 두 번째)와 국가안보팀원들. 왼쪽은 부통령 조 바이든과 오른쪽에서 두 번째는 국무장관 힐러리 클린튼.
출처: Spiegel International, "The Hunt for Bin Laden," 03.05.2011.

2015년 7월 20일 유엔 안전보장이사회가 이란 핵개발 제재를 만장일치로 결의한 장면.
출처: "Security Council adopts resolution endorsing Iran nuclear deal," UN News, 20 July 2015.

2015년 9월 29일 쿠바 라울 카스트로(왼쪽)가 유엔총회에서 연설하기 전 악수하고 있는 버락 오바마. 두 사람은 2015년 7월 20일 미국과 쿠바 간 외교관계를 회복하였다.
출처: U.S. Department of State, "United States-Cuba One Year Anniversary of Re-established Diplomatic Relations," U.S. Embassy in Argentina, July 20, 2016.

[화보 4] 콜롬비아 후안 마누엘 산토스 대통령

산토스 가족사진. 왼쪽부터 딸 마리아 안토니아, 둘째 아들 에스테반, 산토스, 부인 마리아 클레멘시아, 첫째 아들 마르틴.
출처: Semana, "Family album: this is how the life of Santos Rodríguez changed," 4/8/2018

Farc의 리더들. 앞 줄 왼쪽부터 설립자 마누엘 마루란다, 2대 지도자 알폰소 카노, 3대 지도자 티모첸코.
출처: RCN Radio, 'Alfonso Cano' will be honored in Bogotá, 29 Oct 2017

2014년 8월 7일 산토스의 대통령 취임식. 앞 줄 우측 4명이 가족들.
출처: El Tiempo, 'A Colombia en paz no la frena nadie': Juan Manuel Santos, 2014. 8. 7.

2016년 6월 23일 쿠바 하바나에서 후안 마누엘 산토스 대통령과 티모첸코 Farc 대표가 평화협정을 체결한 후 악수를 하고 있다. 산토스의 뒷 좌측은 반기문 유엔 사무총장이, 티모첸코의 뒷 우측은 라울 카스트라 쿠바 대통령이 박수를 치고 있다.
출처: Infobe, September 26, 2016

위대한 협상가의 화보 감상 | 25

노르웨이 오슬로 시청에서 2016년 노벨평화상을 수상한 후안 마누엘 산토스 콜롬비아 대통령.
출처: Folha de S. Paolo, "Colombian President Receives Nobel Peace Prize, Calls for End to Conflicts," 12/10/2016

2016년 10월 7일 산토스 대통령이 평화협정서 복사본을 반기문 유엔 사무총장에게 전달하고 있다.
출처: Camila Domonoske, "Colombian President Juan Manuel Santos Awarded Nobel Peace Prize," Illinois Public Media, Craig Ruttle/AP Photo, October 07, 2016

2018년 8월 7일 보고타 대통령궁을 방문하여 콜롬비아 후임 대통령 이반 두 케와 악수하는 산토스. 왼쪽은 아들 마르틴, 뒷쪽은 부인 마리아 클레멘시아.
출처: Luke Taylor, "Will Duque Maintain Santos' Other Legacy in Colombia—the Economic Recovery?" World Politics Review, Aug 21, 2018.

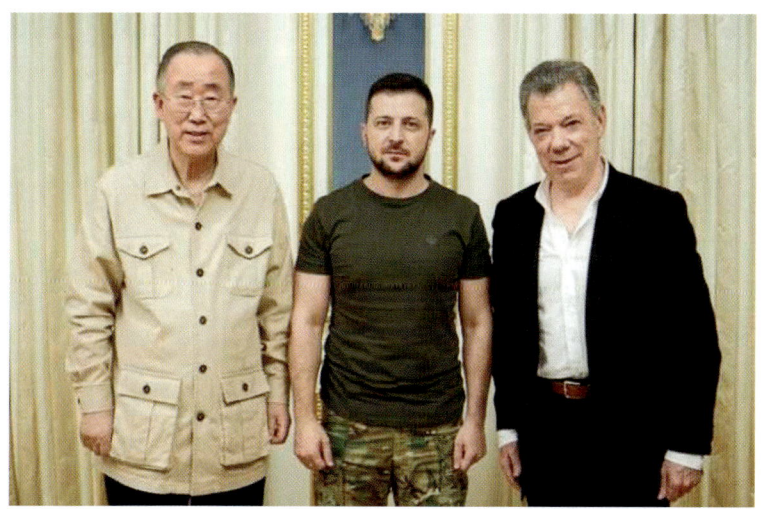

2022년 8월 17일 우크라이나를 방문해 젤렌스키 대통령(중앙)과 기념사진을 찍는 산토스 전 대통령(오른쪽)과 반기문 전 유엔 사무총장.
출처: Sabrina, "Why did Juan Manuel Santos travel to Ukraine in the middle of the war with Russia? | news today," Columbia Zero Detail, August 17, 2022.

[화보 5] 한국 장위공 서희 장군

장위공 서희 영정.
출처: 이천시 서희역사관

10세기 동아시아 국제관계
출처: 중앙일보, "유상운의 역사정치," 2018.9.16.

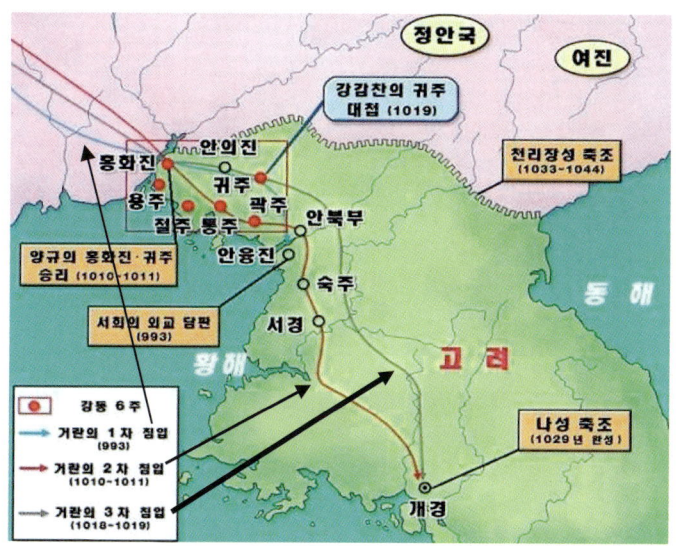

강동6주: 거란과의 전쟁
출처: https://blog.naver.com/thefirstcoach/220747443678

거란 소손녕 장수와 담판하는 서희(왼쪽).
출처: "서희," 지식백과(이인영 그림)

고려사에 기록된 서희 활약 내용.
출처: "서희," 국역 고려사: 열전

경기도 여주군 산북면 후리에 위치한 서희 장군 묘의 정면 모습과 묘비(경기도 기념물 제36호).
출처: 서희장군 묘와 묘비는 민족대백과에서 각각 인용(한국학중앙연구원, 유남해/김성철 재인용)

이천 서희테마파크 역사관에 세워진 서희 동상과 당시 지도.
출처: 이화준, "외교를 통해 겨레를 구한 장위공, 역사 이야기로 돌아보는 이천 서희테마파크 역사관," 이천시 공식 블로그, 2016.6.28.

2009년 10월 9일 외교안보연구원에서 서희 동상 제막식이 개최되었다.
출처: 국립외교원, "'서희 동상 제막식 및 학술대회' 개최," 2009-10-14.

[화보 6] 중국 저우언라이 총리

1976년 조지오 로티가 이태리 타임지에 발표한 저우언라이 사진.
출처: Jiangnan Zhichun, "How did this classic photo of Premier Zhou Enlai "return" to China?" 2020. First published by Giorgio Lotti, Italian weekly "Time," 1976.

1924년 장제스(중앙 앞)와 저우언라이(뒷쪽 왼편)가 군사사관학교에서 생도들과 정렬한 장면
출처: Zhou Enlai, Wikipedia.

1936년 12월 장제스가 구금되는 시안사변 이전 장쉐량(앞줄 왼쪽)과 장제스(오른쪽)가 연합 후 쑨원 묘소에서 기념사진을 찍고 있다.
출처: "장쉐량," 나무위키.

1950년 2월 14일 저우언라이가 중소우호동맹조약에 서명하고 있다. 뒷줄 왼쪽은 스탈린, 중앙은 마우쩌둥이다.
출처: Xiaoyuan Liu(2007), "Reins of Liberation: Geopolitics and Ethnopolitics of China, Central Asia and the Asia Pacific," The Asia Pacific Journal, May 2, 2007.

위대한 협상가의 화보 감상 | 33

1954년 당당한 모습으로 제네바 회담에 참석하는 저우언라이.
출처: "The House," Zhou Enlai Peace Institute, 2021.02.01.

1955년 4월 18~24일 인도네시아 반둥에서 개최된 아시아-아프리카 29개국 컨퍼런스에서 저우언라이가 중국대표로 참석하여 평화5원칙을 선언하고 있다.
출처: "The fourth most populous country in the world, the land of ten thousand islands, the vibrant Indonesia," Cloud Attractions, 2018.08.21.

1972년 2월 21일 저우언라이 총리(중앙)는 방중한 닉슨 미국 대통령을 영접하였다.
출처: China Focus(봉황망코리아), "[트럼프 방중] 역대 미국 대통령 중국 방문 모습은 ①-리처드 닉슨," 2017.11.09.

1972년 2월 상하이에서 열린 미국 닉슨 대통령(중앙) 중국 방문 환영 만찬에서 저우언라이 총리(왼쪽)가 젓가락 사용법을 설명하고 있다. 오른쪽은 장춘차오 부총리.
출처: Robert McCrum, "Politics and food: President Nixon in China, February 1972," Sun 17 Sep 2017, The Guardian, Bettmann/Bettmann Archive

위대한 협상가의 화보 감상 | 35

1972년 9월 27일 마오쩌둥 주석(중앙)과 저우언라이 총리(왼쪽)가 일본 다나카 가쿠에이 수상을 만나고 있다.
출처: China.org.cn, "Chairman Mao, Premier Zhou Meet with Japanese PM Kakuei Tanaka."

1973년 2월 17일 마오쩌둥(오른쪽)과 저우언라이가 미국 헨리 키신저(왼쪽)를 만나고 있다.
출처: People's Daily Online, September 13, 2015.

[화보 7] 일본 모리타 아키오 회장

소니 공동창업자인 마사루 이부카와 모리타 아키오(오른쪽) (1950년대).
출처: Masaru Ibuka, SuccessStory.com

일본기업 최초로 Sony가 1970년9월17일 뉴욕증권거래소(NYSE)에 상장되었다. 왼쪽이 모리타 아키오.
출처: Then-Sony Executive Vice President Akio Morita, left, attends Sony's debut on the New York Stock Exchange in 1970. (Photo courtesy of Sony)

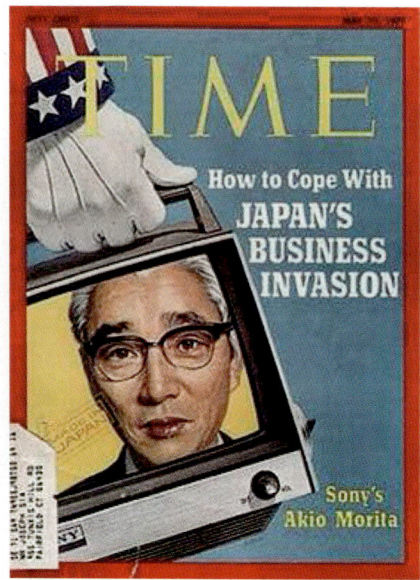

선구적인 기업인으로 인정받아 1971년 5월 미국 타임지의 표지에 실린 모리타 아키오.
출처 : Time cover: 05-10-1971 of Akio Morita.

모리타 아키오가 자신이 개발한 워크맨을 선보이고 있다.
출처: Masanori Murui, "Successors to company founders in Japan lack the necessary insight to nurture talent and innovation," *Financial Times*, December 8, 2014.

1981년 잘츠부르크 부활절 축제기간 동안 소니의 CD 국제출시행사에서 모리타 아키오(앞줄 오른쪽 두 번째)와 허버트 폰 카라얀(세 번째)이 제품을 구경하고 있다.
출처: Arthur Umboh, "Herbert von Karajan with Akio Morita," Salzburg.

1989년 소니의 캠코드를 개발한 후 모리타 아키오의 모습이다.
출처: Fujifotosアフロ

위대한 협상가의 화보 감상 | 39

1987년 10월 6일, 마이클잭슨이 일본 소니 본사를 방문하여 모리타 회장을 만났다.
출처: True Michael Jackson, "Healing Tape," truemichaeljackson.com

1999년 애플 신제품 발표회에서 그 직전에 사망했던 모리타를 추모하는 스티브잡스.
출처: Gary NG, "Nippon Article Details How Japan Influenced Steve Jobs," iphone In Canada, December 31, 2011.

【서양편 사례】

2. 남아공 넬슨 만델라 대통령
3. 영국 토니 블레어 수상
4. 미국 버락 오바마 대통령
5. 콜롬비아 후안 마누엘 산토스 대통령

2. 남아공 넬슨 만델라 대통령

1) 성장과 인종차별 투쟁

　1918년 7월 18일 넬슨 만델라는 남아공화국 케이프 지방의 일부였던 움타타에 위치한 작은 마을, 음베조(Mvezo)에서 템부(Thembu) 왕족으로 태어났다. 만델라가 태어났을 때 주어진 이름은 '롤리흘라흘라(Rolihlahla)'였는데 코사족 구어체로 '말썽꾸러기'라는 의미이다. 나중에 만델라는 그의 씨족명인 '마디바'로 알려졌다. 1832년에 사망한 그의 증조부 응구벵쿠카(Ngubengcuka)가 오늘날의 이스턴 케이프(Eastern Cape)주에 있는 트란스케이(Transkei) 지역에서 군주로서 템부 족을 다스렸던 족장이었다. 만델라라는 이름은 그의 증조부의 이름을 따라 지어졌고, 이후 그의 성씨의 출처가 되었다.[4]

　만델라는 남아프리카 공화국의 케이프주 트란스케이를 통치한 템부 부족의 분파에 속한다. 만델라가 익시바(Ixhiba) 씨족(소위, 왼손잡이 집이라고 불리는)의 부인에서 난 왕의 아들이었기 때문에 왕가의 분가된 후손들은 왕위를 물려받는데 있어서 부적격자였지만 세습이 가능한 왕손으로 인정을 받았다.

　넬슨 만델라의 아버지, 가들라 헨리 음파카니스와(Gadla Henry Mphakanyiswa Mandela)는 군주의 지역 족장 겸 의원이었는데 전임 군주가 백인 판사로부터 부패 혐의로 기소되자 1915년 군주의 자리에 지명을 받았다. 1926년 가들라도 부패혐의로 퇴출당하였는데 넬슨 만델라는 가들라가 판사의 비합리적인 요구를 거부하다가 그의 직위를 잃어버렸다는 말을 들었다. 가들라는 서로 다른 마을에 4명의 아내와 4명의 아들, 9명의 딸을 거느린 일부다처자였다. 넬슨의 어머니는 가들라의 세 번째 부인인 노세케니 파니(Nosekeni Fanny)인데 오른 손 집의 은케다마(Nkedama)의 딸이었다.[5)]

만델라는 독실한 기독교 신자인 어머니의 영향으로 7살에 감리교 학교에 입학하였다. 감리교 세례를 받으면서 만델라는 영어식 이름인 넬슨(Nelson)을 받았다. 나중에 그의 어머니는 만델라를 템부 평의원인 종인타바 다린데보(Jongintaba Dalindyebo)의 후견에 맡겼다. 종인타바는 자신의 자식들과 똑 같이 만델라를 대하였고 매일 교회에 데려 갔기 때문에 만델라는 기독교가 인생에서 중요한 부분이 되었다.

1933년 만델라는 엥코보(Engcobo)에 있는 클라케베리(Clarkebury) 감리교 고등학교에 입학하였다. 클라케베리 고등학교는 템불랜드(Thembuland)에 있는 흑인학교로는 가장 큰 서양식 학교이다.[6)] 1937년에 포트 뷰포트(Fort Beaufort)에 있는 감리교대학에 진학하였다. 교장은 서양 문물과 정부의 우월성에 대해 강조하였으나 만델라는 오히려 아프리카 토속문화에 대해 점점 관심을 가지기 시작하였다. 만델라는 장거리 달리기와 복싱을 즐겨 하였고 2학년 때에는 반장이 되었다.

1939년 이스턴 케이프의 알리스(Alice)에 있는 포트 하레(Fort Hare) 대학교에 입학하였다. 만델라는 영어, 인류학, 정치학, 원주민행정, 네덜란드법률을 공부하였다. 기숙사 생활을 하면서 평생 친구와 동지가 된 올리버 탐보(Oliver Tambo)를 만나게 된다. 영국제국으로부터 남아프리카의 독립을 원하는 아프리카민족회의(African National Congress, ANC)에 연결된 친구는 있었지만 그러한 운동에는 참여하지 않고 2차 세계대전이 발생했을 때 영국전쟁의 가장 후원자가 되었다. 그러나 음식의 질에 대해 학생대표회의의 보이코트에 개입하였다고 정학처분을 받고난 이후 학교로 복귀하지 않았다.

1941년 만델라는 조지 고크 타운십(George Goch Township)에 있는 사촌과 지내면서 그의 소개로 부동산업자이면서 ANC활동가인 월터 시수루(Walter Sisulu)를 만났다. 시수루는 만델라를 ANC에 동조하는 법률회사에 소개하여 수습사원으로 일하게 해주었다. ANC와 공산당의 친구들을 사귀면서 공산당에도 관심을 가졌으나 남아프리카의 투쟁은 계급투쟁이 아니라 인종에 기반한 투쟁임을 보면서 무신론에 기반한 공산당에는 가입하지 않았다.

1943년 만델라는 비트바테르스란트(University of the Witwatersrand) 대학 법학부에 입학하여 법률을 전공하게 되었다.[7] 재학 중 민주주의, 사회주의, 공산주의 등 수많은 사상을 접했으며, 이러한 경험은 그의 정치적 식견을 공고히 하게 하였다. 그리고 그는 재학 중 1944년 ANC에 들어가 청년동맹을 설립하고, 청년동맹 집행 위원을 취임하여 반 아파르트헤이트(Apartheid, 인종차별) 운동을 벌였다. 이후 1950년, ANC 청년동맹 의장에 취임한다.

1952년 만델라는 변호사시험에 합격한 후 1953년 8월에 요하네스버그에서 올리버 탐보와 함께 변호사 사무소를 개업하였다.[8] 그 해의 12월에 ANC 부의장 취임하여, 1961년 11월, 움콘트 웨 시즈웨(Umkhonto we Sizwe, 민족의 창)라고 하는 군사 조직을 만들어 최초의 사령관이 되었다. 그러한 활동으로 만델라는 1962년 8월에 체포되었고 1964년에 국가반역죄 종신형을 선고받아, 로벤(Roben) 섬에 수감되었다. 1982년 4월에 만델라는 월터 시수루 등 ANC 리더들과 함께 케이프타운 교외의 토카이(Tokai)에 있는 폴스 무어(Pollsmoor) 형무소로 이감되었다.[9]

1989년 남아프리카 대통령인 보타(Botha)가 뇌졸중에 쓰러져서 국민당의 지도자로서 은퇴하였다. 데 클레르크(F. W. de Klerk)는 갑작스럽게 국민당 당수를 승계하였다. 7월에 보타는 만델라를 초청하여 차를 마시며 대화를 나누었다. 6주 후에 데 클레르크는 대통령직도 승계하게 되었다. 데 클레르크는 인종차별이 더 이상 지속되기 어렵다는 것을 믿고 많은 ANC 죄수들을 사면하기를 결심하였다. 1989년 11월 베를린 장벽이 무너진 직후 데 클레르크는 내각을 소집하여 ANC의 합법화와 만델라의 석방을 논의하여 반대의견이 일부 있었으나 확정하였다.10)

2) 감옥출소와 대중운동

넬슨 만델라는 1962년 10월 15일 반란 선동죄와 거주지 이탈죄로 프리토리아 형무소에 수감된 후 1990년 2월 11일 에스퀴티니섬의 로벤 감옥에서 출감함으로써 27년 3개월 여만의 기나긴 감옥생활에 종지부를 찍고 자유인으로 돌아왔다.11) 정치범으로 장기복역을 하고 72세 고령의 나이에 새로운 삶을 열정적으로 살아간 넬슨 만델라의 정치여정은 그의 신념과 불굴의 정신이 아니었으면 아마도 불가능했을 것이다.

만델라는 감옥에 자신의 소지품이라곤 책과 지난 세월의 기록을 담은 종이박스 여러 개밖에 없었다. 전 세계적으로 만델라의 출감소식은 대단해서 남아공뉴스채널 SABC는 그가 감옥에서 나와 정문으로 걸어 나오는 장면을 영상으로 촬영하여 전 세계로 송출하였다. 인종차별에 맞서 싸우다 긴 옥살이를 한 투사가 이제 자유를 향해 천천히 걸어 나오고 있었다.

그 날 ANC는 케이프타운에서 거대한 퍼레이드와 시청 앞 광장에서 만델라 환영 집회를 준비하고 있었다. 워낙 거대한 군중이 모여 있어서 만델라는 시청으로 가다가 포기하고 친구인 둘라 오마르(Dullah Omar) 집으로 가자고 택시 기사에게 말하여 반대방향으로 돌아갔다. 그러나 투투

(Tutu) 추기경이 전화를 하여 시청으로 빨리 오라고 재촉하였다. 군중들이 점점 늘어나서 만델라가 없으면 어떤 폭동이 일어날지도 모른다고 강한 우려를 하였다. 결국 만델라는 군중을 우회하여 시청 뒤쪽에서 청사를 들어가 발코니까지 겨우 도달하여 군중들에게 모습을 드러내었다. 환호하는 군중을 향해 그는 주먹을 쥐고 들어올려 "아만들라(Amandla, 파워)!"라고 소리쳤다. 만델라는 출감 후 처음으로 군중 앞에서 힘 있는 연설을 하게 되었다.

"친구, 동료, 남아프리카인들이여! 평화, 민주주의 그리고 자유의 이름으로 여러분들에게 인사드립니다. 저는 예언자가 아니라 국민들의 겸손한 종으로서 여러분들 앞에 서 있습니다. 여러분들의 지칠 줄 모르는 영웅적 희생이야말로 제가 오늘 이 자리에 있게 한 것입니다. 그래서 저는 제 남은 생애를 여러분들의 손에 맡기겠습니다."12)

만델라는 아파르트헤이트는 더 이상 남아프리카에서 미래가 없을 것이고 국민들은 차별적 행동을 참지 말아야 한다고 단호하게 말하였다. 만델라는 이 문제에 대한 정부와의 회담을 설명하는 것이 중요하고 느꼈다.

"오늘 이 자리에서 지금까지 저와 정부와의 회담이 우리나라의 정치적 상황을 정상화하는데 목적을 두었다는 것을 말씀드립니다. ANC와 정부 간의 회담을 요청하는 것 외의 어떤 국가미래 협상도 하지 않았음을 강조합니다."13)

만델라는 협상적 해결에 맞는 분위기가 곧 조성되고 무장투쟁을 종식시킬 것을 희망한다고 말하였다. 진정한 협상의 조건으로서 정부는 비상사태를 즉각 종식하고 정치범을 석방해야 한다고 말하였다. 그는 자신이 부서지거나 굴복하지 않았고 다른 형태로 새로 시작한다는 것을 국민들과 정부에 보여줄 필요가 있었다. 그는 국민들에게 바리케이드로 돌아가서 투쟁을 강화하고 최후의 1마일을 함께 걸어 나가자고 권장하였다.

저녁에는 언론기자회견이 있었다. 많은 나라에서 언론 기자들이 참석하였다. 만델라는 자신이 ANC의 훈련된 회원이고 충성을 하고 있다고 말하였다. 무장투쟁에 대한 지지와 협상의 옹호자 간의 모순은 없다고 하였다. 정부가 협상의 장에 나오도록 한 것은 무장투쟁의 현실과 위협이라고 말했다. 정부가 ANC에게 무력을 가할 때 ANC는 평화로 응수하겠다고 하였다. 제재에 관해서는 흑인의 정치권이 없는 상황이 현실이기 때문에 제재를 바로 완화하라고 요구하지는 않을 것이라고 하였다. 감옥에서는 나왔으나 아직 자유는 아니라고 하였다.

백인에 대한 입장도 정리하였다. 감옥에서도 백인 자체에 대한 증오는 줄어들었고 그 시스템에 대한 증오가 커져갔다고 하였다. 만델라는 남아공의 다른 흑인들과는 달리 백인을 정당하게 평가하고 포용하는 마음을 피력하였다.

"백인은 남아공의 동료들입니다. 우리는 백인이 안전하게 느끼고 그들이 국가발전에 기여한 공로를 우리가 감사하고 있음을 알아주기를 원합니다. 인종차별을 포기하는 사람은 누구나 민주주의, 비인종적 남아프리카를 위한 우리의 투쟁에 동참할 것입니다."14)

출감 다음 날 12일에 만델라는 많은 흑인들이 살고 있는 소웨토(Soweto)를 방문하였다. 소웨토의 제1은행 스테이디움에는 이미 12만명의 군중이 모여 있었다. 소웨토는 만델라가 감옥으로 수감되었을 때 기억하고 있는 유일한 고향이기도 하다. 소웨토는 그 사이에 약간은 발전되었으나 흑인이 사는 대부분의 지역은 가난하고 여전히 전기와 수도가 없는 낙후한 곳으로 남아프리카의 부에 비추어볼 때 부끄러운 곳이다. 흑인지역은 만델라가 감옥에 갔을 때보다 더 나빠져 있었다. 학생들은 학교로 돌아가야 하고 범죄는 통제되어야 한다고 하였다. 범죄자가 자유투사로 가장되고 무고한 사람을 학대하고 차량을 불태우는 행위를 질타하였다.

이러한 불량배는 투쟁에는 결코 없었다고 하였다. 문명 없는 자유, 평화롭게 살 수 없는 자유는 진정한 자유가 아니라고 역설하였다. 마지막에 만델라는 팔을 벌려 선한 마음으로 인종차별을 포기한 사람은 누구나 1인 1표 보통선거에 기반한 비인종적 통합된 민주주의 남아프리카를 향한 운동에서 제외되지 않을 것이라고 강조하였다. 이것은 바로 ANC의 미션이기도 하였다.

그날 밤 만델라는 부인 위니(Winnie)여사와 같이 올란드 웨스트(Orland West)의 8115번으로 갔다. 그곳은 감옥으로 가기 전에 살았던 곳으로 유일하게 알고 있는 집이었다. 그는 피곤하여 쉬며 일상생활로 돌아가고 싶었으나 수 백 명의 군중들이 집을 둘러싸고 노래 부르고 춤추고 환호를 질렀다. 그 사람들이 바로 자신의 가족으로 생각하고 그들을 거부할 수가 없었다. 감옥에 있을 때 부인 위니가 지은 집으로 옮겨 갈 것을 ANC 간부들이 권하였으나 그 집이 훨씬 크고 비용도 더 들고 기억 속에 의미도 없어서 거절하였다. 그 집은 국민의 지도자로서 적절하지 않는 그런 집으로 생각되었다. 만델라는 국민들 속에 살기를 원할 뿐 아니라 국민들을 좋아하며 살고자 하였다.

3) ANC와 정부의 협상

출감 후 2주가 지난 2월 27일 만델라는 국가최고위원회(National Executive Committee, NEC)에 참석하기 위해 루사카(Lusaka)로 갔다. 많은 아프리카의 지도들이 모여 있었다. 짐바브웨의 로버트 무가베, 잠비아의 케네스 카운다, 앙골라의 에두아르도 산토스, 보츠와나의 쿠엣 마시레, 모잠비크의 요아킴 치사노, 우간다의 요웨리 무세베니 등 국가 지도자들이 다 모였다. 그들은 한편으로는 만델라의 석방을 환영하면서도 석방된 만델라를 평가해보려고 하였다. 만델라가 27년 전 그대로인가 달라졌는가? 그가 생존해 왔는지 아니면 파괴되었는지.

만델라는 정부와의 회담의 성격을 조심스럽게 설명하였다. 자신의 요구사항과 진전된 성과를 묘사하였다. 보타(Botha)와 데 클레르크에게 써 준 비망록을 그들은 이미 읽어서 알고 있었다. 그것은 바로 ANC의 정책으로 결합되었다. 만델라가 그 동안 유해지고 좋은 음식도 먹고 좋은 옷도 입었다는 소문을 누군가 퍼트렸다는 것을 그는 알고 있어서 있는 그대로 솔직하게 설명할 필요성을 느꼈다.

NEC에서 만델라는 부총재로 선출되었고 알프레도 은조(Alfredo Nzo)가 사무총장을 맡았다. 현재의 총재인 올리버(Oliver)가 외국에 그대로 있는 상태여서 만델라는 임시 총재를 대행하였다. 총회가 끝나고 기자회견이 있었는데 잠비아의 카운다(Kaunda)가 제안한 무장투쟁의 중단에 대해 기자의 질문이 있었다. 만델라는 카운다의 지혜와 지지를 높이 평가하면서도 무장투쟁을 중단하기에는 시기상조라고 하였다. 우리의 목표가 달성되지 않았고 데 클레르크가 우익지지자들을 달래는데 도와주는 것이 ANC의 일이 아니기 때문이라고 설명하였다.

그해 3월에 각 당의 대표들과 협상을 한 후 만델라 ANC는 데 클레르크와 정부와 처음 대면 미팅하기로 하였다. 4월 초의 회담을 위한 사전 회담이었다. 그러나 3월 26일 경찰이 요하네스버그의 남쪽 30마일에 위치한 세보켕 타운십(Sebokeng Township)에서 경찰은 사전 경고도 없이 ANC 시위자들을 향해 발포하여 12명 사망과 수백 명 부상자를 내었다. 그것도 도망가는 시위자들의 등 뒤에서 실탄을 발사하여 참을 수 없는 분노를 자아내었다. 경찰은 생명의 위협을 느꼈다고 말했지만 시위자들은 등 뒤에서 총을 맞았으며 어떤 무기도 가지고 있지 않았다. 만델라는 남아프리카의 모든 백인 경찰들은 모든 흑인들을 군사목표로 간주하고 있다고 언론에 성토했다. NEC와 협의한 후 만델라는 회담의 중단을 발표하고 데 클레르크에게 '한편으로는 협상을 위한 회담을 하고 다른 한편으로는 사람들을 살해할 수는 없다'고 경고하였다.15)

회담의 중단에도 불구하고 만델라는 협상의 추진력을 유지하기 위해 케이프 타운에서 비밀리에 데 클레르크를 만났다. 5월 초에 회담날자를 새로 잡는데 집중하였다. 그러면서도 만델라는 세보켕에서 끔찍한 행동을 문제 삼으며 경찰이 흑인과 백인을 불평등하게 다루었다고 항변했다. 경찰은 흑인 시위자들에겐 실탄을 발사했지만 백인 우익시위자들에겐 총을 뽑지 않았다고 비난하였다.

데 클레르크가 백인집단의 대표로서 협상에 임하는 자세를 자세히 볼 필요가 있다. 데 클레르크는 겉보기엔 진보적인 행동에도 불구하고 결코 해방주의자가 아니다. 그는 점진주의자이며 조심스러운 실용주의자이다. 그는 자신을 권력으로부터 축출하는 의도가 있는 개혁은 결코 하려고 하지 않았다. 그는 새로운 분배로 아프리카너(Afrikaner)에게 권력을 보장하는 것을 원하고 있었다. 그는 백인 통치의 종식을 협상할 준비가 되어 있지 않았다.

그의 목표는 남아프리카에서 소수권력의 변형된 형태를 유지하는 집단권리에 토대한 권력공유체계(system of power sharing)를 만드는 것이다. 말하자면 그는 절대적으로 다수결에 또는 그는 가끔 표현하듯이 '단순 다수결주의(simple majoritarianism)'에 반대하고 있다. 왜냐하면 다수결은 한방에 백인지배를 종식시키게 될 것이기 때문이다. 정부는 승자독식(winner-takes-all)체계를 반대하고 백인소수를 보장하는 비례대표체계를 옹호하였다. 데 클레르크는 흑인다수가 투표하고 법률을 제정하도록 허락하더라도 소수거부권을 유지하기를 원했다. 만델라는 그런 체계는 위장된 인종차별이고 패자독식(loser-takes-all)체계라고 묘사하며 처음부터 그의 계획을 반대하였다.

민족주의자들(Nationalists)이 ANC 파워를 극복하기 위한 장기적 전략은 인카타자유당(Inkatha Freedom Party)과 반 ANC연합을 결성하고 케이프타운의 아프리카언어 사용 유색인들을 회유하여 새로운 국민당(National Party)을 만드는 것이다. 정부는 유색인종에게 겁을 줘서 ANC가 반 유색인 편이라고 생각하도록 시도하였다. 또한 정부는 집단권리와 연방주의 원칙을 전도함으로써 부텔레지 족장(Chief Buthelezi)의 줄루(Zulu) 파워를 유지하고 새로운 아프리카에서 정체성을 가지도록 지지하였다.

5월초 정부와의 1차 회담은 3일간 개최되었다. ANC의 대표는 만델라를 포함해서 11명이었다. 회담장소는 초대 식민지 정부지사의 주거지인 그루트 슈어(Groote Shuur)였다. 300년 동안 서로 싸웠던 역사적 적들이 만나서 악수를 하였다. 회담에서 만델라는 이 회담은 ANC가 오랫동안 추구해 왔던 것이며 남아프리카에서 흑인과 백인의 관계를 특징짓는 주인과 종의 관계에 대한 종식이라고 역설하였다. ANC는 창립 때부터 항상 집권 정부와 협상을 진행해 왔다고 만델라가 상대방에게 설명하였다. 이에 대해 데 클레르크는 개별적으로 개발한 협상 시스템은 친절한 아이디어로 생각되어 왔지만 실제로는 작동하지 않았다고 말했다. 그는 그 점에 대해 죄송하다고 말하면서 협상이 수정되기를 희망한다고 말했다. 그러나 그 말은 인종차별에 대한 사과가 아니었다. 그럼에도 다른 국민당 지도자보다는 한 걸음 나아갔다고 생각되었다.

주요쟁점은 정치적 수감자와 망명자의 정의였다. 정부는 협의의 개념으로 사면의 자격 있는 사람의 숫자에 국한하려고 하는데 반해 ANC 측에서는 광의의 개념으로 정치적 동기로 위법한 사람들은 사면의 자격이 있어야 한다고 주장하였다. 양측은 '정치적 동기의 범죄(politically motivated crimes)'에 대해 상호 만족스러운 정의를 도출하지 못하였다.

3일 회담의 마지막 날 양측은 협상의 평화로운 진행을 합의하였고 폭력에 시달리는 나탈(Natal)을 제외한 전 지역에서 정부의 비상사태 해제를 약속하도록 합의하였다. 이 합의시행의 장애물들을 해결하기 위해 공동 실무그룹을 설립하여 추진하기로 하였다.16)

헌법쟁점에 대해서는 ANC가 새로운 헌법을 제정할 선출된 헌법의회를 요구하였다. 헌법을 만들 남자와 여자는 국민들 자신의 선택이어야 한다고 했다. 의회의 선거 전에 새 정부가 선출될 때까지 과도기를 감독할 임시정부를 수립할 필요가 있다고 하였다. 정부는 지금처럼 선수나 심판이 되어서는 안 된다고도 하였다. ANC는 임시정부를 수립해서 헌법의회가 작동할 지도원칙을 만들기 위해 다자간 협상회의를 창설할 것을 요청하였다.

협상의 결과에 따라 먼저 정치범의 석방을 착수하였다. 만델라는 출감 후 3개월 만에 10년간 복역했던 로벤섬 감옥으로 다시 찾아갔다. 로벤섬 감옥을 찾아간 것은 로벤섬 감옥에 여전히 복역 중인 25명의 MK 정치범 죄수들이 정부의 사면제의를 수용하도록 설득할 목적이었다. 그러나 정치범 죄수들은 정부의 사면제의에 항의하였다. 그들은 협상테이블이 아니라 전쟁터에서 승리한 후에만 떠날 것이라고 주장하였다. 그들은 사면을 받기 전에 범죄를 열거해야 하는 특별한 해결방법에 맹렬히 저항하였다. 그들은 정치범과 망명자들을 포함한 무조건적인 사면을 요구한 하라레 선언(Harare Declaration)으로부터 후퇴한 ANC를 비난하였다.

만델라는 그들의 비난에 공감은 했지만 그들이 비현실적이라고 생각했다. 모든 병사는 전장에서 적을 패배시키고 싶지만 이 경우에는 그러한 승리가 가능하지 않다. 지금의 투쟁은 협상테이블에 있다. 만델라는 그들에게 감옥에 남아 있으면서 대의를 진전시키지 못할 것이라고 말하였다.

그는 감옥 안이 아니라 밖에서 더 큰 일을 할 수 있다고 설득하였다. 결국 그들은 정부제의를 수용하기로 합의하였다.

1990년 6월 초순에 만델라는 6주간의 유럽과 북미 여행을 계획하고 있었다. 여행을 떠나기 전에 만델라는 개인적으로 데 클레르크를 만났다. 데 클레르크는 국제적 제재문제를 의논하고 싶어 하였다. 그가 남아프리카에서 이루어낸 변화에 토대하여 국제적 제재를 지속하라 전화를 묵살하도록 부탁하였다. 데 클레르크의 요청은 신경이 쓰이지만 국제제재는 그가 더 나아가도록 최고수준으로 있어야 한다고 만델라는 생각했다. 유럽과 미국은 데 클레르크의 개혁을 토대로 제재를 완화하려는 경향이 있었다. 만델라는 그가 인종차별을 완전히 철폐하고 과도정부를 수립할 때까지는 우리의 지지자들이 제재를 완화하도록 요청하지 않을 것이라고 데 클레르크에게 분명하게 말하였다. 데 클레르크는 만델라의 반응에 실망했지만 놀라지 않았다.

만델라는 부인 위니와 프랑스 파리를 먼저 방문하였다. 미테랑 대통령과 그의 부인 다니엘이 열렬히 환영하였는데 특히 영부인 다니엘은 ANC의 오랜 지지자였다. 만델라가 프랑스를 방문하고 있는 동안 남아프리카 정부는 1차 회담 합의사항인 비상사태의 중단을 발표하였다. 만델라는 매우 기뻤지만 국제제재의 요청을 약화시키려는 의도가 있음을 잘 알았다.

만델라는 스위스, 이태리, 네덜란드를 거쳐 영국으로 갔다가 미국으로 갔다. 뉴욕시민들도 환영하였으며 반인종차별 투쟁을 지지하였다. 흑인 저항의 상징인 할렘가를 방문하여 마르틴 루터 킹을 찬양하는 연설을 하면서 흑인의 프라이드를 보았다. 한 젊은 청년의 T셔츠에 쓰인 "블랙은 자연, 프라이드는 선택(Black by nature, Proud by choice)"라는 문구를 보고 만델라는 고향에 온 느낌을 받았다.[17] 만델라는 멤피스와 보스톤을 거쳐 워싱턴 디시로 갔다. 미국 의회의 연설에서 의회의 반인종차별 입법에 대해 감사하였고 새로운 남아프리카가 양대 의회를 만들기를 희망한다고 말하였다. 부시행정부가 제재를 완화할 때라고 생각하고 있어서 만델라는 제재에 대한 강한 메시지를 전달하였다. 그는 의회가 제재를 절대로 완화하지 말도록 촉구하였다. 만델라는 미국 방문을 마치고 캐나다로 가서 의회에 연설을 하였으며 마지막으로 아일랜드를 거쳐서 영국을 방문하였다. 대처수상은 ANC의 제재요구와 같은 여러 쟁점들에 대해 반대 입장을 보였으나 항상 솔직하고 직설적이었다.

만델라가 유럽과 미주를 순방하고 7월에 귀국했을 때 국내의 폭력상황이 심각하였다. 사망자가 벌써 1,500명을 넘었는데 그 전 해 한해의 사망자보다 많은 수치였다. 정부보안군은 정부를 전복할 작전 불루(Vulu)라는 공산당음모의 요원이라 주장하면서 40명의 ANC 회원을 체포하였다. 데 클레르크는 만델라와의 긴급 회담을 요청하고 만난 자리에서 습격에 압수된 문서를 그에게 읽어주었다. 만델라는 이에 대해 아는 바가 없어서 아무 응답을 하지 않고 물러났다. 상황을 파악하기 위해 조 슬로보(Joe Slovo)를 불러서 물어본 결과 조는 데 클레르크가 읽었다는 그 문장은 문맥을 무시한 것이고 불루 작전은 이미 소멸된 것이라고 설명하였다. 그러나 정부는 이 문건을 이용하여 ANC를 남아프리카공산당(South African Communist Party, SACP)로부터 들어내고 조 슬로보를 협상에서 제외시키려고 시도하였다. 만델라는 데 클레르크를 만나 경찰이 오도를 했다고 말하고 ANC는 SACP와 분리하거나 조 슬로보를 협상팀에서 제외할 의도가 없다고 말하였다.

7월 중순에 조 슬로보는 만델라를 개인적으로 만나 협상과정을 움직일 적절한 분위기를 만들기 위해 무장투쟁을 자발적으로 중단하면 어떠냐고 제안하였다. 마치 데 클레르크가 그의 정책이 국가에 이익을 줬다는 것을 그의 지지자들에게 보여줄 필요가 있다고 조는 설명하였다. 처음에는 만델라가 시기상조라며 반대입장을 표명하였으나 시간이 흐를수록 그 방법이 필요할 것으로 판단을 하였다. 그래서 조가 NEC에서 그 제안을 하였고 만델라가 지지를 하였다. 어떤 회원이 강하게 반대를 하였다. 만델라는 무장투쟁의 목적은 정부를 협상테이블에 오도록 하는 것이었는데 이미 그 목적은 달성되었다고 설명하였다. 만델라는 무장투쟁 중단은 언제라도 취소할 수가 있으며 우리의 좋은 신념을 보여줄 필요가 있다고 하였다. 결국 몇 시간 후에 그 안은 통과되었다.

8월6일 프레토리아(Pretoria)에서 ANC와 정부는 ANC가 무장투쟁을 중단하기로 한 프레토리아 의사록(Pretoria Minute)에 서명하였다. 만델라는 동지들에게 무장행동은 중지하지만 무장투쟁은 종식하지 않았다고 강조하였다. 프레토리아 의사록에 정치범 사면의 종류와 날짜를 결정하였다. 1991년 5월까지 사면과정은 완료될 예정이고 국가보안법(Internal Security Act)을 검토하기로 약속하였다.

평화의 과정을 방해하는 가장 중요한 문제는 바로 폭력이었다. 만델라는 오히려 경찰이 폭력을 조장하는 것임을 인식하게 되었다. 다음 몇 개월 동안 만델라는 요하네스버그 남쪽 폭력으로 파괴된 바알(Vaal) 삼각지로부터 이어지는 마을들을 방문하여 부상자들과 고통하고 있는 가족들을 위로하였다. 경찰들이 하루에 한 지역씩 무기를 압수하여서 인카타(Inkatha) 부대가 그 압수한 무기로 흑인들을 공격했다는 말을 들었다. 경찰들이 인카타 회원들을 모임으로 데려가 공격하도록 에스코트했다는 말도 들었다.

9월에 만델라는 연설에서 폭력 뒤에 숨은 손이 있다고 폭로하였다. 협상을 방해하려는 불가사의한 제3의 부대가 있다고 그는 주장하였다. 그들이 누구인지는 모르나 ANC와 해방투쟁을 목표로 살인적 행위를 하고 있다고 말하였다. 이러한 결론에 도달한 중요한 사건이 있었다. ANC는 7월 22일에 인카타자유당 소속회원들이 바알 삼각지의 세보켕(Sebokeng) 마을의 ANC 회원을 공격할 계획이라는 정보를 미리 접수하였다. ANC는 법무부장관, 경찰청장 및 지역경찰청장에게 임박한 공격을 경고하고 적절한 행동을 촉구하였다. ANC는 무장 인카타 회원들이 인카타 집회에 참석하러 마을에 들어가지 못하도록 경찰에게 요구하였다. 그러나 7월 22일 당일 무장 인카타 회원을 실은 버스가 경찰차에 에스코트를 받으며 세보켕에 들어가 집회를 열었다. 부장병력이 난폭하게 들어가 무자비하게 30명을 살해했다. 만델라는 데 클레르크와의 회담을 요구하였다. 만델라는 미리 경고를 했는데 아무 행동도 취하지 않았고 경찰은 뒷짐만 지고 있고 30명이 죽었는데도 국가수장이 위로 한마디가 없다는 게 말이 되느냐고 따졌다. 그러나 데 클레르크는 답을 하지 않고 아무 말 없이 그냥 돌아갔다.

협상에 반대하는 자들은 정부와 ANC가 합의를 향해 움직일 때마다 폭력을 행사함으로써 이득을 봤다. 그러한 세력은 ANC와 인카타 사이에 전쟁을 점화시키려고 하였다. 인카타의 회원들도 이것을 묵인하는 것이라 믿었다. 만델라는 경찰과 보안부대의 고위직이 제3세력을 돕고 있음을 확신하게 되었다. 언론에서 남아프리카 경찰이 인카타를 비밀리에 재정 지원하고 있다는 뉴스를 보도함으로써 사실로 드러났다. 만델라는 9월에 기자회견에서 계속되는 폭력은 우리들이 다시 무장을 하도록 할 수도 있다고 말하였다. 상황은 아주 안 좋게 나빠지고 있었다.

여러 통로로 노력을 했지만 폭력이 사라지지 않고 계속되었다. 1991년 4월 NEC의 2일간 회의에서 만델라는 데 클레르크에 대한 의심을 제기하였다. NEC는 정부가 폭력의 뒤에 숨어 있고 그 폭력은 협상의 분위기를 뒤집어 놓는다고 믿었다. 공개 서한에서 NEC는 국방장관 마그너스 마란

(Magnus Malan)과 법부장관 아드리안 블록(Adriaan Vlok)의 해임을 요구하였다. 또한 공공장소에 전통무기 소지의 금지와 많은 인카타 회원이 살고 있는 이민 노동자 숙박시설의 폐지, 보안부대 측의 비행에 대한 불만을 조사할 독립위원회의 설치를 요구하였다. ANC는 정부에게 이러한 요구를 들어줄 시한을 5월로 통보하였다. 데 클레르크는 5월에 폭력에 대한 다자간회의를 소집하자고 응답하였지만 만델라는 정부가 폭력을 중단하기 위해 무엇을 해야 하는지 정확하게 알고 있으므로 회담은 의미 없다고 일축하였다. 5월에 ANC는 정부와의 대화를 중단한다고 선언하였다.

1991년 7월 ANC는 30년 만에 남아프리카 내에서 제1차 연례컨퍼런스를 개최하였다. 국내외 지부에서 민주적으로 선출된 2,244명의 대표가 참석하였다. 이 컨퍼런스에서 만델라는 만장일치로 회장에 선출되었고 시릴 라마포사(Cyril Ramaphosa)가 사무총장으로 선출되었다.[18] 시릴은 만델라가 출감한 후에 만난 사람으로 젊은 세대의 ANC 리더가 되었다. 그는 광산노동조합의 사무총장까지 역임한 뛰어난 협상가이다. 만델라는 전임회장이었던 올리버 탐보의 업적을 칭송하고 투쟁이 끝나지 않았음을 강조하였다. 어떤 이유로도 인종차별의 고통을 연장하는 것은 안되며 과도정부를 가능한 빨리 수립해야 한다고 역설하였다.

4) 민주남아프리카 회담(CODESA)

1991년 12월 20일 실질적인 회담이 개최되었다. 민주남아프리카회담(CODESA)은 정부, ANC 및 기타 남아프리카 정당들 간의 제일 처음 공식협상회의였다. CODESA는 남아프리카정치의 모든 영역을 대표하는 18명의 대표와 UN, 영연방, 유럽공동체, 아프리카 통일조직의 관찰자들로 구성되었다. 이 회담은 영국이 남아프리카에서 식민지 연합을 시작한 1909년 이후 가장 중요한 헌법회의였다. 식민지 당시에는 흑인 대표가 한 명도 없었으나 지금은 흑인 대표가 다수를 차지하고 있다. 회담의 기획 대표들은 선거, 헌법, 의회, 과도정부의 쟁점에 대해 정부와 매주 토론에 참여하였다. 정부를 포함한 20개의 정당 대표들은 회담의 기본규칙에 대해 이미 합의를 하였다.

범아프리카의회(Pan Africanist Congress, PAC)는 이 회담 자체를 반대하고 있었다. PAC는 ANC와 국민당(National Party)이 다종족 국가를 수립하려고 음모를 꾸미고 있다고 비난하였다. PAC는 민주주의 선거가 자신들의 미약한 대중 지지를 드러내기 때문에 두려워하고 있다. 데 클레르크는 민주주의의 토대 위에 과도기 권력공유 정부 수립의 필요성을 언급하였다. 국민당의 최고대표인 다위 데 빌리어스(Dawie de Villiers)는 인종차별에 대한 사과를 제안하였다.

만델라는 CODESA에 새벽이 왔고 남아프리카의 진전은 결국 되돌 수가 없다고 말하였다. 정부는 국민의 동의로부터 권위와 합법성을 세워야 하며 그러한 합법적 권위를 창조하기 위해 회담을 시작했다고 그는 말하였다. 정부로 하여금 선거를 감독하고 국가 언론과 군대를 통제하고 새로운 인종차별 없는 민주 남아프리카로의 전환을 감독하는 과도기 잠정적 통일정부를 수립하도록 촉구하였다.

참석한 대표들은 최고법률은 독립사법기관이 수호하는 헌법을 가진 통일된 남아프리카를 모두 지지한다는 의향선언서(Declaration of Intent)에 서명하였다. 국가의 법률체계는 법 앞에 평등을 보장하고 권리장전이 시민자유를 보호하기 위해 작성되어질 것이다. 말하자면 보통 선거인 명부에 보편적 성인투표권을 토대로 한 복수정당 민주주의가 될 것이다.

대표자회담에서 5개의 워킹그룹을 만들어 1992년 5월로 예정된

CODESA의 제2라운드를 준비하기 위해 1992년 초에 개최하기로 하였다. 워킹그룹은 자유정치풍토, 국가의 미래, 남아프리카 언론사의 재편, 연방주의 등 다양한 헌법원칙의 검토, 임시정부의 수립의 문제를 다루게 된다. 당사자들은 충분한 합의로 의사결정하기로 동의하였다. 이것은 정부, ANC 그리고 다른 다수의 당사자들 간의 합의를 의미하였다.

본 회담의 날에 각 당의 대표들의 발표순서를 두고 데 클레르크는 만델라에게 마지막의 발언자로 해줄 것을 요청하였다. 만델라는 큰 의미를 두지 않고 NEC와 협의하여 그렇게 하도록 허락을 하였다. 그런데 클레르크는 ANC가 정부와 약속한 바를 이행하지 않았다고 비난하였다. 그는 마치 선생이 못된 학생을 꾸중하듯이 ANC에게 말하였다. 그는 1991년 9월의 국가평화협정을 위반하여 ANC가 무기저장소를 밝히지 않았다고 야단치고 사병을 유지하고 있다고 비난하였다.

이러한 도발적 발언은 만델라가 참을 수 있는 한계를 넘어섰다고 판단하였다. 그래서 만델라는 데 클레르크의 연설이 끝난 후 다시 연단으로 올라갔다. 만델라는 데 클레르크가 왜 마지막 연사로 해달라는지 이제 알겠다며 만델라가 반응을 못할 것이라고 생각하며 상대를 비난하는 마지막 연설을 하였는데 이는 자기의 위치를 남용한 발언이었다고 비판하였다. 만델라는 평화논의를 시작한 것은 정부가 아니라 ANC였고 협정을 지키지 않은 것은 ANC가 아니라 정부라고 반박하였다. 그는 정부가 이렇게 이중적 아젠다를 가지고 회담을 하자고 한 것임이 분명하다고 말하였다. 그는 정부는 협상 중에도 폭력을 행사하는 비밀 조직들에게 비밀리에 자금을 지원했다고 언급하였다. 데 클레르크가 모른다고 하지만 인카타에게 수백만 랜드의 보상을 했다는 최근 폭로를 언급하며 만약 그런 일을 알지 못한다면 그는 정부의 수장이라 할 수 없다고 만델라는 말하였다. 그러나 연설의 마지막 부분에서 화해의 제스처를 취하는 말로 마무리 하였다. 상대를 공격하는 용도로 마지막 발언을 하도록 요구하지 말자고 제안하고 그러한 실수에도 불구하고 만델라는 데 클레르크와 같이 일할 준비가 되어 있다고 말하였다.

많은 신뢰가 손상되었고 협상은 혼란의 상태에 빠지게 되었다. 회담 8주 후에 실시된 포쳅스트룸(Potchefstroom)의 보궐선거에서 국민당은 우익 보수당 후보에게 패배하였다. 보수당은 데 클레르크가 굴복하고 있다고 느끼는 아프리카너로 주로 구성되어 있는데 정부의 ANC와의 협상을 반대하였다. 이 선거결과는 데 클레르크의 개혁과 협상 정책에 의심을 보내는 것으로 해석되었다. 보궐선거 참패 후에 데 클레르크는 3월 17일 남아프리카 백인들을 대상으로 그의 개혁정치와 ANC와의 협상에 대해 국민투표를 실시할 것이라고 공표하였다. 그러나 ANC는 비백인들을 제외한 국민투표는 원칙적으로 반대하였다. 또한 ANC는 백인들이 협상을 추진해온 데 클레르크의 노력을 좌절시키는 것을 원하지 않았다. ANC는 원칙적으로 그 선거는 경멸했지만 백인들이 찬성하도록 촉구하였다. 그 투표는 데 클레르크를 위한 것이 아니라 협상의 지지신호로 보았다. 정부의 홍보와 많은 노력에 힘입어 백인투표자의 69%가 협상을 지지하고 데 클레르크에게 큰 승리를 주었다. 데 클레르크는 힘을 얻게 되었고 국민당은 협상 입장을 강화하였다.

1992년 5월 세계무역회관에서 제2차 CODESA가 개최되기 전에 ANC와 정부 그리고 ANC와 다른 당사자들과의 비밀회의를 통해 제2차 CODESA 회담이 준비되었다. 그 사이에 ANC와 정부는 완전 민주주의를 위한 2단계 과도기를 포함한 잠정적 합의를 하였다.[19] 1단계는 임시헌법을 제정하기 위해 다자간 임시최고위원회가 CODESA의 대표자들로부터 임명된다. 2단계는 유효투표의 5% 이상을 획득한 정당은 내각에 참여하는 제헌국민의회와 입법부를 위한 총선거를 실시하게 된다. 의회의석의 절반은 전국구에서 나머지 절반은 지역구에서 선출되며 의회는 새로운 헌법을 제정하고 법률을 통과시키는 권한을 가진다. 독립적 위원회가 선거를 감독하고 자유 공평 선거를 확인한다.

정부는 CODESA2 며칠 전에 소수 거부권의 한 방식으로서 지역대표로 구성되는 상원을 제안하였다. 그리고 정부는 또 CODESA2가 작성에 몇 개월이나 걸릴 수 있는 임시헌법에 합의할 것을 제안하였다. 이런 중요한 쟁점들에 대해 데 클레르크와 만델라는 합의점을 찾기 어려웠다. 회담의 첫 날 곤경에 처하게 되었다. 회의를 주재하는 두 명의 판사가 데 클레르크와 만델라에게 저녁에 별도로 같이 만나서 타협을 모색해 보라고 하였다. 만델라는 데 클레르크에게 말하였다.20)

"남아프리카와 전 세계가 당신과 나를 보고 있어요. 평화과정을 살립시다. 어떤 합의를 만들어 냅시다. 최소한 다음 라운드 날짜만이라도…"

두 사람은 건설적인 타협의 정신으로 그 다음 날 각자 발언하기로 결정하였다. 제1라운드와 반대로 이번에는 데 클레르크가 먼저 발언하고 마지막으로 만델라가 발언하기로 하였다. 데 클레르크는 소수 거부권을 추구하지는 않고 대신 다수가 힘을 남용하지 않도록 견제와 균형(checks and balance)의 체계를 원한다고 말했다. 이 문제로 인해 회담 둘째 날은 곤경에 처해 종료되었다. 국민당이 다수결 원칙에 승복하기 싫어하기 때문이었다.

CODESA2의 4가지 근본적인 쟁점은 다음과 같다.21)
1) 정부가 의회에서 헌법을 승인하는 비율을 지나치게 높게 설정함
2) 미래 헌법에 구속될 뿌리박힌 지역의 강호들
3) 하원의 법률에 대한 거부권을 행사하는 비민주적이고 비선출직의 상원
4) 임시헌법을 영구헌법으로 전환하는 회의에서 협상되도록 하는 결정

정부와 ANC는 양자회담으로 이 문제들을 해결하기로 합의하였으나 다른 문제들로 양자회담이 불가능하게 되었다.

5) 대중행동과 유혈사태

협상이 답보상태에 있자 ANC와 연합세력은 정부에게 지지의 정도를 보여주는 대중행동을 취하기로 합의하였다. 대중행동은 파업, 시위, 보이코트 같은 것을 말한다. 대중행동의 시작일은 1992년 6월 16일이고 8월 3, 4일의 2일 간의 전국파업에 정점을 이룰 것이다. 그러나 6월 17일 밤 인카타 회원의 중무장병력이 보이파통(Boipatong)의 바알(Vaal) 마을을 공격하여 46명을 살해하였다. 사망자의 대부분은 여성과 어린이였다. 이것은 그 주에 네 번째 대량살상이었다. 경찰은 범인을 중단시키거나 색출하려는 어떤 것도 하지 않았다. 누구도 체포되지 않았고 수사도 하지 않았다. 데 클레르크는 아무 말도 하지 않았다.

살해가 있고 난 4일 후에 만델라는 2만 명의 화난 ANC 지지자들의 군중에게 연설하였다. 만델라는 ANC 사무총장인 시릴 라마포사(Cyril Ramaphosa)에게 정부와의 직접적인 거래는 중단하라고 지시하였다. 옵션을 검토하기 위해 NEC의 긴급회의를 발표하였다. 국민당의 행동은 독일 나찌당과 같으며 데 클레르크에게 시위나 자유표현을 제약하는 조치를 취한다면 ANC는 자신이 먼저 제1자원자로 나서서 전국 저항캠페인을 벌일 것이라고 경고하였다. 집회에서 '총을 달라.' '회담이 아닌 전쟁으로 승리.' 라는 플래카드를 보았다. 사람들은 협상의 긍정적인 결과를 보지 못해 좌절하였다. 인종차별을 뒤집는 유일한 방법은 총이라고 믿기 시작하였다.

만델라는 처음에는 이러한 강성그룹에 공감하였으나 협상과정의 다른 대안은 없다고 점차 깨닫기 시작하였다. 협상은 만델라가 수많은 세월동안 촉구해온 것이고 협상에 등을 돌려서는 안 된다고 생각했다. 지금은 진정시켜야 할 때라고 생각하면서 무장투쟁과 협상의 중간인 대중행동을 해야 할 때이고 이 대중행동이야말로 그러한 감정을 연결시키는 최상의 방법이라고 생각했다. 만델라는 데 클레르크에게 회담중단을 통보하였고 폭력의 책임자를 처벌해야 하고 폭력의 온상인 호스텔을 수사하라고 촉구하였다.

대중행동 캠페인은 ANC 협상요구를 지지하고 국가지원 폭력에 항의하기 위해 실시된 8월 3, 4일의 총파업에서 최고조를 만들었다. 400만 명 이상의 노동자들이 집에 머물렀는데 남아프리카 사상 가장 큰 정치적 파업이었다. 파업의 정점은 10만 명이 남아프리카정부의 장소인 프레토리아의 유니온 빌딩으로 행진하고 그 건물 앞 잔디밭에서 거대한 야외집회를 개최하였다. 데 클레르크는 ANC가 국가를 통제하지 못할 상황을 만든다면 정부는 불유쾌한 옵션을 고려하게 될 것이라고 협박하였다. 이에 만델라는 어떤 비민주적 행동도 심각한 반발을 초래할 것이라고 데 클레르크에게 경고하였다. 만델라는 과도정부를 수립하는 것이 절대적으로 중요한 이유는 그러한 위협 때문이라고 말하였다.

대중행동 캠페인의 성공으로 ANC 내부의 한 그룹은 동 케이프의 시스케이(Ciskei)의 주도인 비쇼(Bisho)로 행진을 결정하였다. 시스케이는 ANC 억압의 역사를 가지고 있으며 소위 ANC 후원 테러를 억제하기 위해 1991년에 비상사태를 선포한 곳이다. 1992년 9월 7일 아침 7만 명의 시위자들이 비쇼의 경기장으로 행진하였다. 지역부대요원이 행진자들을 향해 발포하여 29명이나 살해하였고 200명 이상의 상해자를 만들었다.

새벽이 오기 전에 어두운 시간이 있다는 속담이 있듯이 비쇼의 비극은 협상의 새로운 시작을 열었다. 만델라는 공동기반을 찾고 비쇼와 같은 또 다른 비극의 반복을 피하기 위해 데 클레르크를 만났다. 양측 협상가들이 정기적으로 만나 협상을 하기 위해 성실한 노력을 하였다. 9월 26일 만델라와 데 클레르크는 공식적인 정상회담을 개최하였다.

그날 데 클레르크와 만델라는 양해각서(Record of Understanding)를 체결하였다. 양해각서는 향후 모든 협상의 형태를 설정하는 합의이다. 합의서에는 경찰행동을 조사하는 독립기구 설립, 호스텔의 울타리를 치는 체제 수립, 집회에서 전통무기의 사용 금지가 명시되어 있다. 더욱 중요한 것은 CODESA2에서 헌법의 교착상태를 해소한 것이다. 즉, 정부는 새로운 정부를 위한 과도입법부로서 새로운 헌법을 제정하게 될 단일, 선출직의 제헌의회를 수용한 점이다. 결정이 되지 않은 것은 제헌의회의 선거일과 의사결정 다수결 비율이다. 드디어 남아프리카를 민주주의 미래로 만들 기본적 틀을 만들게 되었다.[22]

이제 문제는 다른 우익세력들이었다. 양해각서는 인카타를 자극시켜 정부와 ANC 간의 모든 협상으로부터 탈퇴를 선언하게 하였다. 부텔레지(Buthelezi) 족장은 국민당과의 관계를 단절하고 아프리카너 지역의 획득에 관심이 있는 지역 지도자들과 백인 우익당과 연합을 형성하였다. 부텔레지 족장은 양해각서의 폐기와 CODESA의 종식, 움콘토 위 시즈위(Umkhonto we Sizwe)의 해체를 요구하였다.

6) 자유평등 선거와 대통령 취임

정부구성에 대한 ANC의 제안이 결정되었다. 일정기간 국민당과의 권력분점, 보안공무원의 사면, 공무원계약의 존중을 포함하는 단일국가의 정부를 설계하는 일몰조항(sunset clause)을 제안하였다. NEC에 이 조항을 부의한 결과 소수당이 거부권을 행사하지 않는다는 조건 하에서 일몰조항을 채택하게 되었다.

만델라와 데 클레르크는 5일간의 양자회담을 통해 정부구성의 원칙에 합의하게 되었다. 제1대 5년 단일국가 정부는 총선에서 유권자의 5% 이상을 획득한 모든 당은 내각에 비례적으로 참여하는 원칙을 세웠다. 5년 이후 제2대 단일국가 정부는 단순 다수결의 정부를 구성한다는 데에 합의하였다. 그래서 2월에 ANC와 정부는 5년 단일국가 정부, 복수정당 내각, 과도최고위원회 창설의 원칙에 합의했다고 발표하였다.

여전히 협상을 방해하는 세력들이 있었다. 4월 10일 SACP의 사무총장이며 ANC의 유능한 젊은 리더인 크리스 하니(Chris Hani)가 요하네스버그, 복스버그의 자택 앞에서 암살되었다. 만델라는 큰 인물을 잃은 슬픔에 헬리콥터를 타고 직접 현장을 찾아가서 하니의 아버지를 위로하였다. 그 마을 백인마을과 인접해 있으면서도 전기와 물이 들어오지 않은 빈민가여서 만델라를 마음 아프게 하였다. 어떻게 이렇게 열악한 곳에서 훌륭한 젊은 지도자가 나왔는지 경이로웠다. 경찰은 무장 우익 아프리카너의 회원을 살인범으로 체포했는데 그는 협상과정을 탈선시키려는 시도로 극단적인 살인을 했던 것이다. 지금 이 시점은 정부가 아니라 ANC가 조용하게 대처해야 할 상황임을 만델라는 생각했다.

ANC는 보복적 폭행을 앞지르기 위해 1주일간의 대규모 집회와 시위를 조직하였다. 이것이 사람들에게 폭력에 의존하지 않고 그들의 좌절감을 표현하는 방법을 줄 것이었다. 데 클레르크와 만델라는 비밀리에 만나서 하니의 살인이 협상을 탈선시켜서는 안 된다는 데에 합의하였다.

1993년 6월 3일 다자간 포럼은 남아프리카 사상 첫 전국 비인종적 1인 1표 선거의 날짜를 1994년 4월 27일로 결정하였다. 남아프리카 역사상 흑인 다수당이 자신의 리더를 선출할 투표를 할 수 있게 되었다. 유권자는 헌법을 제정하고 의회의 역할을 할 제헌의회의 400명 의원을 선출한다.

제헌의회가 구성되면 제1업무가 대통령을 선출하는 것이다.

7월에 다자간회의는 임시헌법의 초안을 작성하였다. 이 초안에는 전국당과 지역당의 비례적으로 구성하여 400명 의원을 선출하고 지역의회로부터 간접적으로 상원을 선출하게 하였다. 전국 선거와 동시에 지역 선거로 실시하여 지역의회를 구성한다. 이 지역의회는 국가 헌법과 일치하는 지역헌법을 작성할 수 있다. 부텔레지 족장은 선거 전에 헌법이 제정되기를 원하였다. 두 번째 헌법 안은 지역에 더 큰 힘을 주었지만 부텔레지 족장이나 보수당을 달래지는 못하였다. 보수당은 해결방안이 아프리카너 이해관계와 배치된다고 표현하였다. 콘스탄드 빌조엔(Constand Viljoen)이 이끄는 아프리카너 민중전선이 보수 백인조직을 결집하여 결성되었다.

11월 18일 임시헌법은 다자간 회의에서 인준을 받았다. 새로운 내각은 유권자의 5% 이상을 획득한 당으로 구성되고 정부가 제안한 2/3 다수결이 아니라 만장일치로 의사결정하도록 하였다. 단일국가의 정부는 5년간 유지되고 그 다음에는 전국과 지역 의회의 분리된 투표가 아니라 단일 투표용지로 투표하기로 하였다.

1993년 만델라는 데 클레르크와 노벨 평화상을 공동 수상하였다. 남아공에서 노벨상을 수상한 것은 역사적으로 세 번째였다. 만델라는 수상소감에서 노벨위원회에 감사하고 공정하고 평등한 미래 남아프리카의 비전을 그렸다. 그리고 데 클레르크에 대해 찬사를 표시하였다. 데 클레르크가 남아프리카 국민들이 협상과 과정에의 평등 참여를 통해 미래에 원하는 바를 함께 결정해야 한다는 것을 이해하고 받아들인 통찰력이 있었다고 칭찬하였다. 만델라는 적과 평화를 만들기 위해서는 적과 함께 일해야 하고 그렇게 되면 그 적은 파트너가 된다고 말하였다.

여전히 우익 정당들은 자유선거에 대해 반대하는 입장을 표명하였다.

인카타는 선거에 참여하지 않고 저항하겠다고 천명하였다. 부텔레지 족장의 지지를 받고 있는 즈웰리티니(Zwelithini) 왕은 크와줄루(KwaZulu) 자치권을 요구하고 그의 지역주민들을 투표하지 못하게 하였다. 백인 우익집단도 선거를 배신이라 부르고 자치구역(volkstaat)을 요구하였다. 그러나 남아프리카의 그 어디에도 백인이 거주의 다수를 차지하는 곳은 없다.

1994년 2월 12일이 정당의 등록 마감일이다. 그 날 인카타, 보수당, 아프리카너 민중전선(Africaner Volksfront)은 사인을 하지 않았다. 보프타츠와나(Bophuthatswana) 정부도 참석하지 않고 통일 남아프리카로의 재통합을 저항하였다. 만델라는 사태의 심각성을 깨닫고 상당한 타협을 제안하였다. 지역과 전국 입법의 복수투표, 더 큰 지역권한의 보장, 나탈(Natal) 지역을 크와줄루 나탈(KwaZulu/Natal) 지역으로 이름 변경, 내부 자기결정 원칙이 공통의 문화와 언어 전통을 공유하는 집단을 위한 헌법에 포함 등이 타협안이었다. 만델라는 부텔레지 족장을 만나 선거등록하는 대신 헌법상 쟁점의 차이를 국제조정에 회부할 것을 합의하였다. 마지막 데드라인 전에 빌조엔 장군이 자유전선(Freedom Front)이라는 신생 정당으로 등록하였다.

그러나 선거일까지 무사하지 못하였다. 나탈 지역에서 폭력이 일어나고 수십 명의 ANC 회원들이 살해되는 사태가 발생하면서 내전 직전까지 악화되었다. 인카타는 투표연기를 시도하였으나 데 클레르크와 만델라는 모두 그 요구를 수용하지 않았다. 선거일이 조정의 대상이 아님을 확인한 부텔레지 족장은 줄루 군주국(Zulu Monarchy)에 대한 헌법역할의 제안을 받아들이고 선거에 참여하기로 하였다.

힘든 여정의 우여곡절 끝에 드디어 4월 27일 투표가 실시되었다. 남아프리카가 새로운 나라로 탄생하는 순간이다. ANC는 헌법제정의 결정 다수결인 2/3에 약간 못미치는 62.6%를 획득하였다. 제헌의회의 의석은 총 400석인데 이 중에서 252석을 ANC가 차지하였다. ANC는 북부와 동부 지역을 압도적으로 석권하였지만 서부 케이프와 크와줄루 나탈에서는 33% 정도만 획득하여 국민당과 인카타의 존재가 확인되었다.[23]

5월 2일 데 클레르크는 정부이양 연설을 하였다. 300년 이상 통치 후 백인 소수 정부가 패배를 인정하고 흑인 다수에게 권력을 이양하였다. 만델라는 독감이 걸려 의사가 만류함에도 불구하고 연단에 올라가 쉰 목소리로 데 클레르크에게 강한 모습에 축하하고 오래 동안 그토록 힘든 일을 해온 ANC와 민주주의 운동을 해온 모든 사람들에게 감사하였다. 마르틴 루터 킹(Martin Luther King Jr.)의 부인인 코레타 스코트 킹(Coretta Scott King) 여사도 축하를 하기 위해 참석해 있었다.

5월 10일은 만델라가 대통령에 취임하는 날이었다. 데 클레르크는 제2부통령으로 참석해서 선서를 하였고 이어서 타보 움베키(Thabo Mbeki)가 제1부통령으로 선서하였다. 그리고 만델라가 공화국과 국민들의 복지를 위해 헌신할 것을 선서하였다. 만델라의 취임 연설 중 일부를 소개하면 다음과 같다.[24]

"--- 얼마 전만 해도 불법자였던 우리가 우리 땅에 세계의 국가들을 초청하는 특권을 부여받게 되었습니다. 우리는 정의, 평화, 인간존엄성의 공동 승리를 우리 국민들과 함께 향유하기 위해 왕림하신 저명한 국제 내빈들에게 감사를 드립니다.

결국 우리는 정치적 해방을 달성하였습니다. 우리 국민들을 빈곤, 착취, 고통, 성차별, 다른 차별로부터 해방시킬 것을 선언합니다. 이 아름다운 나라가 다시는, 다시는, 결코 다시는 한 사람이 다른 사람을 압박하는 경험을 하지 않을 것입니다. 태양은 영광스러운 인간 성취에 떨어지지 않을 것입니다.

자유가 통치하게 하소서. 아프리카에게 축복을 주소서."

7) 만델라의 협상 전략과 실천

만델라가 평생에 있어서 가슴에 박힌 단어가 하나 있다면 그것은 바로 아파르트헤이트(Apartheid), 즉 인종차별이었을 것이다. 대학교 때 서구 문물을 배우면서 흑인이 당하고 있는 인종차별에 눈을 뜨기 시작하여 평생을 인종차별 해소에 몸을 바쳤다. 만델라의 협상을 보기 전에 이러한 그의 인생과 철학을 먼저 이해하는 것이 매우 중요하다. 남아프리카 조국에서 인종차별을 철폐하기 위해 할 수 있는 모든 일을 했는데 가장 중요한 방법이 백인 정부와 백인 집단과의 협상이었다.

이러한 배경을 보면 그의 심대한, 움직일 수 없는 목적이자 꿈이라면 바로 인종차별 해소라는 것을 쉽게 이해할 수 있다. 그렇다면 왜 그러한 목적을 이루기 위해 협상이라는 것을 택하고 평생 이를 신봉하고 실천하였을까? 많은 독립운동가들은 테러, 무장투쟁, 전쟁, 권력쟁탈 같은 무력적 방법을 흔히 사용하는데 만델라는 협상과 타협을 선택하였다. 어디에도 그러한 논의는 없지만 만델라의 성장과 신념을 살펴보면 휴머니즘과 기독교정신이 바탕에 깔려 있음을 볼 수 있다. 말하자면 만델라가 무력과 투쟁이 아니라 협상과 타협을 선택한 것은 그의 인류애와 신앙에서 온 것으로 보인다.

무장투쟁은 자칫 내란이나 전쟁으로 악화될 수 있고 흑인이든 백인이든 모두 큰 피해를 입는 공멸의 위기도 배제할 수 없다. 그래서 만델라는 무장투쟁으로는 쟁점을 해결할 수 없다고 보고 정부와 협상을 하려고 하였다. 그러나 상대방 백인정부와 군대에게 힘으로 밀려서는 협상으로 문제를 해결하기 어렵다는 것을 알고 무장투쟁은 뒤에 숨겨놓은 협상력이 된다. 만델라가 속해 있는 ANC가 상황에 따라서는 무장투쟁할 수 있도록 하여 협상력을 키우기 위해 무장투쟁을 포기하지 않고 병행해 왔다. 이 무장투쟁은 상대방 정부가 협상장에 나오도록 하는 것이 목적이지 상대방을 무력으로 제압하기 위한 것이 아니었다.

협상의 당사자는 때때로 흑인 원주민, 백인 극우파와 보수당이 등장하기도 하지만 거의 대부분은 ANC를 대표한 만델라와 백인정부를 대표한 데 클레르크였다. 양측의 이해관계를 살펴보면 협상의 구도와 방향을 볼 수 있다. 만델라는 인종차별 철폐의 쟁점에 대해 차별 없는 사회와 자유평등 선거로 정부를 수립하는 것을 원하고 있었다. 이에 반해 데 클레르크는 백인의 협상대표로서 백인소수의 권력 공유와 자신의 권력유지가 중요한 이해관계를 표출하고 있었다. 그래서 데 클레르크는 백인소수의 비례대표체계를 구축하려고 노력하고 있었는데 만델라는 그것은 위장된 인종차별제도라고 반대하였다.

양측의 협상력을 어떻게 개발하는가를 살펴보자. 백인정부는 백인의 협상파워를 높이기 위한 전략으로 백인세력의 연합과 영입으로 세력을 키우고 있었다. 흑인은 ANC가 주축이 되어 NEC와 연대함과 동시에 국제사회의 압력을 동원하였다. 만델라가 유럽과 미주를 방문하여 강대국의 국제적 압력을 행사해줄 것을 호소하였다. 그래서 상당부분 국제제재를 얻어낸 상태가 되었다. 국제제재를 완화시키기 위한 방책으로 정부는 정치범 석방과 비상사태 철회 등으로 국제사회가 취하고자 하는 제재를 완화하도록 만델라에게 요구하였다. 그러나 만델라는 세계를 돌면서 인종차별 철폐가 되지 않는 한 국제사회는 제재를 완화해서는 안 되고 계속 압력을 가해야 한다는 강력한 요청을 하였다.

선거일이 결정된 상태에서 선거방식과 정부수립의 원칙을 협상하면서 계속 교착상태에 있을 때 만델라는 비폭력 시위라는 압력수단을 사용하였다. 이에 대해 백인 집단에서는 무장군대와 극우조직이 나타나 총격을 가하면서 시위대를 살상하는 사태가 여러 차례 발생하였다. 그럼에도 폭력으로 평화적 협상을 방해하는 것을 정부가 계속 방치하고 있어서 한 때 만델라는 정부와의 협상 중단, 대화 중단을 선언한 적도 있었다. 백인의 총기살상으로 정부는 명분을 잃고 오히려 협상력을 상당히 상실하는 결과를 초래하게 되었다. 결과적으로 백인정부는 1인1표의 자유평등 선거에 의한 제헌의회의 구성과 의석에 비례하는 임시정부를 수립한다는데 합의하였다. 원칙과 명분을 잃는 무력의 사용은 협상력의 손실을 본다는 교훈을 얻을 수 있다.

  만델라는 인종차별 없는 민주정부를 수립하기 위해 수많은 타협을 만들어 내었다. 협상을 통해 양 측이 정확하게 윈윈을 만들어냈다고 평가하기 쉽지는 않지만 많은 쟁점에서 타협을 통해 합의로 접근해갔던 점은 분명하다. 인종차별 철폐, 자유평등 선거 등 중요한 원칙을 유지하는 상황에서 작은 쟁점들에서는 유연하게 양보와 타협이 이루어졌다. 예를 들어 ANC와 정부간의 정치적 수감자와 망명자의 정의를 내리는데 이견이 있었지만 정치적 동기로 범죄자가 된 로벤 섬의 정치범 25명을 사면하고 동시에 범죄를 열거해야 하는 조건으로 사면한다는 타협으로 해결하였다. 또한 만델라와 데 클레르크는 5일간의 양자회담을 통해 정부구성의 원칙에 합의하게 되었다. 제1대 5년 단일국가 정부는 총선에서 유권자의 5% 이상을 획득한 모든 당은 내각에 비례적으로 참여하고 5년 이후 제2대 단일국가 정부는 단순 다수결의 정부를 구성한다는 데에 합의하였다.

  1994년 2월 12일이 정당의 등록 마감일에 인카타, 보수당, 아프리카너 민중전선은 사인을 하지 않았다. 만델라는 지역과 전국 입법의 복수투표, 더 큰 지역권한의 보장, 나탈지역을 그와줄루 나탈지역으로 이름 변경, 공통의 문화와 언어 전통을 공유하는 집단을 위해 내부 자기결정 원칙의 헌법 포함 등의 타협안을 제시하였는데 상대측에서 수용되었다. 만델라는 이렇듯 원칙에는 양보하지 않지만 협상방안에서는 유연하게 양보와 타협을 구사하여 목적을 달성하는 협상전략을 실천하였다.

영어식 표기와 약자
(가나다 순)

가들라 헨리 음파카니스와(Gadla Henry Mphakanyiswa Mandela)
국가최고위원회(National Executive Committee, NEC)
국민당(National Party)
그루트 슈어(Groote Shuur)
넬슨(Nelson)
나탈(Natal)
남아프리카공산당(South African Communist Party, SACP)
노세케니 파니(Nosekeni Fanny)
다위 데 빌리어스(Dawie de Villiers)
데 클레르크(F. W. de Klerk)
둘라 오마르(Dullah Omar)
로벤(Roben)
롤리흘라흘라(Rolihlahla)
루사카(Lusaka)
마그너스 마란(Magnus Malan)
마르틴 루터 킹(Martin Luther King Jr.)
민족주의자들(Nationalists)
바알(Vaal)
범아프리카의회(Pan Africanist Congress, PAC)
보이파통(Boipatong)
보프타츠와나(Bophuthatswana)
보타(Botha)

부텔레지 족장(Chief Buthelezi)
불루(Vulu)
비쇼(Bisho)
비트바테르스란트(University of the Witwatersrand)
세보켕(Sebokeng)
세보켕 타운십(Sebokeng Township)
소웨터(Soweto)
시릴 라마포사(Cyril Ramaphosa)
시스케이(Ciskei)
아드리안 블록(Adriaan Vlok)
아파르트헤이트(Apartheid, 인종차별)
아프리카너(Afrikaner)
아프리카너 민중전선(Africaner Volksfront)
아프리카민족회의(African National Congress, ANC)
알리스(Alice)
알프레도 은조(Alfredo Nzo)
엥코보(Engcobo)
올란드 웨스트(Orland West)
올리버 탐보(Oliver Tambo)
움콘트 웨 시즈웨(Umkhonto we Sizwe, 민족의 창)
월터 시수루(Walter Sisulu)
위니(Winnie)
은케다마(Nkedama)
올리버 탐보(Oliver Tambo)
움베키(Thabo Mbeki)

움콘토 위 시즈위(Umkhonto we Sizwe)
음베조(Mvezo)
응구벵쿠카(Ngubengcuka)
이스턴 케이프(Eastern Cape)
익시바(Ixhiba)
인카타(Inkatha)
인카타자유당(Inkatha Freedom Party)
자유전선(Freedom Front)
조 슬로보(Joe Slovo)
조지 고크 타운십(George Goch Township)
종인타바 다린데보(Jongintaba Dalindyebo)
줄루(Zulu)
줄루 군주국(Zulu Monarchy)
즈웰리티니(Zwelithini)
카운다(Kaunda)
코레타 스코트 킹(Coretta Scott King)
콘스탄드 빌조엔(Constand Viljoen)
크리스 하니(Chris Hani)
크와줄루(KwaZulu)
크와줄루 나탈(KwaZulu/Natal)
클라케베리(Clarkebury)
템부(Thembu)
템불랜드(Thembuland)
토카이(Tokai)에 있는 폴스 무어(Pollsmoor)
트란스케이(Transkei)

포쳅스트룸(Potchefstroom)
포트 뷰포트(Fort Beaufort)
포트 하레(Fort Hare)
프레토리아(Pretoria)
하라레 선언(Harare Declaration)

3. 영국 토니 블레어 총리

1) 성장배경

토니 블레어(Tony Blair, 이하 '블레어'라 함)는 1953년 5월 6일 스코틀랜드 에든버러에서 레오 블레어의 차남으로 태어났다. 블레어는 스코틀랜드에서 태어나 성장기의 대부분을 스코틀랜드에서 지냈지만, 집안은 원래 잉글랜드 북부 출신이고 그가 정치적 입지를 다진 곳도 바로 잉글랜드이다.25)

아버지 레오 블레어는 법률가로 일했고 평상시 보수당을 지지하면서 의회에 출마했다. 본래 사회주의자였다가 경제적으로 성공하면서 보수주의자로 전향했다. 아버지가 호주 애들레이드 대학교 로스쿨에서 교수로 재직한 3년 반 동안 블레어는 가족들과 함께 호주에서 지내기도 했고, 이후에는 잉글랜드 북부(더럼)에서 살기도 했다. 그런데 아버지가 갑자기 뇌졸중에 걸려 의원직으로 진출하려던 아버지의 계획은 좌절되고 경제적 사정도 기울어져 가족 전체가 에든버러로 이주하게 되었다. 블레어가 열 살 때 아버지가 심장발작으로 사망했다. 이렇게 아버지가 돌아가면서 블레어는 아버지가 이루지 못했던 정치적 야망을 실현해야겠다는 열망이 컸던 것으로 보인다.

블레어는 처음에는 더럼 대성당에 있는 사립 노래 학교에서 교육을 받았으며 그 이후 1966년 블레어가 13세일 때 '스코틀랜드의 이튼'이라 불리던 페티스 칼리지(Fettes College)에 입학했다. 엄격한 교칙과 선배 학생들에 의한 부조리에 반발하여 무단으로 교정을 이탈하는 등 여러모로 학교 측과 잦은 마찰을 일으켰다. 블레어는 영국의 싱어송 라이터인 믹 제이거(Mick Jager)의 팬으로서 그는 록 음악을 사랑했고 아마추어 밴드에서 연주했다. 그는 1971년에 페티스 칼리지를 졸업한 후 프랑스로 건너가 1년 정도 아르바이트를 한 덕에 프랑스어가 유창했다. 그는 영국으로 돌아와서는 옥스퍼드 대학교 세인트 존스 칼리지에서 법학을 전공하면서 이후 1972년에 2급 학위를 받고 변호사가 되었다. 재학시절 록 밴드 어글리 루머스(Ugly Rumors)에서도 연주했으며 마르크스주의에 심취했다고 한다.[26]

과거 블레어의 아버지는 사회주의를 신봉하다가 보수주의자로 전향하였는데 그의 아들인 블레어가 마르크스주의에 심취하였고 이후 노동당에 입당하면서 보여줬던 정치적 성향에 대한 논란의 뿌리는 이러한 다양한 정치적 성향의 변화가 영향을 끼쳤을 것으로 생각된다. 블레어가 이렇게 위대한 협상가로서 다양성을 겸비하고 있어 원활하게 소통하고 협상할 수 있는 성장배경이 존재했을 것이라고 추측해볼 수 있다.

2) 정치입문

블레어는 대학을 졸업한 후 1976년에 변호사 협회에 합류했으며, 당시 노동당 지도자였던 존 스미스(John Smith)의 절친한 친구인 다니 어빙(Dani Irving)의 사무실에 취직했다. 이 지인은 영국 사회당 대열에 합류한 블레어를 정치적으로 동조하였고 블레어는 1979년 영국 노동당에 입당하여 곧 의회에 출마하게 된다.

1982년 당시 보수당 의원 로널드 벨이 사망함으로써 보궐선거로 치러지게 된 지역구 비컨즈필드에 출마했다. 비컨즈필드는 보수당의 텃밭인

지역구인데다 노동당은 당시 마가렛 대처 내각에 밀리고 있던 상황이기 때문에 블레어는 자유민주당 후보에게도 패하며 3위로 낙선한다. 하지만 그는 노동당 내 의원들에게 좋은 평가를 받았고 1년 뒤 1983년에 열린 총선에서 당선되었다. 당시 선거구는 노동당의 텃밭이라 불리는 북동부 잉글랜드에서 9년 만에 복설된 지역구인 세지필드였는데 블레어는 비로소 하원의원에 당선되며 공직에 처음으로 입문하였다. 블레어는 보수적인 아버지와 보수적인 환경에서 성장한 배경에도 불구하고 뚜렷한 좌파 견해를 공언했다.

1989년에 점점 더 많은 유권자의 지지를 받기 시작한 정책을 펼치기 시작한 블레어는 노동당 전국 집행위원회 위원이 되었다. 그는 지도자 존 스미스(John Smith)와 더 가까워지면서 곧 예비내각(shadow cabinet)의 외무장관 자리를 차지하는 행운을 얻었다. 블레어는 당의 진로를 덜 급진적인 것으로 바꾸는 가장 중요한 문제 중 하나를 고려했다. 그는 노동조합과의 관계에 거리를 두면서 가장 논란이 되는 좌파 슬로건을 당 프로그램에서 제거하기 위해 캠페인을 벌였다. 그는 하원 재선의원 시절 노동당의 예비내각에서 내무부, 법무부, 에너지부, 및 노동부 장관을 역임했고, 노동당 대변인을 맡기도 했다.

1994년 노동당 대표 존 스미스가 급사하면서 차기 노동당 대표를 뽑아야 할 상황이 되었다. 이때 블레어는 당시 노동당의 차세대 지도자 후보로 각광받던 동료이자 라이벌인 고든 브라운과 같이 식당에서 노동당의 비전에 대해 이야기하면서 모종의 합의를 보았다. 말하자면 두 사람은 서로 합의하여 블레어를 먼저 노동당 대표로 밀어주고 그 다음에 브라운을 밀어주기로 약속하였다. 이에 힘입어 블레어는 생각보다 손쉽게 제1야당 노동당의 대표가 되었다. 즉, 노동당이 집권하면 그가 총리가 되는 매우 확실한 전망을 가지는 행운도 잡게 되었다.

블레어는 당수가 되면서 노동당 조직 내에서 개혁에 대한 자신의 생각을 실행하기 시작했다. 그는 경직되고 중앙집권적인 구조를 만들어 내는 내부의 파벌과 분열의 존재를 종식시켰다. 이와 동시에 그는 정당의 아이디어를 대다수 유권자에게 더 매력적으로 만들려고 노력하면서 점점 더 좌익 아이디어를 피하게 되었다.

　블레어는 협상의 대상이 되기 어려운 정당의 성향에 대해 개혁을 하고자 하는 의지가 강했다. 이러한 개혁은 기존의 세력의 반발과 반대에 부딪힐 것으로 예상했지만 자신의 목적을 달성하기 위해 위대한 협상가로서 분배적 협상과 통합적 협상을 그 상황과 대상에 맞게 적용하면서 다양한 협상 대상자들과 커뮤니케이션을 해나갔다. 당수로서의 블레어는 당내의 관련자들뿐만 아니라 당원들과 협상했고 나아가 총리가 되었을 때는 더욱 많은 협상 대상자에게 다양한 협상전략을 통해 설득하고 합의해 나갔다. 무엇보다 위대한 협상가가 되기 위해서는 협상력이 있어야 한다. 협상력을 결정하는 3가지 요소(정보, 힘, 시간)가 있는데 블레어는 총리의 지위에 오르면서 힘(Power)를 확보함으로써 위대한 협상가가 될 준비가 된 것이다.

3) 총리의 취임

　블레어가 노동당 대표에 취임할 당시 집권여당이었던 보수당의 존 메이저 총리가 마스트리흐트 조약과 관련한 보수당 내의 반발, 지방선거에서의 대패 등으로 곤경에 처해지면서 블레어와 노동당은 정권 탈환의 기대를 높이는 계기를 마련했다. 그리하여 당 대표에 취임한 지 3년만인 1997년 총선에서 총 659석 가운데 노동당이 43.2%의 득표율로 418석을 획득하는 압도적 승리를 거두면서 블레어는 드디어 총리에 취임하게 되었다. 이때 노동당은 제2차 세계 대전 이후 양당 통틀어 사상 최다 의석이라는 기록을 세웠으며, 보수당은 1832년 이후 최저 득표율(30.7%)과 165석이라는 보수당 역사상 역대 두 번째 최저 의석 수라는 결과를 받아들여야만 했다. 이로써 보수당의 존 메이저 총리가 퇴임하고 노동당이 집권하게 되었는데 이는 1979년 노동당의 제임스 캘러헌이 내각불신임 결의로 물러난 지 무려 18년 만에 재집권하는 역사적 기록이 되었다.

4) 신노동정책

블레어는 '신노동당'(New Labour)이라는 브랜딩을 통해 고든 브라운과 함께 영국 노동당의 우파적 정책을 주도했다. 1990년대 보수당 정권 시절부터 이어진 노후화된 제조업 탈피 및 금융, 문화 산업 중심으로의 체제 개편을 계승하고 신자유주의적인 정책을 대거 받아들였다. 또한 블레어리즘으로 대변되는 현대 영국의 생산적 복지 체계를 확립했다. 그 효과로 영국은 블레어 시기 평균 3% 중후반의 경제성장률을 꾸준하게 유지하였으며, 제3의 길로 대표되는 현대적인 선진국 이미지로 세계에 다시 자신을 어필할 수 있었다. 그 결과 2001년 총선에서 노동당은 40.7%의 득표율로 단 5석만을 잃은 413석을 획득하며 압승, 블레어 총리는 재선에 성공하였다. 이 무렵 블레어의 인기는 정말 대단한 것이어서, 당시 블레어 총리에 대한 영국인들의 사랑은 "그가 물 위를 걷는다면 걸을 수도 있을 것이라 믿을 정도"라는 언론인의 회고까지 있을 정도였다.[27]

하지만 계속되는 우파적 정책 때문인지, 노동당의 전통적인 지지층들을 중심으로 안티들이 블레어에 대한 경멸적인 별칭들을 여러 가지 만들어냈다.

블레어가 우파인지 좌파인지 애매하고 흐릿하다는 토니 블러(Tony

Blur), 사실상 보수당원이라고 공격하는 토리 블레어(Tory Blair), 아예 둘을 합친 토리 블러(Tory Blur)도 있었다. 노동당도 Red Tories(색깔만 노동당 상징인 빨간색으로 칠한 보수당이라는 뜻)라고 공격당하기 일쑤였다. 쉽게 말해서 "블레어 네 정책이 보수당이랑 다른 게 대체 뭐냐?"는 당내 반대파의 지적이 있었다.28)

[그림 3-1] 토니 블레어의 이념 편력

출처: 동아일보, 청년 블레어 "난 이래서 마르크스와 결별", 2006.06.16.

여기에 2003년 영국이 이라크 전쟁에 미군 다음으로 많은 규모의 숫자의 영국군을 파병하면서 비판 여론을 키워버리게 되었다. 파병은 당시 제1야당에서도 반대했었고, 언급한 여당 노동당 내 좌파 세력들에게도 비난받으며 블레어는 인기를 점차 잃게 되었다. 이때 블레어에게 '조지 W. 부시의 푸들(Bush's Poodle)'이란 좋지 않은 별명도 생기게 되었다.

3. 영국 토니 블레어 총리 | 83

그래서 좌파 진영으로부터 부시와 함께 전범이라고 공격당하게 되었다. '정통 좌파' 제레미 코빈이 대놓고 "이라크전을 일으킨 책임을 물어 블레어를 전범 재판에 회부해야 한다!" 는 발언까지 하였다.29) 참고로 코빈은 2010년대 중반 노동당 당대표가 되는 영향력 있는 인물이었다. 아무튼 이 정도면 블레어와 코빈 사이에는 같은 당 소속이라는 의식이 사실상 없는 것이나 마찬가지일 정도로 둘 사이의 갈등은 이미 돌아올 수 없는 다리를 건넌 것이나 마찬가지라고 봐야할 것이다. 블레어는 2005년 3선의 총리가 되었으나 총선에서 35.2%의 득표율로 58석을 잃고 355석으로 추락하여 결국 노동당 내 여러 의원들로부터 총리 사퇴 압박을 받기 시작했다.

사실 블레어는 이미 1999년의 코소보 내전 당시에 미국보다 더 적극적으로 강경한 군사 개입을 주장한 바 있었다. 블레어가 미국을 직접 방문하여 코소보에 대한 '인도적 개입'을 촉구했던 것이다. 이를 보면, 부시 행정부 시절의 대테러 전쟁 개입도 단순한 '변절', '줄서기'보다는 그의 정치관을 반영한 것이라고 볼 수 있다.

하지만 그가 다른 국제문제에 대해서 적극적 군사개입을 주장한 것과 별개로, 블레어는 1998년 4월 10일 현대 영국 역사에 가장 중요한 결정인 벨파스트 협정을 체결하기 위해 아일랜드와 평화적으로 협상하는 것을 주도해냈다. 북아일랜드 문제의 핵심이었던 이 벨파스트 협정(성 금요일 협정이라고도 함)을 통해 영국은 1972년 피의 일요일 사건으로 폭발한 IRA(아일랜드공화국군)의 무력투쟁과 테러위협으로부터 무려 26년 만에 완전히 벗어나는데 성공하였다. 이제 위대한 협상가로서의 블레어의 면모를 살펴보기 위해 벨파스트 협정의 협상과정을 살펴보고자 한다.

5) 북아일랜드 분쟁의 역사와 협상의 필요성

북아일랜드 분쟁(Northern Ireland conflict)은 1998년 북아일랜드 분쟁을 종식시킨 벨파스트 협정의 체결까지 진행된 일련의 평화 협상 및 정착 과정을 말한다. 이 분쟁은 아일랜드 공화국이 영국 연합왕국에서 독립할 당시 얼스터(아일랜드섬의 전통적인 네 지방 중 하나)의 일부 지방이 영국에 남음으로써 비롯된 일종의 민족주의 분쟁인 셈이다.

	분쟁이 일어난 무대는 북아일랜드 뿐만 아니라 아일랜드 공화국, 영국, 유럽 대륙 본토에까지 이르렀다. 북아일랜드 문제는 1960년대 후반에 시작되어 1998년 벨파스트 협정으로 마무리되었으나 협정에 이르기까지의 과정은 산발적 폭력으로 점철되었다. 국제적으로는 이 분쟁을 북아일랜드 분쟁이라고 불렀다.

	북아일랜드 분쟁은 본질적으로 정치적 문제로서, 종교 분쟁이라 할 수는 없으나, 민족적·종교적 차원에서 분쟁이 전개된 것도 사실이다. 문제의 핵심은 북아일랜드의 입헌적 지위에 있다. 연합주의자 또는 왕당파들은 거의 대부분 개신교인으로서, 북아일랜드가 영국 연합왕국 내부에 계속 "연합"되어 있기를 원했다. 민족주의자 또는 공화파들은 거의 대부분 가톨릭 교인으로서 북아일랜드가 연합을 탈퇴하여 통일 아일랜드를 구성하기를 원했던 것이다. 또 다른 핵심 문제는 상술한 두 공동체 사이의 관계이다. 북아일랜드 정부와 경찰 조직은 개신교도와 연합주의자가 장악하고 있기에 소수파인 가톨릭 교도와 민족주의자에 대한 차별이 발생할 수밖에 없었고, 이 차별에 반대한 민권운동을 둘러싸고 분쟁이 함께 시작되었다.

	분쟁에 참여한 세력들로는 공화파 준군사조직(아일랜드 공화국군 임시파가 가장 유명하다.), 왕당파 준군사조직(얼스터 의용군과 얼스터 방위협회 등), 영국 정부군(영국 육군과 북아일랜드 경찰력인 왕립 얼스터 경찰대), 그리고 여러 정치인들과 정치 운동가들이 있다. 아일랜드 공화국 정부군이 분쟁에서 수행한 역할은 위 세력들에 비하여 상대적으로 미미하다. 30년 동안 진행된 북아일랜드 분쟁은 3,500명 이상의 사망자를 발생시켰고, 부상자를 포함한 사상자의 수는 50,000명을 훌쩍 넘는다.

  1980년대 후반 아일랜드 공화국 정부의 지원과 가톨릭교 신부 알렉 리드의 중재로 평화 협상이 처음으로 논의되기 시작했다. 1994년 북아일랜드 민족주의 성향의 주요 정당인 사회민주노동당 대표 존 흄과 신 페인 대표 게리 애덤스가 연속 회동하면서, 갈등 종식의 논의가 본격화되었다. 같은 해 11월에는 영국 정부와 IRA(아일랜드공화국군) 임시파와 협상이 진행되고 있다는 사실이 보도되었으나 영국 정부 측은 이를 부인했다. 1994년 4월 6일 IRA 임시파는 금일부터 4월 8일 금요일까지 3일간의 "적대 행위의 일시 중단"을 선언하였으며, 5개월 후인 8월 31일 수요일 자정부터는 "군사 작전의 중단"을 선언함으로써 수 십 년간 이어져 왔던 폭력 투쟁이 일시 정지하게 되었다. 그러나 이 당시 이러한 IRA 임시파의 적대행위의 일시 중단은 오래가지 못할 것이며, 블레어가 3세기 동안 지속되었던 이러한 분쟁을 협상으로 해결하지 못할 것이라는 여론이 대부분이었다.

  이렇듯 북아일랜드 분쟁은 오랜 기간 동안 역사의 과정 속에서 이어져 오면서 협상으로 해결하려는 노력은 있었지만 성공하지 못했기 때문에 이번에도 협상에 의한 분쟁해결이 성공하리라고 누구도 기대하지 못했던 것으로 보였다. 그러나 블레어는 강한 의지를 가지고 북아일랜드 평화협상을 성공적으로 타결하기 위한 노력을 본격적으로 시작하였다.

<표 3-1> 북아일랜드 유혈분쟁의 역사

연도	역사
17세기	영국 개신교도 아일랜드 이주, 아일랜드 식민화 시작
1919년	무장단체 IRA 출범
1922년	아일랜드 독립, 북아일랜드 영국령 유지, 신구교 갈등 유발
1972년	영국 치안군 구교도에 무차별 총격(피의 일요일)-IRA의 보복테러(피의 금요일)
1998년	굿 프라이데이 협정 체결
1999년	아일랜드 자치정부 출범
2005년	IRA 무장해제 선언
2007년	북아일랜드 공동(가톨릭·개신교파 연합) 자치정부 출범, RIRA 출범
2009년	3월 영국군·북아일랜드 경찰, RIRA로 추정되는 단체에 피격

출처: 국민일보, "북아일랜드, 유혈분쟁에 다시 빠져드나," 2009.03.11.

6) 북아일랜드 평화협상의 과정

블레어는 1998년 벨파스트 협정이 체결되기 이전 1997년에 아일랜드 공화국군의 정치세력을 대표하는 제리 아담스(Jerry Adams)와 여러 차례 만났다. 협상이란 타결이 될 때까지는 무수히 많은 접촉과 대화와 논의를 거치면서 극단의 성향을 가진 당사자라고 할지라도 합의점을 찾아가는 노력이 필요한 그러한 과정의 예술이다. 블레어는 북아일랜드 평화협상을 구상하면서 다양한 협상전략과 시나리오를 준비하였으며 가장 어려운 대상자를 먼저 만나 협상하는 등 그 위대한 협상가로서의 면모를 보여주었다.

북아일랜드 평화협정의 타결은 '피 묻은 손과의 더러운 악수'라는 영국 내 보수파들의 비난은 있었지만 신페인당을 협상에 참가시켰던 토니 블레어 영국 총리의 승리로도 받아들여졌다. 블레어 총리는 그동안 신페인당이 참여하지 않는다면 실질적인 평화협정은 체결될 수 없다며 게리 애덤스 당수를 만났고, 1998년 2월에는 '피의 일요일 사건 재조사'를 명령하는 등 평화협상의 기반조성에 노력해왔다. 또 신교도쪽 협상 당사자들을 설득하기 위해 정치적 경쟁자인 존 메이저 전 총리의 도움을 청하기까지 했다. 이러한 일련의 노력은 오랫동안 지속되어 온 북아일랜드 분쟁을 해결하고자 하는 그의 의지와 협상가로서의 역량을 발휘한 위대한 순간으로 평가되고 있다.

블레어 영국 총리와 버티 아헌 아일랜드 총리는 4월 14일 6일간에 걸친 북아일랜드 긴급 평화협상이 성과 없이 끝난 뒤 더 이상 추가협상은 없을 것이며 대신 일괄조정안을 관련 정당에 제시할 것이라고 밝혔다. 이들은 양국정부 공동발표문을 통해 이번 협상에서 진전이 이뤄졌지만 추가협상의 필요성은 없다고 말하였다. 그들은 또한 일괄조정안은 협상대상이 아니라고 강조하며 협상의 목표를 당사자들에게 명확하게 주지시킴으로써 협상의 원칙을 강조하였다.

블레어 총리는 "협상할 시기는 지나갔다고 보며 관련 정당들이 수용여부를 결정할 일괄조정안을 제시할 수 있을 것으로 확신한다."고 말했다.30) 그는 일괄조정안이 협상에서 문제가 됐던 모든 분야를 포괄할 것이라고 말했다. 아헌 총리는 균형 잡힌 일괄조정안이 마련될 것으로 믿는다고 말했다. 아일랜드공화군(IRA)의 정치조직인 신페인당의 제리 애덤스 당수는 양국 정부의 일괄조정안 제시를 기대하고 있다고 말했다.

북아일랜드 분쟁 협상은 신교도 온건파 지도자인 데이비드 트림블 얼스터연합당 당수가 IRA의 무장해제 약속 불이행을 비난하며 북아일랜드 자치정부 수석장관직을 사임하면서 발단이 되었다. 얼스터의 사임으로 북아일랜드 자치정부가 붕괴위기에 처함에 따라 블레어 총리와 아헌 총리가 긴급회의를 소집했었다. 블레어 총리는 협상을 진행하면서 주변 환경변화의 정보를 기민하게 파악하고 최적의 타이밍을 감각적으로 판단하여 협상을 주도하여 분쟁해결에 크게 기여하였다.

7) 북아일랜드 평화협정안 체결

이러한 복잡한 평화협상의 과정을 거친 후 토니 블레어 영국 총리와 버티 어헌 아일랜드 총리를 비롯하여, 8개 북아일랜드 분쟁관련 정파는 벨파스트 인근 스토몬트성에서 본회의를 열고 역사적인 벨파스트 협정 또는 성 금요일 협정(Belfast Agreement or GFA, Good Friday Agreement)의 타결을 선포했다.31) 협상중재자인 미국의 조지 미첼 전 상원의원과 영국, 아일랜드 총리가 참석한 가운데 진행된 이번 협상은 당초 협상 마감시간인 5월 9일 자정을 17시간이나 넘기는 난산 끝에 최종 합의에 도달했다. 북아일랜드 평화협정은 5월 22일 남북 아일랜드에서 동시에 실시된 국민투표를 거쳐 최종 확정되었다. 협상 마감시간을 넘어서고도 협상 당사자들이 협상을 파기하기보다는 협상당사자간의 타결의지를 확인하고, 이를 지지했기 때문에 가능한 일이라고 평가된다. 이로써 400여 년간에 걸친 신구교간 반목과 29년간의 유혈분쟁 종식의 기틀을 마련하게 되었다. 이어 1999년 12월 2일 0시를 기해 북아일랜드는 영국으로부터 통치권한을 공식 이양 받았다.

아래의 내용은 벨파스트 협정의 일부분을 발췌한 것이다. 협정 전문은 아일랜드 및 영국 국적 관련 내용, 무정부 사태 발생 시의 아일랜드 정부의 개입, 북아일랜드와 아일랜드의 관계, 영국과 아일랜드의 관계 등의 복잡한 내용을 다루고 있다.

[그림 3-2] 북아일랜드 평화협정서 표지

The Belfast Agreement:
An Agreement Reached at the
Multi-Party Talks on Northern Ireland

Presented to Parliament
by the Secretary of State for Northern Ireland
by Command of Her Majesty
April 1998

출처: 나무위키, "벨파스트 협정."

<표 3-2> 북아일랜드 벨파스트 협정 주요내용

1. 북아일랜드의 정치적 미래는 북아일랜드 사람 다수의 동의에 따르기로 한다.
2. 108명의 의원과 12명의 직능단체 행정관으로 북아일랜드에 새 의회(The Nothern Ireland Assembly)를 탄생시킨다. 이 의회는 영국 의회의 직접통치를 종식하고 북아일랜드 문제를 전적으로 책임질 위임정부의 기능을 맡는다.
3. 의회는 농업, 경제 발전, 교육, 환경, 재정, 인사, 의료 및 사회복지 등에 관해 입법 및 행정의 전권을 갖는다. 단 준(準) 군사적 포로의 석방, 보안 시설물의 제거, 왕립 얼스터 보안대의 감축 등과 같은 미래의 경찰 업무를 독립적으로 위임할 경우에 대비해서 중재 조건들을 갖는다.
(중략)
6. 첫 회의 때 북아일랜드 의회 의원은 위의 적절한 조항 하의 의회 표결에서 cross-community 투표를 판단하기 위해 신원명[1](민족주의자, 연합주의자, 기타) 등록을 할 것이다.
(중략)
18. 총리와 부총리의 의무는 그 중에서도 행정위원회의 업무와 외부 관계에 대한 북아일랜드 정부의 대응을 처리하고 조율하는 것을 포함할 것이다.

1) 신원명이란 designation of identity로서 신원지정을 의미한다.
출처: 나무위키, "벨파스트 협정."

8) 총리의 퇴임과 협상가로서의 평가

블레어는 2006년 9월 총리직 사임 의사를 밝히고, 2007년 6월에 10년간의 총리 생활을 마치고 퇴임했다. 그는 1997년 43세로 영국의 최연소 총리로 취임해 2007년 퇴임까지 10년간 재임했던 정치 지도자로서 사회 정의와 시장경제를 결합시킨 제3의 길을 표방해 영국의 국력을 강화시켰다는 평을 받고 있다.32)

특히 앞서 언급한 북아일랜드 평화협상 타결은 3세기에 걸친 갈등과 분쟁의 종지부를 찍는 역사적인 협상이었다. 블레어는 북아일랜드 평화 정착을 위해 런던·더블린·벨파스트·워싱턴을 넘나들며 진행된 4각 외교협상의 중심에서 당사자 간의 수용성을 높이는 대안을 제시함으로써 타결을 이끌어낸 위대한 협상가로 평가할 수 있다.

1998년 영국과 아일랜드 양국 정부, 그리고 북아일랜드 정당 대다수가 벨파스트 협정 (성 금요일 협정)에 서명함으로써 평화협상이 마무리되었다. 블레어 영국 총리와 버티 어헌 아일랜드 총리, 북아일랜드 8개 정당대표들은 4월 9일 역사적인 북아일랜드 평화협정에 합의했다. 이 협정은 북아일랜드와 아일랜드 공화국에서 협정의 효력을 승인하는 국민투표를 거쳐 최종 확정되었다. 짧게는 30년, 길게는 4백년이 넘게 이어지며 세계 분쟁사의 한 페이지를 장식했던 북아일랜드 분쟁은 평화를 향한 조심스런 그러나 확실한 한걸음을 내디뎠다. 이로써 지난 1969년 이래 영국과 북아일랜드, 아일랜드에서 3천4백여 명의 목숨을 앗아갔던 북아일랜드 분쟁사가 마무리될 중요한 계기가 마련되었다.

이날 영국과 아일랜드, 북아일랜드 8개 정당대표 간에 타결된 평화협정은 그 해 6월 행정과 입법권을 행사할 의원 1백8명을 선출해 북아일랜드 의회를 구성할 것과 남-북 아일랜드 각료 간의 정보교환과 협력방안 등을 논의하기 위한 회의체를 만들 것, 북아일랜드를 자국의 영토로 규정한 아일랜드 공화국의 헌법 2, 3조를 개정할 것, 분쟁 당사자들은 무력사용을 중지하고 오는 6월부터 2년 이내에 무장을 해제할 것 등의 내용을 담고 있다.

이 같은 평화협정 내용은 현실적인 지배계층이면서 영국군 잔류를 주장하는 신교도와 영국식민지에서 독립해 궁극적으로 '하나의 아일랜드'를 지향하는 구교도간의 이해관계가 절충된 것이다. 따라서 신구교도간의 권력분할을 핵심내용으로 하고 있는 이번 평화협정이 분쟁을 궁극적으로 해결한 것은 아니라는 평가도 있었다. 그러나 이번 평화협정은 그동안 협상 테이블에 앉는 것조차 꺼리던 이들이 협상시한 17시간 뒤 일정한 선의 '합의'를 이뤄내고, 무장해제에 관한 몇 가지 구체적인 일정까지 만들어냈다는 점 때문에 '평화를 향한 중요한 첫걸음'으로 평가 받고 있다.

9) 협상의 원칙을 강조한 위대한 협상가 블레어

누구나 협상에서 성공하고 싶어 한다. 그러나 누구나 협상에서 성공하는 것은 아니다. 협상에서 성공하고 싶다면 성공법칙 10가지를 우리는 알고 실천할 수 있어야 한다.

블레어가 북아일랜드 평화협상을 성공적으로 이뤄낸 과정 중에서 중요한 협상의 법칙을 발견할 수 있다. 바로 성공법칙 10가지의 가장 근본적인 바탕이 되는 협상의 원칙을 협상 당사자들에게 강조하고 준수하게 하는 것이다. 즉, 추가적 협상은 더 이상 없다는 하나의 원칙이다.

<표 3-3> 협상에서의 성공법칙 10가지

성공법칙 1. 협상준비를 철저히 하라
성공법칙 2. 협상 기본구조를 진단하라
성공법칙 3. BATNA를 식별하고 작업하라
성공법칙 4. 기꺼이 손을 떼라
성공법칙 5. 협상의 핵심 패러독스를 마스터하라
성공법칙 6. 무형요소를 기억하라
성공법칙 7. 연합을 적극적으로 관리하라
성공법칙 8. 자신의 명성을 보호하라
성공법칙 9. 합리성과 공정성이 관련되어 있음을 기억하라
성공법칙 10. 경험으로부터 지속적으로 학습하라

출처: Lewicki, Barry & Saunders(2007).

블레어는 극렬한 분쟁이 발생한 양국정부 간 공동발표문을 통해 협상에서 일정부분 진전이 있었지만 추가적인 협상의 필요성은 없다고 말했다. 만약 추가적인 협상이 발생했다면 당사자 간의 이해관계상 요구사항이 상당히 많아졌을 가능성이 높다. 이렇듯 추가적인 협상이 없다는 원칙을 통해 일괄조정안 또한 협상대상이 아니라는 점을 분명히 강조하고 협상의 출구전략을 확실하게 만들어 놓은 것은 협상의 성공법칙을 모두 알고 있으면서 실전에서 어떻게 협상을 마무리하는 지에 대한 위대한 역량을 가진 것으로 밖에 설명되지 않는다.

블레어는 사전에 무수히 많은 대화와 논의를 통해 당사자들 간의 타결의지를 확인하였고, 이러한 중요한 정보를 바탕으로 협상당사자들을 지지하고 협상이 파기되는 것이 아닌 완벽하지는 않지만 최대한 이해당사자들의 요구를 담아낼 수 있는 합의안을 도출했던 것이다. 극렬하게 대치했던 협상당사자들 역시 이러한 블레어의 진정성 있는 협상진행을 신뢰했으며, 단순한 정치적인 쇼가 아닌 양국 간의 장기적인 평화를 약속하는 통합적 협상으로 신뢰하는 관계를 구축하려는데 합의한 것이라고 평가할 수 있다. 무엇보다 블레어는 자신과 협상 상대방 간 공유하고 있는 인류 공통의 가치에 호소함으로써 오랜 갈등과 분쟁상황에서 다른 시각에서 조명하고 이를 해결하려고 노력하였다.

  평등이나 비폭력 같은 인류의 보편적 가치에 호소할 경우 갈등과 분쟁의 원인인 신념과 가치관의 차이에 집중하기보다 더 나은 결과를 얻을 수 있다는 교훈을 배우게 된다. 협상당사자 간 공통의 가치를 인정하며 대화의 물꼬를 트는 동시에 상대방에 대한 신뢰가 형성되고 관계가 유지됨으로써 서로가 원하는 협상의 결과를 얻을 수 있는 것이다. 이렇듯 협상은 각자의 협상목표를 달성하는 것도 중요하지만 서로가 더 잘 이해하기 위해 노력함으로써 얻은 협상의 결과로 협상당사자를 넘어 사회 그리고 인류가 공존하는 상황을 창조해내는 높은 가치창출의 예술이다.

4. 미국 버락 오바마 대통령

1) 오바마의 생애와 철학

버락 후세인 오바마(Barack Hussein Obama II)는 1961년 8월 4일에 하와이 호놀룰루에서 태어났다. 버락 오바마는 케냐 니양오마 코겔로 출신의 아버지 버락 오바마 시니어(Barack Obama Senior)와 캔자스주 위치토 출신의 영국계 미국인 어머니 앤 더넘(Ann Dunham) 사이에서 태어났다. 오바마의 부모는 1960년, 아버지 오바마가 해외 장학생으로 있던 하와이 마노아에 있는 하와이 대학교의 러시아어 수업에서 만났다. 두 사람은 1961년 2월 2일에 결혼하였으며, 같은 해 버락 오바마가 태어났다. 그가 2살이던 해 부모인 오바마 부부는 별거하였으며, 1964년에는 이혼에 이르렀다.[33]

버락 오바마는 어머니 더넘을 따라 재혼한 롤로 수에토로(Lolo Soetoro)와 함께 1967년 인도네시아로 이사갔다. 버락 오바마는 6살부터 10살 때까지 베수키 공립 학교외 이시시의 싱 프란치스코 학교 등 자카르타의 지역 학교를 다녔다. 1971년 오바마는 외조부모인 매들린과 스탠리 아머 더넘과 같이 살기 위해 호놀룰루로 돌아왔으며, 사립 대학 예비 학교인 푸나후 학교에 5학년으로 전학하여 1979년에 고등학교를 졸업하였다.

고등학교를 마친 뒤 오바마는 1979년 로스앤젤레스의 옥시덴탈 대학교에 입학하였다. 옥시덴탈에서 오바마는 여전히 흑인으로서의 자신의 정체성을 고민하였으며, 얼 츄(Earl Chew) 등과 함께 흑인 학생회 활동을 하였다. 2년 뒤인 1981년에는 뉴욕 시의 컬럼비아 대학교에 편입하여 국제 관계학을 주전공으로 한 정치학을 전공하고, 1983년에 학사 학위를 땄다. 그는 대학 졸업 후 로스쿨에 입학하기 전에 시카고에서 지역사회 조직가로 활동하였다. 로스쿨 재학 시절에는 하버드 로리뷰의 흑인 최초 편집장으로 활동하면서 엘리트로서 두각을 나타내기 시작하였다. 그는 로스쿨 졸업 후 시카고로 돌아가 민권 변호사로 일하였으며 시카고 대학교 로스쿨에서 1992년부터 2004년까지 헌법학을 가르쳤다.[34]

1997년에서 2004년 사이에 그는 일리노이 주 의회 상원에서 3선하였다. 2000년 미국 하원 선거에서 의석을 얻지 못한 그는 2004년에 상원 선거에 출마하였다. 2004년 3월 민주당 예비 선거에서 그가 승리하였으며, 2004년 7월 민주당 전당 대회에서 그가 맡은 기조 연설이 황금 시간대에 TV로 방영되는 등 일리노이 출신 상원 의원 선거 유세를 하면서 여러 사건을 통해 그는 전국적인 관심을 끌었다.

2007년 2월에는 대통령 선거에 출마하였는데 2008년 민주당 대통령 후보 예비 선거에서 힐러리 클린턴과 치열한 유세전을 벌인 끝에 그는 민주당 대선 후보로 지명되었다. 2008년 11월 대통령 선거에서 그는 공화당 후보인 존 매케인을 365표:173표의 압도적인 표차로 대통령에 당선되어 2009년 1월 20일에 47세의 젊은 나이에 제44대 미국 대통령으로 취임하였다.[35] 버락 오바마가 대통령으로 당선된 것은 미국의 역사에서 새로운 이정표를 세우는 계기가 되었다. 조지 워싱턴이 1789년에 초대 대통령으로 당선된 후 200여년 만에 처음으로 흑인대통령이 당선되었던 것이다. 뿐만 아니라 버락 오바마는 2009년에는 노벨 평화상을 수상하였다. 이후 2012년 11월 6일 열린 2012년 미국 대통령 선거에선 민주당의 재선 후보로 지명되어 미트 롬니 후보를 332 대 206으로 누르고 연임에 성공하였다.36) 버락 오바마는 2016년에 재임기간을 완료하고 8년의 임기를 마치고 퇴임하였다.

버락 오바마의 철학과 인생관을 알기 위해서는 어머니 앤 더넘의 생애를 살펴볼 필요가 있다. 그의 생부인 버락 오바마 시니어나 양부였던 롤로 수에토로는 사실상 버락 오바마에게 그다지 영향을 미치지 않았다. 이에 반해 앤 더넘은 어린 오바마를 키우면서 삶을 살아가는 자세와 철학을 실천하며 큰 영향을 주었던 것으로 평가된다.

오바마의 어머니 앤 더넘은 학교에서 만나는 케냐와 인도네시아에서 온 동료학생들과 두 번에 걸쳐 사랑하고 결혼하여 아이들을 각각 한 명씩 낳았다. 그리고도 두 번의 이혼을 하여 결혼에는 실패한 것으로 보인다. 인도네시아에서 더넘은 그녀의 아들 버락 오바마에게 통신교육으로 영어를 가르쳤다. 그녀는 어린 오마바를 하와이로 보내 푸나호우 학교에 다니게 했다. 당시 그녀의 어머니 매들린 더넘은 하와이 은행에서 부행장으로 일하고 있어서 비싼 수업료를 내는 데 도움을 줄 수 있었고, 나머지 수업료는 장학금으로 충당하였다. 앤 더넘은 1972년에 하와이로 돌아갔고 아들 오바마와 함께 몇 년을 같이 보냈다.37)

더넘은 버락 오바마와 마야 수에토로를 돌보면서 1974년에 호놀룰루 대학원으로 돌아왔다. 더넘은 3년 간 호놀룰루에서 거주한 후에 현장 연구를 위해서 인노네시아로 1975년에 갔는데, 버락은 그의 조부모와 함께 살면서 하와이에서 고등학교를 마치는 쪽을 선택해서 어머니를 따라가지 않았다.

그녀는 장인과 베짜기와 가내 수공업에서 여성의 역할에 관심이 있었다. 그녀는 자신이 하는 연구의 초점을 자와섬의 여성들이 하는 일과 인도네시아의 대장장이에 맞추었다. 농촌 마을의 빈곤 문제를 처리하기 위해서, 그녀는 미국국제개발처에서 일하는 동안에 마이크로 크레디트(무담보 소액대출) 프로그램들을 만들었다. 또한 더넘은 자카르타에 있는 포드 재단에서 일했고, 파키스탄에 있는 아시아 개발 은행과 상담했다. 삶을 마감하기 직전에, 그녀는 인도네시아의 라키아트 은행에서 일했고, 그 곳에서 그녀는 자신의 연구를 세계에서 가장 큰 규모의 소액 금융 지원 프로그램에 적용하였다. 오바마의 어머니는 마침내 1994년에 하와이로 돌아오지만, 1년 만에 난소암으로 세상을 뜨고 만다.[38)]

앤 더넘은 아프리카의 케냐와 아시아의 인도네시아에서 온 유학생과의 결혼과 자녀 출산으로 다민족, 다문화에 대한 이해와 인식을 깊이 하였다. 또한 인류문화에 대한 연구를 하면서 인도네시아의 수공업 연구와 빈곤층에 대한 지원을 통해 가난과 인류애의 세계관을 가지게 됨을 볼 수 있다. 이러한 앤 더넘의 인식과 열정이 아들인 오바마에게 큰 영향을 미쳐 오바마의 인생관을 형성하는 토대가 되었다. 오마바는 로스쿨에 입학하기 전에 시카고에서 지역사회 조직가로 활동하였기도 하고 로스쿨 졸업 후 시카고로 돌아가 민권 변호사로 일하는 등 사회활동을 하게 된 것도 자신의 출신과 어머니의 영향이 컸던 것으로 보인다.

오바마는 그의 투쟁을 자신의 다민족 혈통과 사회적 인식을 화해시키기 위한 어린 성년이라고 말하였다. 오바마는 호놀룰루에서 지낸 자신의 성장기를 반추하며, "하와이에서 얻는 기회, 즉 상호 존중의 분위기 속에서 다양한 문화를 경험한 것은 내 세계관에서 중요한 부분이 되었으며, 내가 가장 아끼는 가치의 근간이 되었다"라고 썼다.[39)]

오바마는 또 어머니를 이렇게 회고하였다.

"그녀는 관대한 성격의 사람이었고 돈 관리에는 허술했다. 가슴이 뛰는 이상주의자이면서도 합리적인 실용주의자였으며 자유롭지만 체계적이지는 못한 영혼의 소유자였다. 그리고 자녀들에게 깊은 사랑 뿐 아니라 찬탄을 금치 않았던 엄마이기도 했다."[40)]

2) 오바마케어 성공 이야기

이러한 어머니의 빈곤층에 대한 애환과 인간애적 사상 뿐 아니라 난소암으로 돌아가시기까지의 힘들었던 병원치료, 그리고 크나큰 의료비 부담으로 병원혜택을 받을 수 없었던 어렸을 때의 기억들이 대통령 선거 공약에서부터 영향을 미친 것으로 보인다. 선거 유세를 하면서 오바마는 이라크 전쟁의 조기 종결, 에너지 자립 증대, 보편적인 의료보험 제공의 사안을 강조하였다. 미국이 세계에서 가장 선진국이면서 국민들이 의료혜택을 받기가 너무나 어렵고 큰 부담이 됨을 기필코 개혁해야 하겠다는 의지와 신념이 오바마의 몸속 깊이 자리하고 있었던 것은 그의 삶을 보면 이해할 수 있다.

오바마가 대통령에 당선된 후 가장 역점을 두었고 어려움도 겪었던 정책은 바로 이 보편적 의료보험, 즉 소위 오바마케어(Obamacare)라는 제도이다. 오바마케어의 정식 이름은 '환자보호 및 부담적정보험법(Patient Protection and Affordable Care Act, PPACA)'이고 줄여서 Affordable Care Act라고도 한다. 의료서비스를 이용하는데 제한이나 한계가 있는 의료보험 미가입자가 4,700만명으로 미국인 6명중 1명에 이르지만 민간의료보험 체계 하에서 의료사각 지대로 방치되고 있는 실정이었다. 그래서 차상위 계층에겐 정부가 의료보험을 제공하고, 그 이외의 국민에겐 사보험으로 의무 가입을 통해 전 국민 의료보험을 시행하려는 제도이다. 오바마케어에 들어 있는 주요 내용은 다음과 같다.[41]
 - 전 국민의 의료보험 가입 의무화
 - 무료 보험의 적용 대상 확대
 - 정부가 지정한 (저소득자용) 보험 상품에 정부 보조금 제공

- 보험사의 병력 기반 가입자 차별 금지
- 이를 거부하는 개인 및 기업에게 무거운 벌금 징수

특히 전 국민이 의료보험에 가입을 하도록 하는 의무조항과 보험사의 병력 기반 가입자 차별 금지 조항은 미국 의료보험의 역사상 시행되어 보지 못한 획기적인 조항들이다. 저 소득자들도 저렴한 의료보험의 혜택을 받게 하도록 설계하는 무료 보험의 적용 대상 확대와 저소득자용 보험 상품에 대한 정부 보조금 제공도 복지의 확대차원에서 큰 의미를 가지고 있다.

이제 오바마는 대통령으로서 이 제도를 시행하기 위해서는 상원과 하원에서 민주당 의원들을 동원하여 법안을 상정하여 통과하도록 하는 중대한 과제를 안고 있다. 2009년 7월에 건강보험 법안이 상원과 하원에 제출되어 9월 정기 회의 때에 표결에 부치기로 하였다. 오바마는 8월의 첫 두 주 동안 몬태나, 콜로라도, 애리조나처럼 개혁에 대한 대중적 지지가 위태로운 지역에서 건강보험에 관한 주민 간담회를 개최하였다. 간담회 장소에서는 기존 건강보험 체제가 가족에게 도움이 되지 못한 사연을 이야기했고 새로운 법안이 자신들의 보험에 어떤 영향을 마칠지 질문했다.[42] 그러나 간담회장 밖에서는 '티파티 여름' 사태의 시발점이 되었던 우익 정치세력의 조직화된 반대시위가 있었다. 주민 간담회가 진행되면서 보수파 운동가들이 단결하는 계기가 되었고 티파티 운동이 차츰 힘을 얻기 시작하였다. 보수파 단체는 스스로 '오바마케어'라고 이름을 붙이고 오바마케어가 사회주의적이고 억압적인 새 질서를 미국에 도입할 것이라고 주장하였다.[43]

오바마 대통령은 여덟 개 주에서 주민 간담회를 열어 보건 의료 개혁의 의미를 전반적이고 세부적인 측면에서 설명했다. 또한 의회 합동회의에서 프라임타임 연설을 하여 그의 연설이 전국적으로 TV 중계되었다. 주민 간담회와 의회 합동회의 연설로 오바마케어에 대한 지지는 약간 올라갔지만 대세를 이루지는 못하였다.

건강보험 법안이 상원 재정위원회에 안건으로 회부되어 3주간 철저한 검토 끝에 14 대 9로 위원회를 통과하였다. 한편 하원에서는 하원 단일안을 2009년 11월 7일에 공화당의 한결같고 거센 반대 속에서도 빠르게 통과시켰다. 이제 남은 것은 상원 본회의에서 상원 법안을 통과시키는 일이다. 상원에서 민주당과 공화당의 줄다리기 같은 물밑 표대결 경쟁이 치열하게 전개되었다. 상원에서 법안이 통과하기 위해서는 60표를 얻어야 한다. 상원의원들을 달래기 위해 정부가 보험을 제공하는 공공보험옵션을 상원 법안에서 배제하기로 타협이 이루어졌다. 우여곡절 끝에 드디어 크리스마스 이브에 상원 본회의는 건강보험 법안을 심의하기 시작한지 24일 만에 '환자보호 및 부담적정보험법(PPACA)'(오바마케어의 공식 명칭)이라는 제목으로 통과시켰다. 찬성표는 따 60표였다.[44]

오바마케어의 실행을 위해서는 상원과 하원의 통합 법안이 양원에서 통과되어야 한다. 2010년 1월에 건강보험 법안을 하원 민주당과 상원 민주당 둘 다 받아들이도록 중재하였다. 전통적으로 미국의 상원과 하원의원들은 당을 초월하여 서로를 무시하는 경향이 오랜 역사를 가지고 있었다. 같은 민주당 의원이라도 하원 의원들이 상원에서 통과된 건강보험 법안을 받아들이지 않겠다고 엄포를 놓고 있었다. 이것은 그 전에 상원 민주당 코커스에서 보수파 의원들에게 발목 잡혀 진보의제가 좌절된데 대한 반감에서 비롯되었다. 오바마 대통령은 상원과 하원 민주당 협상단을 백악관으로 불러서 며칠간 양측의 의견을 조율하였다.

그러던 중 매사추세츠에서 암초를 만나게 되었다. 테드 케네디가 2009년 8월에 사망한 후 2010년 1월 19일에 보궐선거를 실시해야 하는 상황이다. 매사추세츠는 37년간 공화당 상원의원이 한 명도 당선되지 못할 정도로 민주당 텃밭이어서 민주당 후보 마사 코클리 주검찰총장이 공화당 스콧 브라운 주상원의원을 꺽고 당연히 승리할 것으로 전망하였다. 마사 코클리는 승리를 확신하고 선거운동도 하지 않고 방심한 사이에 스콧 브라운은 픽업트럭을 타고 구석구석을 누비고 다니며 선거운동에 열을 올렸다. 매사추세츠는 이미 모든 주민에게 건강보험이 제공되고 있어서 스콧 브라운은 연방 건강보험법 통과에 불안해하는 노동자 계층 유권자들의 두려움과 좌절을 효과적으로 활용했다. 민주당 여론이 압도적이었던 상황이 격차가 좁혀지더니 투표 전에 역전이 되어 결국 스콧 브라운이 여유 있게 승리를 거두게 되었다.

　매사추세츠 상원의원 보궐선거에서 공화당의 승리는 민주당으로서는 충격이었고 건강보험 법안을 통과시켜야 할 오바마 대통령으로서는 비상이 걸린 셈이었다. 언론에서 "역사적 패배" "충격적 역전"이라고 헤드라인이 도배를 하였다. 오바마 건강보험법은 사망했다고 말하기도 하였다. 비서실장 람이 사표를 제출하였지만 오바마는 희생양을 찾는 문화를 만들지 않겠다며 오히려 용기 내어 건강보험 법안을 통과시키라는 벌을 내렸다.

　하원 민주당과 상원 민주당이 협상으로 타협안을 도출하여 양원에서 통과시킨다는 애초 계획은 물 건너갔다. 상원에서 민주당이 이제 59석으로 줄어들은 상황에서 필리버스터를 피할 도리가 없었다. 매사추세츠 선거 결과가 있던 그날 밤 보좌관 필이 '상원으로 돌아가지 않고 하원에서 상원 법안을 수정 없이 통과시킬 수만 있다면 법률로 공포할 수 있다'는 묘수를 제안하였다.45) 이튿날 오바마는 하원의장인 낸시 펠로시에게 전화를 걸어 상원 법안의 하원 통과를 밀어붙이고 싶다는 의견을 전하고 그녀의 지지를 호소하였다.

　하원 의장이 팔을 걷어붙이고 나섰지만 하원에서 필요한 표를 확보하는 작업은 만만치 않았다. 낸시에게 의원들을 설득할 시간을 벌어줄 무언가가 필요했다. 몇 달 전 하원 공화당 코커스는 1월 29일로 예정된 연례수련회의 질의응답 순서에 오바마 대통령을 초청해 놓았다. 분명히 공화당 의원들이 건강보험 문제를 제기할 것으로 예상되었다. 오히려 역으로 오바마는 행사를 언론에 공개하자고 막판에 제안하였다. 케이블 방송사들이 모든 대화를 촬영하는 가운데 오바마는 1시간 22분 동안 무대에 서서 공화당 하원의원들의 질문을 받았는데 대부분 건강보험에 대한 내용이었다. 공화당 하원의원의 절대다수는 자신들이 반대하는 법안의 실제 내용을 몰랐고 자신들이 제시한 대안도 잘 몰라서 이 주제를 논의할 준비가 되어 있지 않았다.

오바마는 여세를 몰아 의회 양당 4인 지도자와 의회 핵심 지도부의 초당파적 모임을 블레어 하우스에 초청하여 건강보험 회의를 온종일 진행하였다. 다시 이 회의를 C-SPAN으로 생중계되도록 했다. 공화당 의원들이 원하는 쟁점을 무엇이든 제기하고 원하는 질문을 무엇이든 하도록 했다. 하원 공화당 코커스에서 방심했다 큰 코 다친 공화당은 대본을 준비해서 건강보험 법안이 위험한 실험이며 처음부터 새로 시작해야 한다고 주장했다. 그러나 정책으로 들어가서 의료 비용을 낮추고 기존 질병이 있는 사람들을 보호하고 보험에 가입할 수 없는 3,000만 미국인에게 혜택을 수기 위해 어떤 정책을 제안하느냐고 공화당 지도부에 물었지만 그들의 대답은 궁색하였다. 생중계로 공화당과 질의 토론하는 두 가지 토론회 덕분에 민주당이 기운을 차리고 법안이 수백만 명에게 도움이 될 수 있다는 사실에 힘을 얻을 수 있었다.

다행스럽게 의회 밖의 단체들의 지지가 잇달았다. 밸러리의 시민참여팀은 미국 가정의협회, 미국의사협회, 미국간호사협회, 미국심장협회 등의 단체로부터 지지를 끌어내는 놀라운 성과를 달성했다. 미국 가톨릭

병원들을 이끄는 캐럴 키언 수녀가 자기 단체의 사명을 실천하려면 법안이 꼭 통과되어야 한다고 주장하고 가톨릭 여성 성직자회와 가톨릭 여성단체의 지도자들을 설득하여 법안에 찬성하는 공개 서한에 서명하도록 했다.

이러한 노력에도 불구하고 하원에서 법안을 통과시키려면 열 표가 더 있어야 했다. 이제 다른 정치적 조치가 없는 상황에서 경합지역을 대변하는 민주당 하원의원 30여명의 선택에 달렸다. 이들은 상원 법안에 찬성표를 던졌다가는 의석을 잃을 수도 있다는 경고를 듣고 있었다. 오바마는 그들을 설득시켜 판단을 잘 하도록 요청하였다. 건강보험 법안이 통과되면 지지율이 높아질 것이고 반대표를 던지면 공화당 지지자의 호응을 얻기 보다는 민주당 지지자에게 외면을 받을 것이며 6개월 뒤의 운명은 경제상황과 대통령의 정치적 입지에 좌우될 공산이 크다고 설득하였다.

2010년 3월 21일 건강보험 최종 표결이 시작되었다. 보좌관 필과 낸시의 비공식 집계에 따르면 고비를 넘길 수는 있을 것 같았지만 안심할 정도는 아니었다. 언제든 한두 명이 갑자기 마음을 바꿀 가능성이 있다는 점이 우려스러웠다. 오후 7시 30분에 표결이 시작되었다. 마침내 득표수가 216표에 도달해서 필요한 표수를 한 표 넘겼다.46) 건강보험 법안은 결국 일곱 표 차이로 통과되었다. 오바마 대통령은 비서실장인 람과 부둥켜안고 승리의 환호를 질렀다. 오바마는 낸시 펠로시와 해리 리드에게 축하 전화를 걸었다. 그 다음 날 오바마는 법안에 참여한 모든 사람들 약 100명을 관저에 초대하여 사적으로 축하연을 열었다. 오바마가 선거 공약에서 내 걸었던 약속이 실현되었다.

[그림 4-1] 미국 건강보험 미가입자 추세 1997-2021

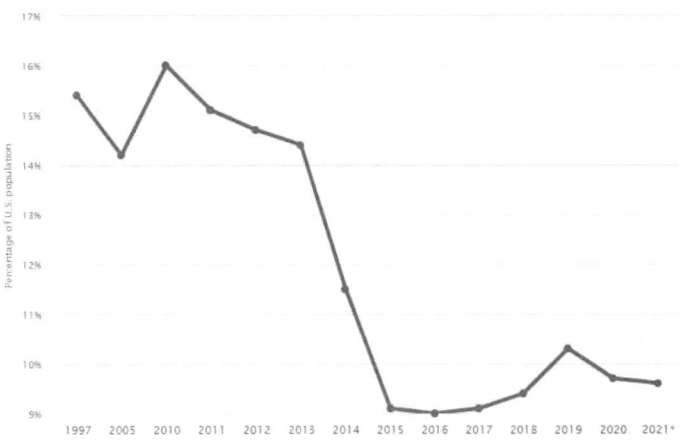

출처: Jenny Yang, "Percentage of people without health insurance in the United States from 1997 to June 2021," Statista, Nov 17, 2021.

참고로 [그림 4-1]에서 보면 오바마케어가 실시된 2010년 건강보험 미가입자가 4,720만8,000명이었고 전체 인구중 미가입자 비율이 15.5%였으나 그 이후 급격히 감소하여 2016년에는 미가입자가 2801만9,000명이고 그 비율이 8.7%를 기록하는 높은 성과를 볼 수 있다. 트럼프가 대통령에 당선된 2016년부터 2019년까지 미가입자 비율이 10.3%까지 상승하였으나 바이든이 대통령 당선된 2020년부터는 다시 하락하여 2021년 9.6%를 보이고 있다.

3) 이란 핵무기 개발 억제 협상

오바마 대통령이 직면하고 있는 핵확산 위협의 진원지는 바로 이란이었다. 이란은 2003년부터 2009년 사이에 우라늄 농축 원심분리기를 100

개에서 5,000개로 늘렸는데 이는 평화적 이용이라는 명분으로 정당화할 수 없는 규모였다.47) 또한 저농축 우라늄 171킬로그램을 비축해두고 있어서 핵무기 개발의 위협수준으로 근접하고 있었다. 부시 행정부는 이란의 핵프로그램을 인정하지 않았는데 문제는 강경노선으로는 핵무기를 향한 이란의 질주를 막을 수는 없다는 사실이다.

오바마 대통령은 접근방법을 달리하면서 한편으로는 이란과 직접 협상을 하였고 다른 한편으로는 국제사회가 이란 핵개발 억제에 동참하는 협상전략을 추구하였다. 결국 이란을 강압하는 것이 아니라 외교로 해결하기를 원하였다. 오바마는 2009년 초 대통령에 취임한지 얼마 되지 않아 유엔에 있는 이란 외교관들과의 채널을 통해 아이톨하 하메네이에게 비밀 편지를 보내어 이란 핵 개발 계획을 비롯한 사안들에 대해 양국이 대화하자고 제안하였다. 그러나 오바마는 하메네이로부터 직접 대화에 관심이 없다는 부정적인 답장을 받았다.

2009년 6월에 이란에서 아마디네자드 재선을 위해 부정선거를 했다고 수 백 만 명의 시위대가 길거리로 나와 자칭 '녹색 운동'을 벌이자 정부는 무자비한 진압을 하며 유혈사태가 발생하였다. 이란 정권의 강경파는 외국 세력이 시위를 배후에서 조정한다는 거짓말을 퍼뜨리고 있어서 핵 개발과 관련한 직접적인 협상이 어렵게 되었다. 그래서 오바마 대통령은 핵 확산 저지 전략 2단계를 발동하였다.48) 즉, 국제사회를 결집하여 이란을 협상 테이블에 끌어 앉힐 수 있는 다국적 경제 제재를 시행하는 방안이었다. 사실 그동안 유엔 안전보장이사회는 이란에 우라늄 농축행위를 중단하라고 촉구하는 결의안을 여러 차례 통보하였으나 별로 실효성을 거두지 못했다. 보다 강력한 제재가 필요한데 안전보장이사회의 합의를 끌어내기 쉽지 않다. 왜냐하면 미국, 영국, 프랑스, 러시아, 중국의 상임이사국 중에서 러시아와 중국이 이란을 감싸고돌기 때문에 강력한 제재를 만들기 위해서는 러시아와 중국과의 협상이 절대적으로 필요하기 때문이다.

오바마 대통령은 7월에 러시아를 처음으로 공식 방문하기 위해 모스크바로 갔다. G20 정상회의에서 러시아의 새로운 대통령인 메드베데프가 초대하고 오바마가 수락함으로써 성립된 공식 방문이다. 푸틴은 3번 연임 금지한 러시아 헌법에 따라 자신의 보좌관을 지낸 드미트리 메드베데프를 2008년에 대통령으로 당선시키고 자신은 총리로 임명하도록 하였다. 2012년에는 다시 푸틴이 대통으로 될 수 있다는 길을 열어두고 대통령은 메드베데프에게 4년을 맡긴 셈이나 마찬가지였다.

2010년 4월 오바마 대통령은 메드베데프 러시아 대통령과 신전략무기 감축조약(뉴 스타트) 조인식에 참석하기 위해 체코 프라하로 갔다. 이 협정은 배치된 핵탄두의 개수를 양측이 3분 1씩 감축하도록 했으며 이행 여부를 확인하기 위해 엄격한 조사 절차를 규정하였다. 이러한 몇 차례의 메드베데프 대통령과의 만남과 협정 체결 등을 거치면서 오바마 대통령은 메드베데프 대통령과 개인적인 친분까지 쌓게 되었다.

드디어 6월에 유엔 안전보장이사회가 개최되고 이란 핵개발을 제재할 결의안을 투표하게 되었다. 힐러리와 수전 라이스는 러시아와 중국의 당국자를 만나 결의안에 동참하도록 설득하는 외교적 노력을 하였다. 또한 맥폴, 번스, 세이모어 모두가 필수적인 전략적, 기술적 뒷받침을 한 결과 러시아와 중국의 협상단을 설득하거나 반론에 대처할 수 있었다. 오바마 대통령과 메드베데프 대통령의 소통과 친분이 러시아를 동참시키는데 크게 작용한 것도 사실이다. 그리하여 러시아와 중국의 결정적 찬성표를 받아서 유엔 안보리에서 결의안 1929호가 통과되었다.[49]

이 결의안은 무기 판매 금지, 이란 은행의 국제 금융 활동 중지, 이락의 핵무기 개발 계획 확대에 일조할 수 있는 모든 상거래를 금지하는 폭넓은 명령을 비롯한 전례 없는 신규 제재를 이란에 부과하였다. 이란이 협상에 응하지 않으면 말을 들을 때까지 이란 경제를 멈추게 할 수단을 확보한 셈이다. 놀라운 것은 메드베데프 대통령이 유엔 결의안에 찬성표를 던졌을 뿐 아니라 이란에 대한 S-300 미사일 판매를 취소한다고 선언한 점이었다. 이것은 메드베데프 대통령 자신의 예전 입장 뿐 아니라 푸틴의 입장까지도 뒤집은 결정이었다. 러시아의 손실을 일부 보전하기 위해 이란에 무기를 판매한 적이 있는 러시아 회사 몇 곳에 대한 제재를 풀기로 합의했고 러시아의 WTO가입을 위한 협상에도 속도를 내기로 하였다.

이러한 강력한 국제적 제재가 가해지면서 결국 이란은 서둘러 추진 중이던 핵 프로그램을 완전히 포기하겠다고 선언했다. 유엔 안전보장이사회의 결의안을 통한 가혹한 경제 제재 조치는 이란에게 핵무기 개발에 대한 중대한 양보를 하도록 엄청난 압박이 가해졌던 것이다. 핵무기 개발이 치러야할 국가적 위험을 감당할 수 없어서 이란은 국가 생존을 위한 결단을 내렸다. 이란 정부는 합의안을 통해 원심분리기 2만기 중에서 1만 4,000기를 중단할 것이며 농축 우라늄 재고 중 97퍼센트를 포기하겠다고 약속했다.[50]

4) 쿠바와 국교정상화 협상

1950년대 말 피델 카스트로(Fidel Castro)가 쿠바에서 공산주의 혁명을 이끌면서 미국과 쿠바 간의 긴장관계를 조성하였다. 피델 카스트로의 동생인 라울 카스트로(Raul Castro)는 1976년부터 2008년까지 국방상과 국가평의회 부의장을 역임하다가 2008년 2월 24일에 국가평의회 의장에 취임하였다. 라울 카스트로는 버락 오바마가 대통령에 취임한 직후 2009년 1월 대미외교관계에서 미국과 직접 대화할 용의가 있음을 밝히기도 했다.

2015년 7월 15일 버락 오바마(Barak Obama) 대통령은 이전 대통령들이 50년간 시도해서 실패한 쿠바와의 협상을 성공시켜 윈윈의 결과를 얻었다. 오바마와 라울 카스트로(Raul Castro)는 1950년대 말 피델 카스트로(Fidel Castro)가 쿠바에서 공산주의 혁명을 성공시킨 후 냉전 중인 미국과 쿠바 간의 국교정상화 외교관계를 재개하기로 합의하였다.51)

오바마 대통령은 자신의 협상팀을 이끌면서 18개월 동안 쿠바와 비밀협상을 추진해온 결과 성공적인 윈윈협상을 만들어내었다. 중요한 협상 쟁점과 결과를 정리하면 다음과 같다.52)

(1) 죄수 교환

쿠바는 쿠바법에 의해 요구되는 승인을 받지 않고 위성통신네트워크를 설치한 죄목으로 2009년 12월부터 감옥에 투옥되어 있는 미국인 알란 그로스(Alan Gross)를 석방하기로 합의하였다. 쿠바는 또한 CIA 스파이로란도 트루지요(Rolando Trujillo)와 50명의 정치범을 석방하기로 합의하였다.

이와 교환하여 미국은 반카스트로 쿠바 미국인 그룹을 침투하다가 체포된 이후 16년간 투옥되어 있는 "쿠바 파이브"(Cuban Five)의 마지막 3명을 석방하기로 합의하였다.

(2) 무역 관계

오바마는 여행과 무역의 제약을 완화하기로 합의하였다. 쿠바에서 미국으로 입국할 때 100달러 상당의 쿠바 담배를 반입할 수 있게 하였다.

미국은 또한 통신회사로 하여금 인터넷 서비스를 쿠바로 반입할 수 있게 허용하기로 합의하였다.

(3) 인도적 관계

쿠바는 인권과 감옥조건에 대해 국제적십자와 미국의 요청을 수용하기로 합의하였다.

(4) 외교 관계

2015년 7월 20일에 쿠바의 외무장관 브루노 로드리구에즈(Bruno Rodriguez)는 워싱턴으로 가서 예전 쿠바대사관에 쿠바의 국기를 게양하였다. 동년 8월 14일 미국 국무장관 존 케리(John Kerry)는 하바나로 가서 1953년에 건립한 미국 대사관을 재개하였다.

(5) 신성한 개입(divine intervention)

프란시스 교황은 이 협상이 성사되도록 오바마 대통령과 라울 카스트로 의장에게 권장의 개인적 메시지를 전달해 줄 것을 요청 받았다.
왜 50년간 협상은 실패하였고 오바마 대통령은 원원협상을 성공시켰을까? 오바마 대통령은 그 이전의 대통령들이 할 수 없었던 것을 하고자 하는 목표와 욕구가 있었다. 누가 이기고 이득을 보았을까? 수많은 세월 동안 협상의 실패를 겪고 난 다음 두 나라는 죄수의 석방을 승인하였다. 미국인과 쿠바계 미국인이 쿠바로 자유로이 여행하게 되었다. 쿠바인들은 미국으로부터 본국으로 여행과 무역이익으로부터 실질적인 혜택을 얻을 것이다. 극우파 공화당의 소수의원들이 오바마가 미국을 위해 쿠바로부터 충분한 양보를 얻었다고 생각하지 않았다. 그들은 쿠바가 민주주의를 회복하고 인권에 대한 더 큰 약속을 하기를 원하였다. 그럼에도 불구하고 양국의 대부분 국민들은 카스트로와 오바마가 50년 이상 아무 진전 없이 서로 노려만 보고 있었던 철의 장벽을 무너트린 것을 느끼고 있다.

미국이라는 초강대국 턱 밑에서 작은 섬나라 쿠바가 공산화를 함으로써 미국의 자존심을 건드렸고 힘에 있어서는 비교도 안 될 정도로 격차가 커서 그 동안 미국이 일방적으로 이기는 협상을 원했기 때문에 협상이 결렬되었을 것이다. 상대가 원하는 것을 가지도록 하면서 협상하고 싶은 마음이 없었을 것이다. 그러나 오바마 대통령은 상호 존중과 원원의 정신으로 협상에 임하면서 성공적인 외교관계를 복원할 수 있었다. 그래서 어떤 상황에서 어떤 협상을 원하느냐에 따라 협상이 성공하거나 실패할 가능성이 커질 수 있다.

5) 오바마의 협상전략

오바마 대통령의 협상사례 중 오바마케어는 협상구도를 그려내기 쉽지 않다. 오바마 대통령과 공화당 의원이 협상당사자라 할 수 있는지 아니면 대통령과 민주당 의원이 협상당사자인지 아니면 민주당과 공화당 간 협상인지 구도를 잡기 어렵다. 먼저 오바마 대통령의 목표가 무엇인지, 그것을 달성하는데 협상해야 할 상대방이 누구인지를 먼저 밝혀내야 할 것이다.

오바마 대통령은 건강보험 법안을 상원과 하원에서 통과시켜 법률 공포에 서명을 하는 것을 목표로 삼고 있다. 이를 위해 상원과 하원에서 다수의 표를 확보해야 하는데 공화당의원들은 설득이나 협상의 대상으로 보기 어렵고 오히려 민주당의원들을 설득하고 이탈표가 생기지 않도록 단속해야 하는 상황이다. 민주당의원이라도 무조건적으로 여당으로서 건강보험 법안을 찬성할 수만은 없고 자신의 유권자들의 눈치를 봐야 한다. 그래서 1차적인 설득과 협상의 대상은 바로 여당인 민주당의원들이고 2차 대상자는 공화당의원과 국민들이다. 오바마 대통령은 상원의 민주당의원들로부터 찬성표를 얻기 위해 건강보험 법안의 필요성과 내용을 설명하는 것은 물론이고 보험개혁의 반대목소리가 나오는 주들을 다니며 주민설명회를 개최하여 여론을 법안에 우호적으로 형성하도록 노력하였다. 말하자면 민주당의원들의 찬성표를 얻는 대신 건강보험 법안에 대한 반대여론이 생기지 않게 해주는 협상을 한 셈이다.

공화당의원은 애초부터 건강보험 법안에 반대의견이 압도적이어서 정치적으로 설득하거나 협상할 대상이 되지 않는다. 그러나 공화당의원이나 보수세력이 국민들을 대상으로 반대여론을 형성한다면 의회에서 법안 통과에 장애요소로 작용할 수 있다. 그래서 오바마 대통령은 하원 공화당 코커스에 초청된 기회를 이용하여 전국 TV 생중계로 토론하도록 하여 법안에 대한 유리한 여론을 견인하였다. 그는 또한 의회 핵심 지도부의 초당파적 모임을 블레어 하우스에 초청하여 건강보험 설명회를 개최하여 이것도 TV 중계를 함으로써 유리한 여론을 확산시켰다. 대통령이 용기 있고 자신감과 결단력을 가지고 공화당의원들과 질의응답 및 토론을 하고 법안에 대한 공화당의원의 반대의견을 대응함으로써 전 국민에게 TV 중계를 통해 많은 홍보가 되었다. 오바마 대통령은 공화당의원과의 토론을 TV중계방식을 협상으로 합의하여 결국 반대의견을 완화시키고 국민여론을 우호적으로 만드는데 기여하였다.

이렇게 오바마 대통령이 여당이든 야당이든 건강보험 법안에 대한 찬성의견을 이끌어내고 반대의견을 억제하는 성과를 내어 결국 법안을 통과시키는데 성공을 거두었다. 오바마의 건강보험 법안 협상에서 무엇이 그러한 성공을 만들어내었을까? 무엇보다 모든 국민의 보편적 의료혜택에 대한 그의 신념이 가장 중요하였으며 찬성의견을 끌어내기 위해 용기 있는 토론, 법안에 대한 신념과 치밀하고 구체적인 내용으로 만들어내는 설득력, 법안 통과 목표를 향한 인간관계와 열정적인 노력 등이 성공요소로 평가된다.

오바마 대통령의 두 번째 협상사례로서 이란 핵 프로그램 억지 국제협상도 구조가 간단하지는 않다. 핵 프로그램과 관련한 협상은 기본적으로 두 나라간의 협상이 아니라 유엔 안전보장이사회를 통한 국제적 다자간 협상이라고 보아야 한다. 이란에 우라늄 농축행위를 중단하라고 촉구하는 결의안을 수차례 보냈지만 실효성이 없자 핵 프로그램 개발이 위험수위에 근접함에 따라 미국이 먼저 발 벗고 나섰다. 미국이 택한 협상전략은 2단계 전략이다. 1단계는 이란과의 직접적인 소통을 통해 핵 프로그램을 포기하도록 하는 것이다. 쟁점을 다른 경제적 문제를 포함해서 협상할 수 있다는 제안이다. 2단계는 이러한 1단계가 성공하지 못할 경우 다국적 경제 제재를 시행하는 방법을 동원한 협상전략이다.

오바마 대통령은 1단계 협상전략에서 직접 소통과 협상을 시도하였으나 이란이 거부하고 실패한 다음 2단계 전략에 돌입하였다. 유엔 안전보장이시회의 결의안 1929호를 통과시키기 위한 협상을 해야 하는 상황이다. 유엔을 통한 제재를 가함으로써 양보와 합의를 이끌어내는 형식의 협상이다. 상임이사국 중에서 영국과 프랑스는 원래 같은 보조를 취하는 나라이므로 협상을 할 필요가 없고 러시아와 중국이 부정적 입장을 취해 온 나라이므로 이들 나라를 대상으로 한 찬성표를 얻기 위한 협상에 공을 들였다. 특히 러시아가 이란 제재 결의안에 찬성표를 던지는데 성공한 가장 중요한 요소는 오바마 대통령이 메드베데프 러시아 대통령과 소통과 친분을 쌓은 것이라고 평가된다. 이에 추가하여 힐러리와 수전 라이스 등 참모들의 실무적 외교와 맥폴, 번스, 세이모어 모두가 필수적인 전략적, 기술적 뒷받침도 성공요소로 꼽힌다. 러시아와 중국의 협상단을 설득하거나 반론에 대처하기 위한 철저한 정보와 논리가 준비되어 있었던 것이 도움이 되었다.

　한편 오바마 대통령의 쿠바와의 국교 정상화는 쉽게 협상구도를 이해할 수 있다. 오바마 이전 대통령들은 쿠바가 협상력에 있어서 비교가 안 될 정도로 작은 나라이고 압력을 가하여 원하는 일방적으로 이기는 협상 결과를 얻을 수 있다고 믿고 있었다. 그러나 쿠바는 소련을 등에 업고 버티며 쉽게 양보하는 협상을 하지 않고 결렬시키기 일쑤였다. 오바마 대통령은 기본적으로 상호 존중과 원원의 정신으로 협상하는 외교관계를 원하고 있었기 때문에 다른 각도로 접근하였다. 피델 카스트로와는 달리 라울 카스트로도 협상의 의지가 있었던 것도 한 역할을 하였다. 오바마와 라울 카스트로는 서로 상대방을 인정하고 양측이 이익이 되는 협상에 임했기 때문에 합의를 이끌어 낼 수 있었다.

5. 콜롬비아 후안 마누엘 산토스 대통령

1) 산토스의 생애와 철학

콜롬비아의 후안 마누엘 산토스(Juan Manuel Santos, 이하 산토스)는 콜롬비아 보고타에서 1951년 8월 10일에 태어났다. 산토스는 정치가 집안에서 태어나 정치적 가풍의 영향을 많이 받은 것으로 보인다. 그의 큰 할아버지인 에두알도 산토스 몬테호(Eduardo Santos Montejo)는 1938년부터 1942년까지 콜롬비아 대통령이었고 그의 사촌 프란시스코 산토스 칼데론(Francisco Santos Calderón)은 2002년에서 2010년까지 알바로 우리베 베레즈(Álvaro Uribe Vélez) 대통령 시기의 부통령을 역임했다.[53]

산토스 가족은 콜롬비아 최대의 신문인 엘 티엠포(El Tiempo)를 설립하여 운영해왔다. 산토스는 카르타제나 해군사관학교(the Naval Academy of Cartagena)를 다니다가 1973년 미국으로 건너가 캔자스대학교(University of Kansas)에 입학하여 경제학과 경영학의 학사를 취득하였다. 졸업 후 산토스는 영국 런던으로 가서 국제커피조직의 콜롬비아 대표를 맡았다. 콜롬비아는 전 세계적으로 커피의 원산지로 잘 알려진 국가여서 커피의 국제적 유통은 매우 중요하였다. 런던에 있는 동안 산토스는 런던경제학교(London School of Economics)에서 경제학과 공공행정학을 공부하였다. 산토스는 다시 미국으로 건너와 1981년 하버드대학교(Harvard University)에서 공공행정학의 석사학위를 취득하였다.

그 후 산토스는 콜롬비아로 돌아와서 엘 티엠포 신문사에서 편집장으로 일했는데 그의 기사는 수많은 표창을 받았다.54)

1991년 산토스는 케사르 가비리아 트루히요(César Gaviria Trujillo) 대통령 정부에서 해외무역장관을 역임했다. 1994년에는 산토스가 1960년대부터 콜롬비아에서 활동해온 가장 큰 게릴라집단인 Farc와 평화협정을 체결하기 위한 협상팀에 합류하였다. 그는 1990년대 말 콜롬비아자유당의 당수였고 2000~2002년에 안드레 파스트라나(Andrés Pastrana) 대통령 정부의 재무공공신용장관을 역임하였다.

2005년 산토스는 국가통일사회당(Social Party of National Unity)을 설립하는데 참여하였다. 국가통일사회당은 검소조치와 반테러법을 포함하는 우리베(Uribe) 대통령의 아젠다를 지원하기 위한 여러 정당의 의원과 공무원의 연합체이다. 2006년에 산토스는 우리베 내각의 국방장관으로 입각하였고 Farc에 반대하는 정부군사운동을 강화하였다.

산토스는 2009년에 장관직을 사임하고 대통령에 출마하였다. 3선이 금지된 우리베 대통령의 정책을 계승하는 약속은 유권자들로부터 지지를 받았다. 2010년 5월 1라운드의 투표에서 47%의 득표를 하였고 2라운드에서 69%를 득표하여 대통령에 당선되어 8월 7일에 취임하였다.55)

산토스가 대통령에 재임하고 있는 2009~2013년 동안 경제성장이 연평균 4%를 기록하였고 실업률과 인플레이션은 낮았다. 나중에 자세히 설명을 하겠지만 산토스 정부의 가장 괄목할 만한 업적은 Farc를 협상테이블로 오게 하는데 성공하였다는 점이다. 이러한 반군과의 협상으로 산토스 대통령의 지지율이 60%에 달하고 있었다. 2014년 재선에서 반군과의 평화회담이 중심의제가 되었다. 결국 산토스는 유권자의 51% 득표율로 우파 오스카 이반 줄루아가(Oscar Ivan Zuluaga)를 물리치고 재선에 성공하였다.56)

2016년 10월 7일 산토스는 노벨평화상의 수상자로 공표되었다. 수상 이유는 콜롬비아에서 Farc 게릴라와의 평화협정을 협상한 그의 노력이었다.

2) 콜롬비아 내전의 역사

콜롬비아는 1810년 스페인으로부터 독립에 대한 자체적인 목소리를 키우지 못하였다. 지도자들은 새로운 국가가 어떻게 수립되어야 하는지, 중앙집권인지 연방주의인지에 대한 서로 다른 의견으로 전쟁에 고착되어 있었다. 1815년 스페인 군대가 연안에 상륙하여 콜롬비아를 재정복했을 때 콜롬비아는 복수의 지방정부로 분열되어 있었다. 그래서 스페인은 콜롬비아를 식민지로 만들어 테러로 통치하기 쉬웠다. 1819년 8월 7일 보야카 전투(Battle of Boyaca)에서 승리로 확실한 독립을 쟁취했을 때도 상황은 크게 변하지 않았다. 19세기의 콜롬비아는 수많은 내전에 시달리면서 거의 연속적인 시민전쟁으로 특징지어졌다. 전쟁을 할 유인책이 무수히 많았다. 시몬 볼리바(Simon Bolivar) 추종자가 프란시스코 네 파우라 산탄데르(Francisco de Paula Santander) 추종자와 전쟁, 중앙주의가 대 연방주의자, 자유무역자 대 장인, 성직자 대 비성직자 등 대치세력들 간의 전쟁이 발생하였다.[57]

19세기에서 20세기로 들면서 콜롬비아는 소위 천일의 전쟁(War of a Thousand Days)이라는 최악의 무장 대치로 들끓었다. 두 개의 전통적인 당인 자유당과 보수당은 수 십 만 명의 사망자를 낸 무자비한 전투로 해결하려는 분쟁에 휘말리게 되었다. 이후에 콜롬비아는 상대적으로 안정기에 접어들었다. 1930년까지는 보수당이 집권을 하였고 1946년까지는 자유당이 집권하였다.

1946년 자유당(Liberal Party) 상부의 분열로 보수당(Conservative Party)이 복귀하여 마리아노 오스피나 페레즈(Mariano Ospina Perez) 대통령이 집권하게 되었다. 페레즈 대통령이 당선되면서 그 동안 40년간 조용한 정치는 끝났다. 군대와 정부경찰은 전국에서 자유당 당원을 황폐화시켰고 자유당은 보수당에게 충성한 누구든지 강력하게 공격했다. 보수당과 자유당은 붉은 색과 푸른 색의 깃발을 흔들며 서로서로를 죽였다.

   전례 없는 폭력에 기름을 붓는 사건이 있었다. 1948년 4월 9일 보고타 중심에서 차기 대통령으로 유력한 군사지도자인 자유당 지도자 조지 엘리세르 가이탄(George Eliecer Gaitan)이 암살되었다. 집권층을 성토하는 그의 열정적 연설과 정서적 웅변은 수십만 명의 지지자들을 이끌었다. 가이탄의 살해를 누가 명령했는지 개인적 이유로 범죄를 저질렀는지 전혀 알려지지 않았다. 그 날 이후 사람들은 보고타 거리를 뛰쳐나와 불 지르고 총 쏘고 약탈하면서 도시가 절반이 파괴되는 지경에 이르렀다. 그로부터 전국은 자유당 지도자의 암살에 책임이 있어 보이는 보수당에 대한 보복의 소용돌이에 휘말리게 되었다. 이 시점이 게릴라 내전으로 이어지는 폭력 악순환의 시발점으로 평가된다.

   자유당과 보수당은 서로를 철천지원수 같이 싸웠고 이때의 역사를 '폭력'(The Violence)이라고 표기하고 하고 있다. 약 10년간 20~30만 명의 콜롬비아 국민들이 도시와 시골에서 학살되었다.58)

   1953년 구스타보 로하스 피니야(Gustavo Rojas Pinilla) 장군은 쿠데타에 성공하고 자유당과 보수당 지도자들을 동반하여 자유당 게릴라들의 무장해제를 이끌어내는 화해와 사면 과정을 시작했다. 이 사면에서 자유당 지도자인 가다루페 살세도(Guadalupe Salcedo)는 자유의 몸이 되어 평화협정에 서명하고 그의 부대는 해산했다. 1957년 6월 가다루페는 산토스의 어머니를 포함한 자유당 여성단체인 라스 폴리카르파스(Las

Policarpas)가 주최한 환영만찬을 마치고 돌아가던 중 살해되었다.

로하스 장군은 정치적 지도자들로부터 전폭적인 지지를 받았는데 권좌에 영원히 앉고 싶은 유혹에 빠졌다. 로하스 장군은 다른 독재자처럼 탄압과 검열을 강화하면서 가장 중요한 신문이면서 산토스 가문의 신문인 엘 티엠포(El Tiempo)를 폐간시켰다. 1957년 서로 원수였던 자유당과 보수당 지도자들은 로하스를 전복시키고 민주당 정부를 수립하기 위해 연합을 결성했다. 로하스는 시민사회로부터 압력을 받아 권좌에서 쫓겨났다. 국민투표 실시 이후에 16년 간 국가전선(National Front)으로 알려진 시스템이 설립되어 양대 정당이 번갈아 정부를 맡게 되었다. 이것은 스페인에 망명해 있는 보수당 지도자 라우레아노 고메즈(Laureano Gomez)와 자유당 지도자 알베르토 레라스 카마르고(Alberto Lleras Camargo) 사이에 체결된 정치적 협약 때문에 가능했다. 결과적으로 1958년부터 1974년까지 4번의 대통령 임기가 양대 정당이 번갈아 대통령을 맡았다.

국가전선은 정치적 안정을 달성하는데 일조하였으나 공산당(Communist Party) 같은 소수당을 질식시켰다. 이러한 정치적 고정성은 1960년대에 학생폭동의 온상이 되었다. 이것은 다시 정치적 지향이 아니라 혁명 지향의 새로운 게릴라 집단을 탄생하게 하였다.

1960년대 초 쿠바 혁명의 성공에 고무되어 1961년 초 공산당은 무기사용을 포함한 투쟁을 하겠다고 선언하였다. 자유당 게릴라 투사인 페드로 안토니오 마린(Pedro Antonio Marin)은 농민들의 지도자로서 톨리마 남쪽의 마르케타리아(Marquetalia)라 불리는 산간지방에 공동체를 설립하였다. 마루란다(Marulanda)와 그의 추종자들은 서던 블록(Southern Block)이라는 혁명게릴라 부대를 창설하였다. 1966년 이 그룹은 콜롬비아 혁명군(Revolutionary Armed Forces of Colombia, 스페인어 약자 Farc)이라 공식적으로 명명하였다.59) 혁명군은 마르케타리아에서 군사

역할을 하며 마르크스레닌주의 공산당 정강을 채택했다. 그 이후 다른 게릴라 집단들이 나타나기 시작했다. 1964년 젊은 사람들 중심으로 국가자유군(National Liberation Army, 스페인어 약자 ELN)을 설립하여 자유주의 이념을 표방하고 빈곤층을 위한 정책을 추구하였다. 국가자유군은 주로 로마카톨릭교회의 일원으로 해방신학을 표방하였다. 국가자유군의 가장 유명한 인물은 보고타의 신부이자 사회학자인 카미로 토레스 레스트레포(Camiro Torres Restrepo)인데 산토스의 외가 쪽 친척이다. 토레스는 1966년 2월 콜롬비아 군대와 총격전에서 사망하였다.

1967년 초 나타난 세 번째 게릴라 집단은 대중자유군(Popular Liberation Army, 스페인어 약자 EPL)이다. 대중자유군은 카리브해(Caribbean)와 안티오키아(Antioquia) 북부지방에 거점을 두면서 마오쩌둥 사상을 신봉하고 있다.

네 번째 게릴라는 1970년 대통령 선거에서 근소한 차이로 낙선한 로하스 장군을 추종하는 세력들로 419운동(19th April Movement, M-19)이라고 불려졌다. 419운동은 추방되었다가 돌아온 로하스 장군이 1970년 4월 19일에 치러진 대통령 선거가 부정이 있었다는 불만을 제기하면서 시작된 게릴라로 선거일을 기억하기 위한 이름이다.

그 외에 소수 게릴라로서 킨틴 라메 무장운동(Quintin Lame Armed Movement)은 토착민 반군으로 이루어져 있고 트로츠키 혁명노동자당(Trotskyist Revolutionary Workers Party, 스페인어 약자 PRT)도 결성되었다. 모든 혁명 게릴라 조직 중에서 콜롬비아 혁명군이 최초의 게릴라이면서도 가장 많은 구성원들을 거느리고 있어서 국가 민주주의에 가장 큰 위협이 되었다. 그러나 1980년대까지는 1000명 미만의 소규모 개별 운동이었으나 그 이후 양상이 바뀌었다.

1978년부터 1982년까지 후리오 케사르 투르바이(Julio Cesar

Turbay) 자유당정부는 게릴라와 옹호자들을 탄압하는 정책을 채택하였다. 정부는 보안법(Security Statute)을 만들어 군대와 경찰로 하여금 불법 활동가나 혐의자를 기소할 수 있도록 하였다. 남미의 독재국가들과 같이 콜롬비아도 시위대나 공산주의에 대해 무장병력으로 탄압하였다. 역설적이지만 1981년 11월 자유당정부 말기에 게릴라와의 갈등 종식을 모색하는 평화위원회가 설립되었다. 평화위원회는 카를로스 레라스 레스트레포 전 대통령이 위원장으로 하여 콜롬비아 군사령관과 카톨릭교회 고위성직자를 포함하는 다양한 멤버로 구성되었다. 그러나 1982년 초 위원회의 제안이 투르바이 정부 지지를 받지 못한다면서 레라스 전 대통령도 탈퇴하고 위원회가 해체되었다.60)

1982년 새로운 대통령 벨리사리오 베탄쿠르(Belisario Betancur)가 선출되자 다시 평화위원회가 복원되었다. 베탄쿠르는 보다 더 적극적으로 게릴라 그룹들과 대화를 시도하였다. 그러나 이후 상황이 급변하여 마약밀매가 막대한 부를 만들면서 권력도 행사하였다. 마약거래는 1980년대에 기하급수적으로 증가하여 국가에 재앙의 결과를 초래하였다. 그때부터 콜롬비아는 세계시장으로 코카인의 주요 수출국이 되면서 인체에 막대한 비용을 유발하고 부패와 정부기관들의 약화를 초래하였다.

3) 초기 평화 협상

베탄쿠르는 새로운 평화위원회를 설립하고 반란자 그룹의 멤버들을 관대하게 사면을 시켜 시민생활로 복귀하도록 했다. 평화협상은 Farc, EPL, M-19을 포함하였으나 ELN은 대화에 참여를 거부하여 일부 회원만 참가하였다. 1984년 정전협정은 이들 집단들과 체결되었으나 협정을 실행되도록 하는 적절한 조치가 없었다. 그럼에도 불구하고 몇 십 년 만에

처음으로 콜롬비아 국민들은 평화가 정말 달성될 수 있을 것이라고 믿기 시작하였다.61)

　반란자들과 정부의 대화 제의는 콜롬비아 국민들 뿐 아니라 전쟁에 성공한 상당수의 은밀한 세력들의 공개적인 공격에 직면하였다. 위원회의 위원장인 오토 모라레스 베니테즈(Otto Morales Benitez)가 정부의 내외에서 평화의 숨은 적들이 평화과정을 손상시키고 있다며 사임하기에 이르렀다. 1984년 4월에 마약밀매자의 일원이 마약거래의 전쟁을 선포한 로드리고 라라(Rodrigo Lara) 법무장관을 암살하는 사건이 발생하였다.

　베탄쿠르 대통령의 반응은 마약밀매자의 미국으로 범인인도를 승인하는 것이었다. 이는 마약카르텔이 국가에 대해 명백한 전쟁을 일으킨 결정이었다. 이 전쟁에서 마피아의 무차별적 테러로 군인과 경찰 그리고 일반 민간인들은 물론이고 대통령 후보, 정치인, 판사, 언론인과 같은 많은 저명한 인사들이 목숨을 잃었다.

　마약밀매자의 돈은 양 극단의 폭력을 증폭시키게 만들었다. 한편으로는 마약밀매자들이 정글과 국경지대의 게릴라들과 연합하여 불법 마약생산을 보호하였다. 그들은 주로 제일 큰 게릴라 집단인 Farc와 연합하였는데 결과적으로 Farc의 전투능력이 크게 증가하였다. 다른 한편으로는 가족들이 게릴라들에게 납치된 마약두목들은 게릴라와 좌익민주정치지도자들을 소탕할 목적으로 결성된 자기방어집단으로 알려진 죽음군단을 창설하였다. 이 집단은 전복으로부터 사회를 방어한다는 구실로 착취와 대량학살을 초래하면서 수백 만 농촌노동자들을 그들의 땅에서 몰아낸 준군사조직의 씨를 심었다. 이러한 국가와 게릴라들과의 대치는 60년대부터 80년대까지는 비교적 적당한 수준에서 유지되어 왔으나 그 이후 두 가지의 새로운 요소인 마약밀매와 준군사주의 때문에 엄청 복잡한 전쟁으로 전개되었다.

점차 어려워진 상황에도 불구하고 베탄쿠르 대통령은 계속 평화프로세스를 촉진하였다. 그러나 그러한 노력도 1985년 11월 6일 가장 무시무시한 형태로 좌절되었다. M-19 게릴라 집단이 무자비한 행동으로 법원궁전(Justice Palace)을 습격했다. 법원궁전은 다시 콜롬비아 군대가 탈환했지만 궁전건물은 완전 파괴되었다. 이 참사에서 대부분의 대법원 판사들을 포함한 100명 이상의 인명이 살상되었다. 이와 함께 본국 송환을 위한 마약밀매범을 포함한 많은 중요한 재판서류들 불에 타 없어졌다. 이것은 죽음과 파괴의 장면은 국가의 기억 속에 영원히 각인될 대 참사였다. 희망했던 평화를 성취하기엔 아직도 멀었다.

그 다음 1980년대 말까지는 암흑과 불안의 시대였다. 산토스가 부사장으로 있는 El Tempo 신문도 마약밀매의 범인인도를 옹호하는 의견을 내는 기자에 대한 위협을 받았다. El Espectador 신문의 사장 길레르모 카노(Guillermo Cano)가 1986년 말 마피아에 의해 살해되었다. 다른 용기 있는 언론인들도 위험을 무릅쓰고 기사를 내었다가 암살되었다.

베탄쿠르 대통령이 Farc와 취약한 정전협정을 물려주었다. 이 협정은 1986년 3월에 게릴라 사령관 중 한 사람인 티모첸코(Timochenko)가 서명함으로써 인준되었다.62) 티모첸코는 산토스가 30년 후에 게릴라와의 갈등을 종식시키는 협정에 같이 서명한 동일 인물이다. 그러나 정전협정은 그 다음해 중순에 파기되었다. 베탄쿠르 대통령은 사상 최초로 게릴라와 평화프로세스를 진행시킨 대통령이었지만 인기를 상실한 채 임기를 마쳤다.

베탄쿠르 다음 비르질리오 바르코(Virgilio Barco)가 자유당수로 대통령에 당선되었다. 바르코는 M-19 게릴라 운동과 평화협정으로 해산시킨 것 외에는 별다른 일을 못했다. M-19 해산한 그 해에 사령관 카르로스 피자로(Carlos Pizarro)가 보고타 시장에 입후보했지만 낙선하고 다시 대통령 후보에 등록했으나 그 해 4월에 준군사조직에 의해 비행기에서 암살되었다. 피자로의 암살 이후 무장게릴라와 연대하면서 M-19은 정계에 진출하였다. M-19 전임 지도자 안토니오 나바로(Antonio Navarro)는 의회 공동의장이 되었다가 장관, 시장, 의원으로 지냈다.

1985년 좌익 계열의 게릴라들이 애국연합(Patriotic Union)을 결성하여 정계에 진출하려는 시도를 하였다. 처음에는 새로운 당의 멤버들이 의원, 시장, 지방평의원 등에 선출되었다. 그러나 거의 동시에 그 당원들의 암살이 발생하면서 선출직을 포기하게 되었고 정글의 게릴라와 다시 합류하게 되었다. 이 때 살해된 사람은 당 총재이면서 대통령 후보였던 하이메 파르도 레알(Jaime Pardo Leal), 대통령 후보 베르나르도 하라미요(Bernardo Jaramillo), 그리고 그 당의 의원, 평의원, 시장과 3,000명 이상의 군인들을 포함하고 있다.63) 애국연합의 비극은 콜롬비아에서 평화의 역행이었다. Farc게릴라들은 정치수단으로 자신들의 목적을 달성할 수 있는 방법이 없다는 것을 확신했다.

자유당 경제학자 케사르 가비리아(Cesar Gaviria)는 1990년에 대통령에 당선되었는데 혼돈의 시기에서 구조적 변화를 모색하였다. El Tiempo의 부사장으로서 산토스는 콜롬비아가 새로운 희망의 방향으로 변화되어야 한다고 깨달음으로써 그러한 과정에 대해 논설을 통해 지지를 보냈다. 1991년 7월 4일 개정된 새로운 헌법은 평화협정이라 불렸다. 새 헌법은 무장그룹들이 무기를 반납하고 불법행동을 포기하고 시민생활로 복귀하도록 준비하였다. 의회에서는 70명의 선출직 의원들을 제외하고 해산과정에 있는 그룹의 4명씩 대표의 참여를 허용하였다.64)

1990년 11월 애국연합의 멤버로 구성된 위원회가 참여의 가능성을 확인하기 위해 Farc 지도자들을 만나도록 가비리아 대통령이 허용하였다. 그 위원회가 게릴라들로부터 긍정적 답을 얻지 못하고 12월 9일 의원선출 투표의 날에 정부는 Farc 사령부에 기습공격을 해서 폭탄을 투척했다. 폭탄은 게릴라 캠프를 파괴했지만 Farc 사령관들은 피신하였다. 이 사건은 전쟁을 점화시켰다. 양측의 대치와 불신이 있는 가운데 가비리아 정부는 다른 게릴라 집단들과 대화를 시도하였다. 시몬 볼리바르 게릴라 조정위원회(Simon Bolivar Guerrilla Coordinating Board)는 Farc, ELN, 그리고 EPL 잔류병들로 구성하였다. 그러나 EPL이 억류하고 있던 전임 장관 아르헬리노 두란 킨테로(Argelino Duran Quintero)를 살해함으로써 1992년 초로 예정되어 있던 멕시코에서 회의는 무산되었다. 이로써 1990년대 초 게릴라와의 협상의 가능성은 더 이상 방법이 되지 못했다. Farc는 수천명의 애국연합 멤버의 전멸을 보면서 정부를 불신하게 되고 정부는 반란자들에 대한 총체적 전쟁을 선언하여 갈등은 심화되었다.

4) 산토스의 기본 평화협상 플랜

산토스는 콜롬비아의 평화를 위한 적극적인 노력을 경주하였다. 남아공의 화해과정에서 중요한 역할을 했던 캐나다의 아담 카해인(Adam Kahane)의 도움을 받아서 콜롬비아 갈등당사자들과 대화를 할 수 있는 최초의 기회를 만들었다. 1996년 3월 29일 보고타에서 개최된 좋은정부재단(Good Government Foundation) 컨퍼런스에 카해인이 촉진자로 참석하였는데 이 때 거의 대부분의 사회정치 조직 대표자들이 참석하였다. 컨퍼런스 홀의 이름을 따서 몬세라트 애비(Monserrat Abbey) 회의라고 하였다. 카해인의 평가에 의하면 남아공에서 갈등당사자들이 한 자리에 모이는데 15년이 걸렸는데 콜롬비아에서 3주만에 이루어내었다고 한다.65)

몬세라트 애비 회의 이후 공식 채널 없이 시민사회가 게릴라, 준군사조직, 정부 등 갈등의 모든 당사자들에게 접근하기 시작하였다. 페드로 루비아노(Pedro Rubiano) 보고타 추기경, 안헬리노 가르존(Angelino Garzon) 연합지도자이면서 차후 부통령, 다양한 분야의 지도자들이 시민사회의 참여자들이다. 동시에 세계의 유명 인사들의 지지도 받을 계획을 세웠다. 가브리엘 가르시아 마르케즈(Gabriel Garcia Marquez) 노벨상 수상자, 펠리페 곤잘레즈(Felipe Gonzalez) 스페인 전 수상을 평화프로세스의 보증인으로 선정하였다. 그들의 반응은 적극적이었으면 추가적인 제안까지 하였다. 미국과 유럽의 국가들 뿐 아니라 남아메리카 정부의 참여를 추진해볼 필요가 있다는 것이다.

이제 반란자 집단들과 만날 차례이다. 1996년 산토스는 준군사조직의 사령관인 카를로스 카스타노(Carlos Castano)를 두 번이나 만났다. 1차 회의에서 카스타노는 평화프로세스를 생각해보겠다고 하였고 2차에서는 대화에 참여하겠다고 하였다. Farc 게릴라 지도자를 만날 때는 알바로 레이바(Alvaro Leyva)가 촉진자로서 대동하였다. 레이바는 대화를 통해 평화를 달성할 수 있다는 신념을 가지고 1982년 베탄쿠르 대통령의 평화 협상과정에서 참여하기 시작해서 2016년 Farc와의 최종 협정체결 때까지 줄곧 참여한 중요한 인물이다. 레이바의 도움을 받아 산토스는 Farc의 주요 간부인 라울 레이에스(Raul Reyes)와 그의 동반자인 올가 마린(Olga Marin)을 만났다.

마지막 갈등의 당사자인 ELN과의 만남은 중재자로서 모리스 아케르만(Morris Ackerman)의 도움을 받아서 이루어졌다. ELN의 대변인자 격인 펠리페 토레스(Felipe Torres)와 프란시스코 갈란(Francisco Galan)을 만났는데 그들은 평화를 위한 대화에 참여를 할 생각이 있다는 말을 했다.

반란집단들과 접촉에서 긍정적인 답변을 듣고 난 다음 산토스는 스페인으로 가서 펠리페 곤잘레즈(Felipe Gonzalez)와 가브리엘 가르시아 마르케즈(Gabriel Garcia Marquez)를 만나 평화협상 프로세스 계획을 협의하였다. 산토스가 다시 콜롬비아로 돌아와서 삼페르(Samper) 대통령을 만나 그간의 반란자 집단 대표들과 만나 긍정적 의견을 들었다고 말했다. 그러나 삼페르 대통령은 정부와 군대에 통고도 없이 은밀하게 반란집단들과 접촉하여 평화프로세스를 추진한 것은 정당성이 없다는 반응을 보였다. 그래서 산토스는 삼페르 대통령 정부 하에서는 평화프로세스를 추진하지 않기로 했으면 그 다음 대통령 정부에서 추진하겠다고 결정하였다.

산토스가 제안한 평화프로세스의 5가지 핵심사항은 다음과 같다.66)
① 새로운 대통령은 정치사회 인구를 대표하는 장관을 지명하여 국가 통일 정부를 수립한다.
② 정부는 국가영토의 한 지역을 군대가 없는 불간섭의 대화구역을 지정한다.
③ 제헌국회의 요구를 포함하고 진정한 농업개혁을 수립하는 아젠다를 수립해야 한다.
④ 정부와 반란집단 간 쌍방의 정전협정을 체결한다.
⑤ 촉진자와 보증인들을 포함하는 국내, 국제적 인사들 뿐 아니라 우방 국가늘도 평화프로세스에 동참하도록 초대한다.

5) 카구안 평화프로세스의 실패

1997년 10월 대통령과 지방 선거에서 '평화, 생명, 자유를 위한 투표'도 함께 실시하였다. '평화의무(Mandate for Peace)'라고 알려진 이 조항이 투표에서 압도적으로 지지를 얻어 통과되었다. 이는 누가 차기 대통령에 당선되든지 대화를 통한 평화를 추구하는 의무를 가지게 된다는 의미이다. 대통령 선거에서 보수당 안드레스 파스트라나(Andres Pastrana)가 대통령으로 당선되어 1998년부터 4년 간 임기를 보장 받았다.

1998년 상반기에 산토스는 유엔개발프로그램(United Nations Development Programme, UNDP)의 도움을 받아 여러 차례의 회의를 통해 콜롬비아 마샬플랜(Marshall Plan for Colombia)을 수립해서 파스트라나 대통령에게 제출하였다. 평화를 위한 일종의 로드맵 같은 문서였다.

파스트라나는 Farc와 대화를 위해 카구안(Caguan)을 포함한 동부지역의 5개 자치시에 있는 무장병력을 철수하도록 하였다. 이것은 일종의 비무장지대로 반란집단에 대한 군사적 공격을 취하지 않는다는 의미이다. 파스트라나는 산토스에게 비무장지대에서 상황을 확인하기 위해 국제위원회에 참석할 것을 요청하였다. 국제위원회는 UN관계자, 코스타리카 외무장관, 멕시코상원의원, 보수당대표, 자유당을 대표한 산토스 자신을 포함하였다. 국제위원회는 장군들을 포함하지 않았는데 그들은 이러한 정부의 계획에 대해 불편하게 느끼고 있었다.

1998년 10월 군대는 가장 강력한 요새인 카자도레스 부대(Cazadores Battalion)으로부터 아직 철수하지 않았다. 평화조정관인 리카르도(Ricardo)가 게릴라들에게 그들이 부대건물을 관리하고 있도록 약속했는데 아직 정해져 있지 않다고 말했다. Farc는 이 문제에 대해 합의를 했었다고 주장하며 항의했다. 군대는 부대사령부를 카톨릭교회에 양도하여 당분간 국가도제서비스(National Apprenticeship Service)로 운영하도록 하였다. 말하자면 부대사령부는 정부협상가의 사령부가 되었고 평화프로세스과정 동안 특별손님을 수용하였다.[67]

정부와 협상하기 위해 카구안을 점령하고 있는 게릴라조직은 상당한 군사력을 가지고 있다. 그들은 과거에 작은 테러형태에서 전략을 바꾸어 대형 공격과 군대에 심각한 타격을 주는 전쟁을 추구하고 있다. 1998년 11월 게릴라들은 동부지역의 중심부인 미투(Mitu)를 공격했다. 그들은 3일 동안 미투를 점령했다가 군대에 의해 쫓겨났는데 수십 명의 경찰들을 인질로 잡아갔다. 카구안 회담 동안에 수백 명의 군인과 경찰들이 Farc에 의해 죄수로 구금되어 인간 이하의 취급을 당하고 있었다.

게릴라 리더인 마뉴엘 마루란다(Manuel Marulanda)는 회담에 나타나지 않았다. 마루란다는 보안상 문제로 파스트라나 대통령의 초청을 거절하였다. 이후 3년간 수많은 공격과 유괴가 급증하였다. 정부는 평화프로세스가 성공할 수 없다는 결론에 도달했다.

산토스는 파스트라나 대통령의 요청에 의해 재무장관으로 입각하였다. 산토스는 입각을 하면서 자신은 카구안 존으로 여행하거나 Farc와 경제문제를 토론하는 회담에 참가하지 않겠다고 요청하였다. 카구안 평화회담이 지속된 3년간 12개의 쟁점 중에 어느 하나 합의한 것은 없었다. 설상가상으로 2002년 2월 20일 Farc 요원이 일반 항공기를 강제 착륙시켜서 호르게 게쳄(Jorge Gechem) 상원의원을 인질로 잡았다. 파스트라나 대통령은 인내의 한계를 드러내고 평화회담을 취소하고 카구안 지역을 군내가 통제하도록 명령을 내렸다.

2001년 911 테러사건이 미국에서 발생하면서 전 세계적으로 테러와 전쟁이 선포되는 가운데 콜롬비아에 정세도 게릴라와의 평화프로세스는 종식되고 전쟁으로 압도하는 방향으로 변했다. 미국 클린튼 정부에서 Farc와 ELN을 테러집단에 포함하였고 유럽연합도 준군사조직과 게릴라들을 테러집단으로 포함하였다.

2002년 5월 2일 Farc는 초코(Choco)지역의 보하야(Bojaya) 교회에

다이나마이트 폭탄을 투척하여 80명이 죽고 100명이상 부상자가 발생하였다. 2002년 7월 콜롬비아 정부의 로비에 의해 미국은 플랜 콜롬비아(Plan Colombia) 하에 미국이 반 마약밀매와 테러와의 전쟁에 사용될 군사무기를 원조하기로 하였다.

파스트라나 대통령이 대화 촉진 의무를 지고 대통령에 당선되었지만 평화회담은 실패하고 알바로 우리베 베레즈(Alvaro Uribe Velez) 차기 대통령은 게릴라와의 전쟁을 목표로 대통령에 당선되었다. 우리베는 선거연설에서 "단단한 손 큰 심장(Firm hand, big heart)"라는 슬로건을 내 걸었다.68) 플랜 콜롬비아와 충분한 군사예산 확보 노력으로 우리베 대통령은 강력한 군대와 현대식 군사장비를 갖추게 되었다. 국제적인 분위기도 게릴라와 준군사조직과의 전쟁을 지지하고 있었다.

2002년 8월 7일 우리베가 대통령에 취임하는 날 폭탄과 살상을 유발하는 게릴라의 도발이 있었다. 파스트라나 대통령이 장관들에게 보야카 십자가 훈장(Boyaca Cross)을 수여하고 대통령 궁에서 점심식사 후 서로 환담을 나누는 시간에 강력한 폭발음이 들렸다. Farc가 대통령 궁에 로켓을 발사하였다. 두 차례의 공격에서 지나는 20명의 행인들이 사망했고 70여명이 상해를 입었다. 같은 시각에 신임 대통령 당선자인 우리베 대통령이 의사당에서 취임사를 하고 있었다. 아르헨티나, 에콰도르, 온두라스, 파나마, 베네수엘라의 대통령들과 스페인 왕이 취임식에 함께 참석해 있었다. 유격탄의 파편들이 날아서 의사당 인근까지 날아갔다. 콜롬비아는 이제 게릴라와의 대화에서 전쟁으로 전환하는 시기로 진입하였다.

6) 게릴라 강경 진압작전

우리베 대통령이 취임하는 날 Farc의 로켓 공격을 받고난 다음 민주적

안보(Democratic Security)의 시대가 시작되었다. 이 정책의 목적은 시민의 안보 조건을 증진시키고 게릴라와 마약밀매단을 강력하게 응징하는 것이다. 우리베 정부는 의회에 정의와 평화 법(The Law of Justice and Peace)을 제안하여 통과시켰다. 이 법은 준군사조직의 해산을 조건으로 재정적 혜택을 제공하는 것이다. 그러나 이 법은 법을 악용하려는 마약조직과 준군사조직 때문에 성공하지 못하였다.

그럼에도 불구하고 우리베 대통령은 대중으로부터 인기를 얻어서 재선하도록 2005년에 의회가 헌법을 개정하였다. 우리베가 자유당에서 나왔으나 자유당은 재선을 허용하는 개헌을 반대하며 찬성한 당원들을 출당시켰다. 자유당은 분당이 되어 우리베와 출당된 의원들이 국민통합사회당(Social Party of National Unity, Party of the U라 지칭)이라는 새로운 당을 창당하였다. 산토스도 이 새로운 당에 합류하였다. 새로운 당은 큰 성공을 거두었다. 우리베가 2006~2010년 재선에 성공하였을 뿐 아니라 Party of the U는 상원에서 20석, 하원에서 29석을 획득하였다. 전통적인 양당인 자유당과 보수당 이외의 당이 의회의 다수당을 차지한 것은 150년 만에 처음이었다.[69]

우리베 대통령은 산토스를 국방장관에 임명하였다. 산토스로서는 콜롬비아 정부에서 무역장관, 재무장관에 이어 세 번째 장관에 2006년 7월 20일에 취임하게 되었다. 국방장관으로 산토스의 임무는 국가안보를 책임지는 것이다. 산토스는 영국과 이스라엘의 정보조직 자문을 바탕으로 하여 미국의 플랜 콜롬비아 지원을 받아 국가정보시스템을 개혁하였다. 정보의 누수가 있고 독자적인 정보수집으로 분산되어 있는 정보체계를 중앙통제형으로 개편하여 특별작전합동사령부(Joint Command of Special Operations)를 설립하였다. 이 조직은 국방장관과 국군사령관에게 직접 보고하게 하고 Farc 간부, 게릴라 두목, 마약거래상 등 핵심

목표에 집중하는 단독 임무를 수행하게 되었다.

　기존의 군대들은 각자의 정보를 독자적으로 관리하고 있어서 이러한 정보의 중앙통제와 보고에 대해 반발이 있었다. 산토스는 3군의 사령관들을 집합시켜 특별작전합동사령부에 협조하지 않거나 정보를 공유하지 않으면 퇴출시키겠다고 경고하였다. 정보와 작전의 합동시스템이 2007년 9월에 성공적으로 작동하였다. 마약밀매상의 책임자이면서 Farc에 무기를 제공하는 네그로 아카시오(Negro Acacio) 고위 마약밀매자를 체포하였다. 더불어 관련된 몇몇 거물들도 체포하였다.

　우리베 대통령 시절 산토스는 국방장관으로서 게릴라들과의 전쟁을 수행하였으나 게릴라들을 소탕하는 데는 그다지 성공하지 못하였다. 2008년 2월 4일 순수 시민들이 나서서 행진을 하면서 게릴라의 폭력행동과 인질납치로 고통을 받고 있음을 항의하고 전 세계에 알리고자 하였다. 페이스북을 통해 "Farc에 대항하는 일만 인의 보이스(One Million Voices against the Farc)"라는 슬로건을 내걸고 시민들이 시위에 참여하였다.70)

　정부는 시민들의 목소리에 호응하여 Farc에 강력한 공격을 개시하였다. 2008년 3월 1일 정부군은 Farc의 외교담당자인 라울 레이에스(Raul Reyes)가 있는 캠프에 폭탄공격을 감행하였다. 레이에스는 해외 마약거래의 납치의 주범이었다. 정부군은 피닉스작전(Operation Phoenix)을 개시하여 레이에스와 그의 일당들을 소탕하였다. 피닉스작전은 육군, 공군, 경찰의 합동 작전이었다. 레이에스의 죽음은 Farc 사령관 중 첫 번째의 제거이며 게릴라와의 전쟁에서 이정표가 되었다. 40년 동안 게릴라 고위 사령관들에게 접근도 못했는데 처음으로 손이 미치게 되었다.

　피닉스작전 후 3일 만에 또 다른 Farc 사령관인 이반 리오스(Ivan Rios)가 죽었다. 리오스의 수행원인 로하스(Rojas)의 말에 의하면 자신이

레이에스 캠프에 폭탄소리를 듣고 사기가 떨어졌는데 3월 3일 리오스와 그의 수행원이 잠든 사이에 로하스는 리오스를 근거리에서 총을 쏘아 죽이고 항복하였다고 한다. 뿐만 아니라 3월 말경 공군이 게릴라의 은닉처에 계속되는 폭탄 공격이 있을 때 Farc의 창설자이면서 최고 지도자인 마루란다가 심장병으로 죽었다. 마루란다는 당시 77세 였는데 국가와 전투에 한 평생을 보냈다. Farc는 5월에 새로운 최고 지도자로 알폰소 카노(Alfonso Cano)를 발표했는데 그는 사령관 중 한명이었다. 한달도 채 안된 기간에 Farc는 7명의 사령관 중에서 3명을 잃었다.71)

산토스가 국장장관으로서 게릴라와 전쟁 중 가장 압권은 체크메이트작전(Operation Checkmate)이었다. 2008년 7월 2일 군대정보전문가, 민간정보기관, 육군 파이로트와 항공기술, 전임 게릴라전사 등으로 구성된 엘리트 군단이 이니리다(Inirida) 강변의 가비아레(Guaviare)지역 정글에서 먼 지역에 헬리콥터를 착륙시켰다. 엘리트 군단은 국제 인권 미션 복장으로 총 한방도 쏘지 않고 Farc의 손아귀에서 15명의 피납자들을 구출해내었다. 납치자 중에는 전임 대통령 후보였던 프랑스인 인그리드 베탄코르트(Ingrid Betancourt), 세 명의 미국인 공사업자, 8명의 콜롬비아 군인과 정치인이 포함되어 있었다. 그들은 정글에서 수년 동안 반죽음으로 고통을 당했다. 15명의 피납자를 구출했다는 소식은 프랑스와 미국 그리고 자국 콜롬비아에서 엄청난 환호와 반향을 불렀다.72)

체크메이트작전은 Farc의 3명의 지도자들의 죽음보다 더 큰 충격을 Farc에게 주었다. 이 사건은 게릴라들로 하여금 몇 년 후에 실현되긴 하지만 종국적으로 협상테이블로 오게 하는 전환점이 되었다. 한편 Farc는 자신들의 통신시스템이 취약해서 정보기관에서 도청된다는 것을 깨닫게 되었다. 레이에스 캠프의 폭탄공격 이후 위성통신을 포기하고 구식의 수동 배달시스템으로 돌아갔다. 그러나 이것은 정보가 최종 종착지에 도달하지 못할 수도 있고 너무 늦게 도달할 수도 있었다. 결국 Farc는 자신의 조직구성원들에 대한 명령과 통제를 상실하는 결과를 초래하게 되었다.

산토스는 게릴라와의 전쟁은 평화를 위한 수단으로 일으켰다고 한다. 산토스에게서 Farc와의 전쟁은 증오가 아니라 평화를 얻기 위한 수단으로서 수행되었다. 여기에는 한국전쟁에도 참여하였던 알바로 발렌시아 토바르(Alvaro Valencia Tovar) 장군(나중에 육군참모총장이 되었다)의 철학에서 교훈을 얻었다. 발렌시아 장군은 게릴라들을 적군으로 보지 않고 상대편으로 보고 싸웠다고 말했다. 그는 적(enemy)은 군사적 명예와 관계없는 다른 감정과 증오로 동기유발 된다고 설명하였다. 상대방도 다 같은 사람이고 또 다른 인간이라는 것을 이해하는 것이 중요하다. 진정한 군인은 증오로 싸우는 것이 아니라 평화의 승리를 보기 위해 싸운다.

산토스는 무장갈등을 평화협상으로 성공적으로 해결하기 위해 4가지의 조건이 필요하다는 결론에 도달했다.[73]

① 게릴라와 국가의 무력은 국가가 유리한 쪽으로 변화시켜야 한다. 국가의 합법적인 무력이 게릴라의 무력보다 우세할 때까지 앉아서 협상하지 않는다. 이것은 협상을 하더라도 힘이 뒷받침된 협상을 하겠다는 원칙이다. 우리베 정부에서 산토스가 국방장관으로 재임해 있을 때 국가의 무력이 게릴라의 무력보다 우세하지 못한 상태에서 게릴라들은 평화회담에 관심이 없었고 정부는 시간만 낭비하지 않았나 하는 평가를 하게 된다.

② 게릴라 편에서 평화를 만들 진정한 의지가 필요하다. 게릴라들이 이길 가망이 없는 전쟁을 일으키기보다 평화조약에 서명하는 것이 낫다는 것을 이해해야 한다. 그들에게 주어진 옵션은 오직 두 가지 뿐이다 - 협상테이블에 있거나 감옥이나 무덤에 있거나의 옵션이다. 협상이 결렬되었을 때 스스로 선택할 수 있는 대안은 감옥에

가는 것이 최선인 BATNA일 경우에 평화협상이 가능하다.
③ 국제적, 특히 지역적 지지가 필요하다. 현재의 비대칭적 전쟁에서 지역의 참여와 지지가 없이는 승리나 공정한 협상결과를 얻기가 불가능하다. 여기서 지역(the region)이라 함은 콜롬비아를 둘러싼 이웃국가를 의미한다. 우리베 정부에서는 지역의 참여와 지지가 없었는데 산토스 정부에서는 이것을 추구하고 있다.
④ 국제인권법을 적용하고 국제법인 로마법(the Statute of Rome) 내에서 협상하기 위해서 국내 무장갈등의 존재를 인정해야 한다.

7) 산토스 대통령 당선과 평화협상 논란

우리베 대통령은 재선을 한 다음에는 헌법에 의해 더 이상 3선을 할 수 없음에도 불구하고 국민들의 높은 인기를 이유로 개헌을 시도하였다. 국민투표에 부쳐질 개헌안이 국회에서 통과되었으나 한 달 후 2010년 2월 26일 헌법재판소에서 승인을 거부하였다. 산토스는 개헌이 실패할 경우 대통령 후보로 등록하기 위해 2009년에 국방장관에 사임하였다. 2010년 3월 9일 산토스는 U당의 대통령 후보로 등록하였는데 헌법재판소의 결정을 기다리느라 2개월 반이나 지체되었다. 산토스는 대통령 선거 1차 투표에서 과반수 조금 못 미치는 47%의 득표를 기록하였으나 6월 20일 2차 결선 투표에서는 900만표 이상의 압도적인 득표로 당선되었다.[74]

산토스는 대통령 취임식에서 대화의 문을 열어둘 가능성을 언급하였다. 대화를 통한 평화의 성취라는 정책은 우리베 대통령의 정책기조와 다르다며 우리베는 용인하지 않으려 하였다. 산토스는 우리베 정부를 승계한 의미를 가졌지만 자신만의 정부를 운영할 권리가 있다고 믿었으며 대화에 의한 평화의 성취는 헌법에도 부합한다고 언급하였다. 사람들은 산토스가 우리베를 배신하였고 유권자를 배신하였다고 말하기도 했다.
산토스는 우리베의 배신 운운에 대해 강력하게 반대 논리를 제시하였다. 첫째, 산토스는 1996년부터 지속적으로 게릴라와의 협상을 지속해왔으며 협상을 통한 평화를 추구하였다. 그는 반세기동안의 폭력을 종식시키기 위해 평화프로세스를 시작할 것을 숙고해왔으며 14년간 오로지 하나의 목표인 콜롬비아의 평화달성을 염원해왔으면 그 평화는 협상테이블에서 얻어진다고 믿었다. 둘째, 우리베도 반란자들을 대화하기 위해 대통령으로 선출되지 않았지만 인질범의 교환, Farc와의 대화, 인접국가에서 게릴라집단과의 대화 등을 함으로써 대화에 의한 해결을 시도하였기 때문에 우리베가 테러리스트와 협상이란 있을 수 없다는 말은 이해하기 어렵다는 것이다. 그래서 산토스는 게릴라와의 대화의 가능을 열어두는 것은 올바른 방향이라고 공표하였다.[75]

8) 평화협상의 시작과 게릴라 지도부의 제거

산토스가 대통령으로 당선된 후 임기를 시작하기 전에 먼저 유럽과 남미로 해외 순방을 다녀왔다. 순방에서 돌아온 2010년 7월 3일에 취임 1주일을 앞두고 우리베 정부와 Farc 사이에 촉진자와 중개인 역할을 했던 헨리 아코스타(Henry Acosta)의 편지를 전달 받았다. 우리베 정부에서 자신의 역할을 검토한 편지로서 7월 12일에 발송된 편지였다.
아코스타의 편지에는 자신이 우리베와 Farc가 공인한 촉진자로서 일하면서 무장갈등의 정치적 해결에 대한 Farc의 정치적 의지를 목격했다는 내용이 서술되어 있었다. 그리고 얼마나 자주 정부가 반란자들을 군사무력으로 소탕하기도 하고 Farc와 대화를 모색하기도 했는지 보아왔다고 한다. 아코스타는 정부의 군인이든 Farc의 게릴라이든 모두 콜롬비아의 가장 가난하고 사회적으로 소외된 사람들이라고 하였다. 그래서 그는 양측 모두 무장하고 있는 사람들이 서로를 계속 죽이지 않도록 정치적으로 협상할 수 있을 것이라고 제안하였다. 최근에 그러한 가능성에 좀 더 가까워져 왔다는 말도 하였다. 이제 남은 것은 국내 무장갈등을 우아하고 공평하고 사회정의를 가지면서 정치적인 협상을 하는 길이라고 하였다. 그 대안은 고국에서 더 많은 피와 빈곤이 뿌리를 내리고 자라는 것이라고 하였다.76)

산토스는 아코스타 편지에 감명을 받고 우리베 정부와 다른 접근 방법을 추구해야 하겠다는 마음을 먹었다. 이제는 정부와 Farc간에 중간 중개인이 없이 직접 대화하는 것을 시도하게 되었다. 프랑크 페아르(Frank Pearl) 고위평화조정관은 아코스타의 Farc 접촉을 계승하여 게릴라와의 연락을 계속해 왔다. 산토스는 아코스타를 통해 Farc의 최고사령관인 알폰소 카노(Alfonso Cano)와 파브로 카타툼보(Pablo Catatumbo)에게 제3국에서 비밀 평화회담을 제안하였다.

Farc로부터 긍정적인 답변을 받지 못한 상태에서 양면작전으로 핵심 인물을 제거하는 작전에 돌입했다. 평화는 국가의 무력이 우세한 상황에서 달성할 수 있는 가치로 믿고 있었다. 그렇지 않으면 그동안도 그래 왔듯이 Farc는 전쟁을 포기하지 않으려 할 것이다. 마누엘 마루란다(Manuel Marulanda)가 2008년 3월에 심장마비로 사망한 후 알폰소 카노(Alfonso Cano)가 그의 뒤를 이어 최고 사령관으로서 남서부쪽 지역을 관장하고 있었다. 이제 제2인자인 모노 호호이(Mono Jojoy)(실명은 빅토르 훌리오 수아레즈(Victor Julio Suarez))는 12살 때부터 Farc에 가입하여 35년 동안 게릴라 활동을 하면서 냉혹한 성격에 납치와 학대 전략을 책임 맡았으며 도시와 마을에 수많은 공격을 하여 민간인들을 살상하였다. 호호이는 대단한 군사전략가이면서 강력한 카리스마의 리더였다. 30년간 콜롬비아 군대는 그를 소탕하기 위해 노력했으나 성공하지 못했다. 호호이는 끊임없이 입장을 바꾸고 인간 네트워크를 만들어 자신을 공격할 수 없도록 했다.

산토스는 대통령으로서 호호이를 잡으라고 군대에 명령을 내렸다. 9월 22일 육군, 공군, 해군과 경찰은 소돔마 작전(Operation Sodoma)라는 합동작전을 펼쳐 호호이가 숨어 있다는 정보가 탐지된 캠프를 공격했다. 산토스는 그 시간 미국 오바마 노벨상 수상 축하와 UN에서 연설을 하기 위해 뉴욕으로 가 있었다. 낮에 공격했으나 호호이를 발견할 수 없었고 밤 11시에 새벽 5시에 다른 위치들에 계속 공격을 하면서 드디어 모노 호호이의 시체가 발견되었다. 이 소식은 즉각 산토스에게 보고되었고 산토스는 UN 연설하기 전 기자회견을 열어서 게릴라의 핵심인물 소탕을 빅뉴스로 전하게 되어 환호를 받았다. 비밀 평화협상을 제안하면서도 전쟁으로 타격을 가하는 두 가지가 모순으로 보일지 모르지만 산토스는 콜롬비아가 게릴라가 없는 나라, 테러가 없는 나라가 되는 목적을 가지고 있기 때문에 그 목적은 합리적으로 하거나 무력으로 하거나 달성해야 한다고 말했다.

우리베 정부에서는 무장갈등(armed conflict)라는 용어를 사용하지 못하게 하였다. 우리베는 내전이 있는 것을 인정하지 않고 단지 게릴라들의 테러가 있을 뿐이라며 내전이라는 표현을 사용하지 않고 테러리스트와 평화협상도 부정하였다. 그래서 테러리스트로부터 받은 피해 뿐 아니라 이들을 소탕하기 위해 군대와 경찰의 작전에 의한 피해도 보상할 필요가 없다고 하였다. 산토스는 게릴라들도 같은 콜롬비아 국민이고 게릴라들이나 정부 군대와 경찰이나 민간인에게 피해를 입히게 된 경우에 피해자들을 지원하고 보상해야 한다는 법을 추진하게 되었다. "피해자 및 토지보상법(Law of Victims and Restitution of Land)"이 바로 그 법이다. 우리베와 그의 지지자들의 반대에도 불구하고 2011년 6월 10일 피해자 및 토지보상법은 압도적 다수의 찬성으로 통과되었다.77)

　2010년 10월 15일 Farc의 간부의 한 사람인 파브로 카타툼보(Pablo Catatumbo)가 아코스타 촉진자를 통해 비밀회담에 대한 답장을 보내왔다. Farc는 첫 미팅을 콜롬비아가 아닌 제3국 예를 들어 베네수엘라나 쿠바에서 개최하자고 제안하였다. 첫 예비미팅은 2011년 3월 2~3일에 콜롬비아와 베네주엘라의 접경지대에 있는 게릴라 캠프에서 개최되었다. 정부에서는 에데르(Eder)와 아벤다노(Avendano)가 대표로 참석했고 Farc 측에서는 안드레스 파리스(Andres Paris)와 로드리고 그란다(Rodrigo Granda)가 참석했다. 첫 예비미팅에서는 항구적 평화프로세스의 조항과 아젠다를 논의하기 위해 쿠바에서 본회담을 가지자는 합의를 도출하였다. 산토스는 이미 쿠바의 라울 카스트로(Raul Castro)에게 부탁하여 대화를 위한 회담을 초청하도록 하였다.

　쿠바에서 본회담을 위해 Farc 대표의 쿠바로의 여행에 보안문제를 논의하기 위해 두 번의 준비회담이 개최되었다. 베네수엘라 오르칠라(Orchila)섬에서 첫 준비회담은 콜롬비아 정부 대표와 Farc 대표에 추가하여 쿠바, 베네수엘라, 노르웨이의 증인단들도 참석하였다. 쿠바의 하바나에서 두 번째 준비회담에서는 콜롬비아 동부지역 가비아레(Guaviare) 정글에서 엘 메니꼬(El Medico), 산드라 라미레즈(Sandra Ramirez), 마누엘 마루란다(Manuel Marulanda)의 미망인을 쿠바로 안전하게 이동시키는가를 의논하였다. 합의된 이동방법은 구아비아레 정글에서 적십자 헬리콥터를 태우고 가되 쿠바, 노르웨이, 콜롬비아 대표들이 대동하여 베네주엘라로 이동하고 베네주엘라에서 쿠바 하바나로 비행기로 가는 방법이다.

　한편 게릴라와의 대화에 진전이 있는 상황에서도 군사적 측면에서 전쟁은 계속되고 있었다. 3월에 정부군은 멕시코 마약카르텔과 연계된 Farc의 올리버 소라르테(Oliver Solarte), 고위사령관이면서 카노의 오른 손인 헤로미노 갈레아노(Jeronimo Galeano)를 죽였다. 4월과 5월에도 Farc 국제언론 담당자인 알베르토 마르티네즈(Alberto Martinez)를 포함한 다수의 Farc 지도자들을 체포하였다. 정치적으로 평화회담을 추진하고 있지만 콜롬비아 국민의 생명을 위협하는 불법적 무장세력에 대한 전쟁은 중단되지 않았다.

마루란다를 승계한 알폰소 카노(Alfonso Cano)는 다른 지도자들과 달리 도시 출신이면서 콜롬비아 대학에서 인류학을 공부한 인텔리이다. 카노는 콜롬비아 청년공산당에 가입하면서 Farc에 대한 동정을 가지기 시작하였다. 그는 30세가 넘어서 무장투쟁을 선택하고 정글의 반란자들에 합류하였다. 이데올로기로 무장된 카노는 제2인자로 급부상하고 마루란다 사망후 제1인자가 되면서 정부의 주요 타겟이 되었다.

2011년 11월 4일 카노를 체포하기 위해 육군과 공군의 합동작전인 오디세이 작전(Operation Odyssey)이 개시되었다. 산토스는 가능한 카노를 죽이지 말고 생포하라는 주문을 해놓았다. 두목을 체포할 경우 Farc를 쉽게 해산시킬 수 있을 것이라는 희망에서 그러한 명령을 내렸다. 카노가 은둔하고 있는 것으로 짐작되는 포파얀(Popayan) 근처에 낮 동안에 군사들이 수색을 하였으나 찾지 못하였다. 그날 야간에 덤불에 숨어 있다가 도망가는 카노를 수색대원이 정지명령을 외쳤으나 도망치자 사격을 가하여 사살하게 되었다. 카노의 사살은 Farc로서는 엄청난 손실이었으며 국제적으로도 빅뉴스가 되었다. 산토스는 평화협상과 군사작전의 공존에 대해서는 다음과 같은 입장을 표명하였다.

"평화협정이나 정전협정이 체결되지 않는 한 우리가 협상테이블에 앉아 있거나 없거나 상관없이 우리 군대와 경찰은 콜롬비아 국민의 안전,

평안, 복지를 위협하는 어떤 집단이나 개인을 대적해야 한다.[78]

9) 평화프로세스의 예비회담

카노가 사망한 다음날인 2011년 11월 5일에 Farc의 비서관이 끝까지 싸우겠다고 공개적으로 선언하였다. 산토스는 11월 9일 촉진자 헨리 아코스타로부터 Farc의 메시지를 받았다. 파브로 카타툼보(Pablo Catatumbo)는 Farc가 정부와 진행하고 있는 과정을 계속 진행하기로 했다는 통보를 보냈다. 게릴라 사령관들은 카노의 죽음이 전쟁의 규칙에 따라 발생했고 달리 합의하기까지는 전쟁은 계속될 것임을 알고 있었다. 산토스는 아코스타를 통해 정부가 평화프로세스를 진전시킬 결정을 유지하고 있으며 하바나에서 예비회담을 할 준비가 되어 있다고 Farc에 알렸다.

11월 15일 Farc는 카노를 대체해서 티모첸코(Timochenko)로 알려진 티몰레온 히메네즈(Timoleon Jimenez)가 총사령관에 임명되었음을 발표했다.[79] 티모첸코는 본명이 로드리고 론도노(Rodrigo Londono)이고 1959년 킨디오(Quindio)에서 태어났다. 그의 부모들은 공산주의자들이어서 티모첸코는 태어날 때부터 공산주의 이데올로기를 가졌으며 청년공산당에 가입했고 쿠바에서 훈련을 받았다. 그는 1982년에 23세 되었을 때 Farc에 가입하여 가장 젊은 스탭이 되었다. 티모첸코는 군사와 행정 등 다양한 역할을 맡아서 승진했는데 Farc의 역사상 마루란다, 카노 다음의 세 번째 총사령관이 되었다. 이제 그는 정부와의 평화프로세스를 수행하는 책임을 맡게 되었다.

산토스가 12월 초에 라틴아메리카 및 카리브국가 공동체(CELAC) 정상회의에 참석해서 베네수엘라 샤베즈 대통령에게 콜롬비아 정부가 게릴라와의 접촉사실을 알려주고 샤베즈가 티모첸코에게 대화하는 가교역할을 해줄 것을 요청했다. 티모첸코는 샤베즈가 베네수엘라에서 평화프로세스를 지지한다고 확신시켜줌으로써 신뢰를 가지게 되었다. 2012년 1월 22~23일에 전권대사의 하바나 예비회담을 위한 마지막 준비회담이 베네수엘라 바리나스(Barinas)에서 개최되었다. 이 예비회담에는 노르웨이, 쿠바, 베네수엘라의 대표와 국제적십자사 대표가 증인으로 참석했다. 하바나 예비회담은 2월 23일에 개최하기로 하였다. Farc 전권대사는 마우리시오 하라미요(Mauricio Jaramillo), 로드리고 그란다(Rodrigo Granda), 안드레스 파리스(Andres Paris)이며, 마르코스 카라르카(Marcos Calarca)와 마루란다 미망인인 산드라 라미레즈(Sandra Ramirez)가 동반하기로 하였다. 정부의 전권대사는 고위평화위원 세르기오 하라미요(Sergio Jaramillo), 환경지속개발장관인 프란크 페아르(Frank Pearl), 산토스 동생인 엔리케(Enrique)이고 알레한드로 에데르(Alejandro Eder) 하이메 아벤다노(Jaime Avendano), 루시아 하라미요(Lucia Jaramillo)가 동참하기로 하였다. 1년간 이 예비회담을 위한 준비의 시간을 보냈으며 이제 쿠바 하바나에서 평화프로세스가 진전될 수 있다는 기대감을 가지게 되었다.

2월 23일에 Farc와 정부의 참석자들이 하바나의 회담장소에 다 도착하였다. 24일 드디어 예비회담이 개최되었다. Farc와 정부 대표단이 테이블에 서로 마주보며 앉았고 테이블 사이드에는 노르웨이의 다그 니란데르(Dag Nylander)와 엘리사베스 스라툼(Elisabeth Slattum), 쿠바의 카를로스 페르난데즈 데 코시오(Carlos Fernandez de Cossio)와 아벨 가르시아(Abel Garcia)가 동석했다.

예비회담 시작에서 먼저 호스트 국가인 쿠바의 대표 페르난데즈 데 코시오가 환영인사를 하고 이어서 노르웨이 대표가 중립적인 증인의 역할을 언급하였다. 이어서 정부의 대표로 산토스 동생인 엔리케가 대화를 통한 '문명화된 해결(civilized solution)'에 Farc가 동참하여 기쁘다고 하였다. 덧붙여 엔리케는 무장갈등의 종식을 위한 최종합의가 이루어지기 전에는 무장병력이 폭력실행자들을 계속 대처할 것임을 명확히 하였다. Farc의 대표로 마우리시오 하라미요와 로드리고 그란다가 협상과정을 진척할 의지를 피력하였다. 동시에 투쟁을 정당화하고 무장해제만 아니라 국가의 주요문제와 불의를 해결하는 방법에 대해서 참석하게 되었다는 것을 분명하게 언급하였다.

개회식에 이어서 전권대사와 대표들의 진솔하고 개방된 토론이 이어졌다. 협상의 아젠다에 대해 Farc는 12개의 쟁점을 제안하였는데 1993년 카구안 프로세스 때에 정부와 합의한 것과 같았다. 반면 정부는 무장갈등의 종식을 위한 제한되고 실질적인 구체적 아젠다의 개발을 요구하였다. 이러한 쟁점은 첫 회의에서 하나도 해결되지 못했다. 다만 상대편의 주장을 청취하고 기구와 절차를 수립하는 일들에 치중하였다. 양측은 예비회담이 쿠바에서 계속 비밀로 진행할 것을 합의하고 3월 17일에 그 다음 회담을 개최하기로 하였다.

8월 26일까지 6개월간 9번의 예비회담이 개최되었다. 그 동안 Farc는 카구안에서 사용한 과격주의 아젠다를 제시했으나 정부는 갈등과 관련한 현실직 아젠나에 국한할 것을 주장하면서 의견조율에 오랜 시간이 걸렸다. 최종적으로 양측 대표들은 Farc와 콜롬비아 정부 사이의 무장갈등을 종식시키는 협상 아젠다로 좁히게 되었다. 양측 대표들은 대중의 지지를 얻고 합의의 확고한 토대를 줄 아젠다의 필요성에 의견의 일치를 보았다. 2016년 10월 찬성과 반대의 결과를 줄 국민투표의 씨앗을 심게 되었다.

중간에 무장해제 방법으로 정부는 무기의 양도를 요구했으나 Farc는 무기를 정부에 양도하는 것을 반대하여 교착상태를 지속하였다. 노르웨이와 쿠바는 중재안을 제안하였는데 무기의 양도(handing over arms)가 아니라 무기의 중단(leaving off of arms)이라는 용어를 사용하였다. 무기의 중단은 무기의 포기를 말하는데 Farc가 중립기관의 존재 하에서 무기를 포기하는 것으로 결국 유엔 대표단 손에 무기를 놓아주게 할 것을 의미하였다.

2012년 8월 26일 쿠바 외무부장관인 브로노 로그리게즈(Bruno Rodriguez)가 참관하는 상태에서 협상가들은 갈등을 종식시키고 안정되고 지속적인 평화를 구축하는 일반협정에 서명하였다.80) 이 합의는 9월 4일 대중적으로 발표를 하고 10월에 오슬로에서 협상테이블을 공식적으로 설치하기로 합의하였다. 합의문에는 갈등의 종식과 무기의 중단이라는 표현을 포함하고 있다. 역사적으로 처음으로 Farc가 무장을 해제하는 약속을 표현하였으며 그리고 처음으로 갈등의 희생자들에 대한 보상이 주요 사항으로 명기되었다. 콜롬비아는 자국과 전 세계가 지켜보고 있는 가운데 미주대륙에 존재하는 가장 큰 무장갈등을 종식시키는 최종 합의를 협상으로 이끌어내었다.

10) 평화프로세스의 본회담

본회담에 나갈 정부의 대표로 협상팀을 구성하였다. 훔베르토 데 라 칼레(Humberto de la Calle) 변호사이자 자유당원을 협상팀장으로 하고 평화조정관인 세르기오 하라미요(Sergio Jaramillo)을 팀원으로 선임하였다. 전권대사로 동반할 멤버는 두 명의 퇴역 장군인 오스카 나란조(Oacar Naranjo)과 호레 엔리케 모라(Jore Enrique Mora)를 포함하였다. 추가 전권대사로 활동할 사람으로 프란크 페아르(Frank Pearl) 우리베 정부의 평화조정관과 루이스 카르로스 빌레가스(Luis Carlos

Villegas) 전국기업가협회(National Association of Industrialists) 회장을 임명하였다. 빌레가스가 미국대사로 임명하여 보낸 후에는 곤잘로 레스트레포(Gonzalo Restrepo) 주요슈퍼마켓 회장으로 대체하였다. 여성 전권대사로 인권전문가 마리아 파우리나 리베로스(Maria Paulina Riveros) 변호사와 대통령자문관인 니게리아 렌테리아(Nigeria Renteria) 변호사를 임명하였다. 정부측 인사로서 외무부장관인 마리아 안젤라 호르긴(Maria Angela Holguin)과 국회측 인사로서 로이 바레라스(Roy Barreras)도 함께 전권대사로 임명되었다.

게릴라 측에서는 이반 마르케즈(Ivan Marquez) Farc 비서관이자 카리브 블록의 사령관이 협상팀장으로 임명되었다. 마르케즈는 청년공산당원으로 정치경력을 시작하였고 소련에서 공부를 하였다. 협상 팀원으로 헤수스 산트리치(Jesus Santrich) 카리브 블록의 고위직이면서 마르케즈 아래 부사령관이 임명되었다. 이 두 사람 외에 협상팀에 Farc 사령관들이 참여했다. 마우리시오 하라미요(Mauricio Jaramillo), 로드리고 그란다(Rodrigo Granda), 안드레스 파리스(Andres Paris), 마르코스 카라르카(Marcos Calarca)도 비밀회담에 참가했다. 이 외에도 4명의 사령관들이 참가하였고 몇 십 명의 실무자와 지원팀들이 참가하였다.

2012년 10월 18일 노르웨이 오슬로에서 정부와 Farc 양측은 공동으로 공식 발표를 하였다.[81]

① 콜롬비아 정부와 콜롬비아 혁명 무장군(People's Army, Farc-EP)은 갈등종식과 안정된 내구적 평화 구축을 위한 일반협정(General Agreement for the Termination of the Conflict and the Construction of a Stable and Durable Peace)을 개발할 것을 합의한다.

② 포괄적 농지개발(Comprehensive Agrarian Development)는 아

젠다의 제1주제이고 쿠바 하바나에서 11월 15일에 논의될 것이다.
③ 양측은 필요한 예비업무를 계속하기 위해 하바나에서 11월 5일에 만날 대변인을 임명할 것이다.
④ 이 과정의 호의를 위한 증인국가인 노르웨이와 쿠바와 지원국가인 베네수엘라와 칠레에 감사한다.

이러한 공동 발표에도 불구하고 평화프로세스에 대한 양측의 관점은 상당히 대조적이었다. 정부측 협상팀의 훔베르토 데 라 칼레(Humberto de la Calle)는 모든 것이 합의될 때까지는 어떤 것도 합의되지 않는다라는 원칙 하에 Farc의 무장해제를 포함한 Farc와의 갈등 종식이라는 목표에 집중하였다. 반면 Farc 협상팀의 이반 마르케즈(Ivan Marquez)는 혁명의 열변을 토하면서 Farc 투쟁의 중심인 토지주제를 중심으로 소수 자본가 이득과 대지주의 토지파괴를 비판하였다. 또한 그는 사회환경파괴의 주범으로 다국적 탄광업자들을 공격하였다. 그러면서 마르케즈는 평화가 총을 없애는 것을 의미하는 것이 아니라 국가의 전환과 정치, 경제, 군사형태의 변화를 포함해야 한다고 주장하였다.

이러한 관점의 차이에도 불구하고 대화는 11월에 쿠바 하바나로 옮겨 진행되었다. 2016년 후반까지 이어진 많은 양자회담에서 치열한 대화와 협상이 이루어졌다. 총 51번의 대화가 있었는데 평균 11일이 소요된 지난한 과정이었다. 보통 3일 동안은 쟁점을 토론하고 작성하고 그 다음 3일간은 쟁점을 분석하고 나머지 3일은 논쟁으로 이어졌다. 일요일이나 공휴일에도 쉼 없이 토론이 이어졌다. 하바나에서 양자회담에 추가하여 콜롬비아에서는 많은 포럼이 개최되었다. 국립대학교와 유엔 등 5번의 포럼이 개최되어 8,600개의 아이디어와 제안이 협상팀에게 제시되었다. 정부와 Farc의 4년간 협상기간 동안 협상팀은 94권의 공보, 3권의 진행보고서,

33개 공동 의사록을 양자의 서명을 넣어 발간하였다.

하바나에서 4년간 정부와 Farc가 협상한 결과 최종합의는 총 300페이지가 넘는 책자로 발간되었다. 합의된 쟁점은 총 5가지로 다음과 같다.[82]
- 포괄적 토지개발
- 정치적 참여
- 갈등의 종식
- 불법마약 문제
- 희생자 문제

이에 추가하여 합의의 이행, 검증, 확인도 포함하였다.[83]

이러한 합의가 나온 것은 산토스가 1차 임기가 끝나고 2014년 재선에 성공했기 때문에 가능하였다. 산토스는 재선에 대한 욕심은 없었으나 정권이 바뀔 경우 평화프로세스의 협상은 무산될 것이 예견되어 재선에 나가기로 결심하였다. 2014년 5월 25일 대통령선거 1라운드에서는 민주중앙당(Democratic Center Party)의 오스카 이반 줄루아가(Oscar Ivan Zuluaga) 후보가 29.5%를 획득했고 산토스는 25.7%를 획득했고 나머지 세 후보가 획득하였다. 산토스의 재선에 위기신호가 온 것이다. 산토스는 좌익, 보수당 등 많은 지지세력들을 연합하여 2014년 6월 15일 총선 2라운드 결선투표에서 51%의 득표율을 달성하여 재선에 성공하였다. 민주중앙당 줄루아가는 45%의 득표율을 받아 2라운드에서 역전패를 당하였다.[84]

2016년 6월 23일 정부와 Farc의 대표단들이 하바나에 모여 최종 서명식에 참석하였다. 산토스 대통령, 케사르 가비리아(Cesar Gaviria) 전직 대통령, 엔리케, 그리고 대부분의 각료들이 참석하였다. 외국의 특별 손님들도 증인으로 참관하였다. 유엔의 반기문 사무총장, 칠레, 베네수엘라, 멕시코, 도미니카공화국, 엘살바도르의 대통령, 노르웨이 외무장관, 미국과 유럽연합의 특별사절 등 많은 해외 귀빈이 참석하였다.

최종합의의 구체적 내용을 요약하면 다음과 같다.[85]

-무장군대와 Farc 간의 공격적 행동을 완전히 종식한다.

-관찰과 검증의 기구를 창설하고 이를 위한 3개 그룹을 구성한다: ① 유엔의 비무장 관찰자의 미션, ② 무장군대를 대표하는 정부, ③ Farc. 이들의 미션은 종전과 무기해제를 확인하는 것이다.

-정상화를 위한 20개 시골지역과 7개 임시캠프를 창설한다. 이 지역에서 수천 명의 게릴라 전투사들이 종전기간 동안 정착하고 시민사회로 복귀를 준비한다.

-유엔에 의해 무기를 해제하고 최종 폐기의 일정을 결정한다. 이는 여러 단계를 두고 실시되며 최종합의의 서명 후 180일 이내에 실행한다.

11) 국민투표와 새로운 평화협정

이러한 합의를 어떻게 국민적 공감과 인정을 받을 것인가를 두고 고민한 결과 국민투표로 결정하기로 하였다. 산토스는 국민적 지원을 확신하면서 무난히 국민투표에서 찬성을 얻을 것이라고 믿었다. 그러나 우리베 전직 대통령과 반대파들의 여론 공작에 휘말려 국민투표에서 근소한 차이로 반대에 직면하게 되었다. 2016년 10월 2일 평화프로세스의 정부와 Farc의 합의안에 대한 국민투표에서 찬성은 49.8%이고 반대는 50.2%, 차이는 53,908표에 불과한 실망스러운 결과를 받았다.[86] 불행하게도 당일 허리케인 매튜가 해안을 강타하여 많은 국민들이 투표를 하지 못하게 되었지만 투표시간을 연장하지 않고 종료한 것도 패인의 하나였다.

산토스는 평화를 위해 일해 온 그 동안의 세월이 무너져 내리는 고통을 느꼈다. 그래서 산토스는 모든 책임을 지고 대통령에서 사임하겠다고 비서관들에게 말하였다. 그러나 토레스는 포기해서는 안 된다며 다시 반대파와 조율할 수 있는 희망을 주었다. 주위의 인사들도 타개책을 제안하고 있었다. 결론적으로 산토스와 추진팀은 반대파와 다양한 국민계층의 의견을 수렴하여 합의안을 수정하면 되지 않느냐며 다시금 용기를 내었다.

10월 3일 하바나에서 정부 협상팀으로 하마리요와 데 라 칼레는 Farc 협상팀과 만나서 상황을 설명하자 Farc는 매우 민감하게 반응하였다. Farc는 평화협정을 폐기하기를 원하지 않으며 다만 수정은 할 수 있다고 하였다. Farc는 국민투표에서 반대표가 과반을 넘었다는 현실을 인정하고 몇 가지 수정을 위한 재협상을 재개하기를 수용하였다. 산토스는 재협상을 위해 시민사회의 대표들과 모든 정당과 운동의 정치인을 두루 만나서 의견을 들었다. 특히 산토스를 지지했던 파스트라나 전임대통령이 하바나 평화협정에 대한 비판적 자세를 견지해서 산토스는 놀라면서도 협정수정에 대한 그의 도움을 요청하였다. 그의 의견을 대부분 수용하여 반영함에도 불구하고 파스트라나는 여전히 반대의 입장을 견지하고 있어서 의아하게 생각하였는데 더 이상 따지지 않았다.

우리베 전임대통령도 자신의 측근들을 대동하고 산토스를 만났다. 우리베는 산토스가 대통령으로 선출된 후 산토스를 배신자라는 표현을 표현하면서 가장 적대적 반대파로 바뀌었다. 우리베 측 인사들은 반대자들의 논점을 드러내었고 산토스 측 협상팀은 경청을 하였다. 산토스는 많은 사람들이 의견을 듣고 이들을 합의안에 반영할 수 있겠다는 자신감을 가졌다.

그러던 중 좋은 분위기가 생겼다. 전국적으로 공원이나 플라자에 평화를 지원하는 시위가 매일 발생하였다. 평화협정을 당장 체결하라는 플래카드를 들고 시위하기도 하였다. 찬성표를 던진 사람들 뿐 아니라 반대표를 던졌으나 지금은 평화요구를 위한 집회에 참여해야 하겠다는 사람들도 있었고 투표를 하지 못했던 사람들도 집회에 참여하고 있었다. 이러한 현상은 산토스 정부가 평화협정의 국민투표에서 부결되고 난 다음에 평화를 갈망하는 분위기를 보여주고 있다.

이 때에 낭보가 또 날아들어 왔다. 산토스가 노르웨이로부터 노벨평화상의 수상자로 선정되었다는 반가운 소식이었다. 2015년과 2016년에 두 번에 걸쳐 노벨평화상 수상자 후보에 명단이 올라갔는데 2016년 10월 6일 최종 선정되었다는 소식이다. 노벨상당국의 기자인 아담 스미스(Adam Smith)가 인터뷰 요청을 하였을 때 산토스는 노벨평화상 수상을 매우 영광스럽게 생각하지만 이 상은 자신을 위한 상이 아니라 콜롬비아를 위한 상이고 희생자들의 것이라고 겸손한 말을 하였다.

한편 반대표를 던진 그룹의 대표로부터 합의의 60가지 수정을 제안하였기에 정부의 협상팀은 다시 Farc와 협의하기 위해 하바나로 갔다. Farc가 수용하기 힘든 조항들이 있어서 며칠간이나 시간이 걸렸지만 Farc는 60개의 수정 사항 중 58개는 수용해서 97%의 수용율을 보여서 큰 성과로 평가되었다. Farc가 수용하지 않은 쟁점은 게릴라가 정치에 참여할 수 없다는 조항과 사회적 고립의 처벌과 조건이 더 강화되어야 한다는 점이다. 최종적으로 정부와 Farc의 대표들은 하바나에서 많은 관찰과 제안을 반영한 새로운 합의에 도달했음을 발표하였다.

2016년 11월 14일 새로운 평화협정이 국민들에게 알려지도록 하였다. 10월 2일의 국민투표 패배가 많은 점에서 개선하는 기회가 되었다. 11월 24일 정부와 Farc의 대표들이 참석한 상태에서 새로운 최종 협정에 서명을 하였다. 새로운 협정을 국민투표로 다시 하기엔 위험성이 있고 국민들도 지칠 듯하여 다른 방법을 모색하였다. 헌법재판소는 국민투표에서 패배한 데 대한 출구를 제공하였다. 바로 새로운 협정을 승인받기 위해 의회에 맡길 수 있다고 하였다. 이러한 의회의 절차를 밟은 결과 Farc와 갈등을 종식시키는 새로운 협정이 확고한 법적 현실로 전환되었다. 2017년 3월 24일 새로운 평화협정은 유엔 사무총장인 안토니오 구테레스(Antonio Guterres)와 유엔 안전보장이사회 의장인 매튜 라이크로프트(Matthew Rycroft) 앞으로 전달되었다. 구테레스 사무총장은 문서를 받으면서 다음과 같이 말하였다.87)

"우리가 살고 있는 때의 평화협정은 값지고 매우 중요한 것이다."

새로 수정된 평화협정의 주요 내용은 다음과 같다.

　가. FARC 멤버들의 대체형벌 관련 자유제한 강화
　나. 평화 특별법원의 재판관 구성 및 활동 관련
　다. FARC가 은닉한 정치 자금 활용 여부
　라. 반인륜적 범죄를 저지른 FARC 책임자들의 선거 출마 등 정치 참여 문제
　마. 평화협정 내용 이행 보증 등 법적 안전장치

　2017년 콜롬비아 인들은 트럭, 버스와 보트들이 거친 시골길과 강을 따라 수 천명의 Farc 전투사들을 무장이 해제된 상태로 모이는 지역으로 수송하고 있는 장면을 티비에서 보았다. 전투군과 반군(Farc의 도시지원 네트워크) 간의 13,000명 남녀인원들이 재통합과정에 관여하였다. 이들 중 절빈은 진두군이고 1/4은 민병대, 나머지는 콜롬비아 감옥에 투옥되어 있었다. 유엔이 확인과 검증을 하기 위해 시골지역에서 무기를 해제하는 과정을 시작하였다. 이 무기는 2017년 6월 17일까지 분류되고, 큰 컨테이너에 적재되었다. 유엔은 총 8,994개의 개인무기, 509개의 전투지원용 집단무기, 180만개의 실탄, 38톤의 폭탄, 3,528개의 지뢰, 4,370개의 구포를 수집하였다.88)

12) 산토스 평화협상의 특징

(1) 게릴라를 보는 두 가지 다른 시각

콜롬비아 국민들이 무장 게릴라를 보는 시각이 두 가지로 상반되는 현상이 나타나서 게릴라에 대한 정책도 시각에 따라 달라진다. 한편에서는 무장 게릴라들은 무기를 소지하여 정부와 무고한 시민들을 살해하는 적이라는 시각은 단지 소탕의 대상으로서만 보게 되는데 반해 다른 한편에서는 무장 게릴라들이 같은 콜롬비아 국민들이며 국가와 사회의 방향에 대한 다른 의견을 가지고 있는 사람들이라 국가와 사회가 수용하여 함께 살아갈 수 있다고 보고 있다. 우파적 경향의 사람들은 전자의 시각을 가지고 있지만 좌파적 경향의 사람들은 후자의 시각을 가지고 있다.

(2) 게릴라가 마약밀매범이나 납치범으로 동일시되는 약점

Farc는 게릴라 집단 중에서 가장 크고 영향력도 커서 정부의 협상 대상자로 다루어 왔다. Farc가 사회주의 혁명노선을 따라 남미에서 쿠바와 같은 공산주의 혁명을 성공시키려고 했었지만 성공하지 못한 채 정글로 숨어들어 게릴라로 활동하면서 정부와 게릴라 간의 갈등이 증폭되었다. 무기를 구입하고 활동을 하기 위한 자금이 필요하다보니 콜롬비아에서 코케인 마약밀매에 연루되기 시작하였으며 정부나 군대의 고위직을 납치하여 몸값을 요구하는 행위를 취하면서 Farc에 대한 콜롬비아 국민들뿐만 아니라 외국 피해국가들의 시각이 나빠졌다. 특히 마약밀매로 콜롬비아로부터 미국이나 서방으로 연결된 고리가 전 세계적인 마약성행에 국제적으로 공동으로 대응함으로써 Farc를 마약밀매단으로 인식하는 시각은 Farc를 소탕하는 명분까지 제공하게 되었다. Farc로서는 마약사범으로 동일시되는 국민과 국제적 시각에는 억울해 하면서도 가장 고통스러워하는 부분이다.

(3) 국가 무력이 게릴라 무력보다 우위에 있어야 평화협상 성공

산토스는 늘 콜롬비아의 평화를 갈망하면서 게릴라와의 평화협상을 위해 많은 노력을 하였다. 그러나 한편으로는 게릴라와의 전쟁은 계속되었다. 수많은 민간인들이 희생되고 있는 상황에서 무력에 의한 게릴라와의 전쟁은 멈출 수가 없었다. 산토스는 대통령으로서 평화를 위한 완전한 합의가 이루어지지 않는 한 전쟁은 계속될 것임을 계속 천명하기도 하였다. 게릴라들이 무력의 우위에 있는 한 쉽게 평화를 위한 합의를 잘 하지 않으려고 하므로 정부군대와 경찰의 힘이 게릴라들의 힘보다 우위에 있어야 함을 강조하였다. 산토스는 정부가 게릴라보다 힘의 우위에 있어야 평화협상을 잘 성공할 수 있음을 믿었다. 우리베 대통령 시절 카구안 프로세스(1999~2002)가 실패하고 산토스 대통령 시절 하바나 평화회담(2012~2016)이 성공한 것은 국가가 게릴라와 대적해서 무력의 명백한 우위에 있었기 때문이라고 평가하였다.[89]

(4) 협상의 쟁점이 명백하고 구체적이어야 합의가 가능

Farc는 사회주의 노선을 견지하면서 사회혁명을 꿈꾸는 세력들로 시작한 게릴라이어서 항상 협상에서 토지소유, 자본가 독점, 소득불평등과 같은 이념적인 쟁점들을 가장 우선적으로 제기하였다. 그래서 카구안 프로세스 때에 쟁점으로 여러 가지 이념적 쟁점들을 논의를 하다가 결국 합의에 이르지 못하고 실패한데 반해 하바나 평화회담에서는 쟁점을 무장갈등 해소라는 명백하고도 구체적인 쟁점에 집중하여 합의를 이끌어내었다. Farc가 이념적 쟁점을 포기하기까지는 많은 진통과 시간이 요했지만 정부에서 요구한 현실적 무장의 해제에 집중하는데 결국 합의를 하면서 어떤 방법으로 무장을 해제할 것인가에 대해서도 무기의 정부로 이양이 아니라 유엔의 감독 하에 유엔으로 무기를 이양하는 것으로 합의하였다.

(5) 평화협정 수정의 재협상에서 희생자 가족을 위한 정의 실현이 핵심

쿠바 하바나에서 정부가 Farc와의 평화협상 합의를 도출하여 국민들과 국제적으로 내용을 공표하여 협상이 잘 마무리한 듯해 보였다. 그러나 국민들로부터 승인을 받아야 할 상황에서 국민투표를 실시하였는데 예상치 않게 찬성과 반대가 49.8% 대 50.2%으로 근소하게 부결되는 패배를 보게 되어 오래 동안 협상에 임했던 정부와 Farc는 좌절하고 낙담하였다. 우리베 전임대통령이 선봉에 선 반대파들은 많은 수정사항을 요구하였다. 그 중에서 제일 중요한 항목이 희생자 가족들이 납득할 수 있도록 사망의 진실규명과 살해범의 처벌이 합당하게 반영되어야 한다는 점이었다. 진실규명에 기여하고 사죄를 하면 처벌이 경감되고 용서를 받는 화해의 단계로 넘어간다. 그래서 게릴라의 살인죄가 적용되긴 하지만 상황과 사람에 따라 처벌이 차이가 난다. 이러한 희생자 가족과 살인죄의 처벌에 대해 Farc도 합의를 함으로써 재협상이 크게 진전되었다. 전체 60개 수정요구사항 중에서 Farc는 58개 사항은 수용을 했지만 2가지는 양보를 하지 않았다. 게릴라들이 선거, 피선거 등 정치활동을 박탈하는 조항에는 강력하게 저항을 하였으며 처벌이 너무 관대해서 더 강하게 해야한다는 조항도 반발해서 게릴라들의 의견이 수용되는 선에서 합의가 이루어졌다.

(6) 제3자의 조정중재를 거부하고 정부와 게릴라는 직접 협상을 고수

협상이 어려워지면 제3자의 조정 또는 중재를 요청할 수도 있다. 그러나 산토스는 외부에 의해 게릴라와의 평화프로세스를 완성시키려고 하지 않았다. 그것은 정부의 강력한 정책 또는 산토스 대통령 개인의 능력과 열정이 작용한 것으로 보인다. 비록 무장을 한 채 서로 전쟁을 하고는 있지만 산토스는 대화로서 서로의 차이를 조율할 수 있다는 자신감을 가지고 계속 노력하려는 평생의 열정이 있었기 때문에 직접 협상이라는 방법을 택하였다. 그럼 이웃 국가들과 국제사회는 어떤 역할을 하였을까? 베네수엘라와 쿠바는 게릴라들도 대화가 되는 국가이고 페루, 에쿠아도르, 아르헨티나 등 남미 국가들은 협상과정의 증인과 지원역할을 해주었다. 특히 노르웨이는 평화협상을 만들어가는 데에 국제적 전문성을 가지고 콜롬비아의 평화프로세스에서 증인과 촉진자 역할을 계속 해왔다. 또한 유엔은 게릴라의 안전한, 신뢰감을 주는 무장 해제와 중립적 역할을 수행하는 데에 큰 기여를 하였다. 공교롭게도 반기문 사무총장의 시기에 평화협정이 체결되어 콜롬비아 평화정착에 반 총장의 역할도 작지 않았다.

(7) 콜롬비아 정부와 게릴라집단과의 갈등과 협상 구조

[그림 5-1] 콜롬비아 정부와 게릴라집단과의 갈등과 협상 구조

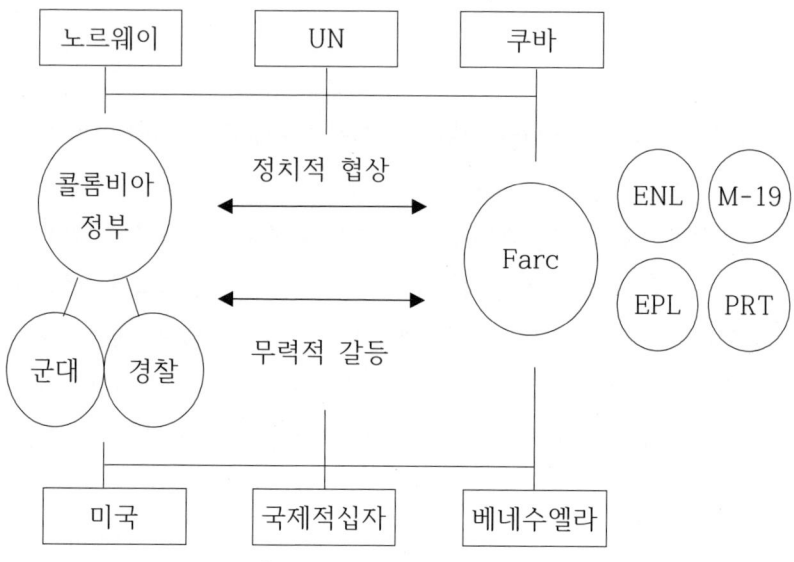

산토스가 대통령으로 재임하면서 게릴라집단의 대표격인 Farc와의 무력적 갈등과 정치적 협상의 구조를 [그림 5-1] 확인할 수 있다. 콜롬비아 군대와 경찰은 Farc와 무력 충돌이 발생하고 있는 상황에서도 정부는 Farc와의 정치적 협상을 진행하고 있다. 콜롬비아 정부가 ENL과의 협상을 수행하기도 하였지만 대부분의 협상은 가장 규모가 큰 Farc와 추진하였다. 평화협상 프로세스에 제3자로서 증인이 되어준 국가는 노르웨이, 쿠바, 베네수엘라이다. UN은 Farc의 무기 해제와 이전을 중재하고 감독하는 역할을 하였다. 국제적십자는 게릴라 대표들이 정글에서 베네수엘라나 쿠바로 이동할 때 동반하며 안전을 보장하는 역할을 하였다. 미국은

콜롬비아의 마약거래에 의한 미국으로 마약이 반입되고 유통되는 구조를 근절시키기 위해 콜롬비아 정부와 공동으로 대처하고 정보와 무기를 상당부분 지원하였다.

영어식 표기와 약자
(가나다 순)

419운동(19th April Movement, M-19)
가브리엘 가르시아 마르케즈(Gabriel Garcia Marquez)
가비아레(Guaviare)
갈등종식과 안정된 내구적 평화 구축을 위한 일반협정(General Agreement for the Termination of the Conflict and the Construction of a Stable and Durable Peace)
곤잘로 레스트레포(Gonzalo Restrepo)
공산당(Communist Party)
구스타보 로하스 피니야(Gustavo Rojas Pinilla)
가다루페 살세도(Guadalupe Salcedo)
가비아레(Guaviare)
국가도제서비스(National Apprenticeship Service)
국가자유군(National Liberation Army, 스페인어 약자 ELN)
국가전선(National Front)
국가통일사회당(Social Party of National Unity)
국민통합사회당(Social Party of National Unity, Party of the U라 지칭)
길레르모 카노(Guillermo Cano)
네그로 아카시오(Negro Acacio)
니게리아 렌테리아(Nigeria Renteria)
다그 니란데르(Dag Nylander)
대중자유군(Popular Liberation Army, 스페인어 약자 EPL)

라우레아노 고메즈(Laureano Gomez)
라울 레이에스(Raul Reyes)
라울 카스트로(Raul Castro)
라스 폴리카르파스(Las Policarpas)
라틴아메리카 및 카리브국가 공동체(CELAC)
런던경제학교(London School of Economics)
로드리고 그란다(Rodrigo Granda)
로드리고 라라(Rodrigo Lara)
로드리고 론도노(Rodrigo Londono)
로이 바레라스(Roy Barreras)
로하스(Rojas)
루시아 하라미요(Lucia Jaramillo)
루이스 카르로스 빌레가스(Luis Carlos Villegas)
리카르도(Ricardo)
마누엘 마루란다(Manuel Marulanda)
마루란다(Marulanda)
마르코스 카라르카(Marcos Calarca)
마르케타리아(Marquetalia)
마리아 안셀라 호르긴(Maria Angela Holguin)
마리아 파우리나 리베로스(Maria Paulina Riveros)
마리아노 오스피나 페레즈(Mariano Ospina Perez)
마우리시오 하라미요(Mauricio Jaramillo)
매츄 라이크로프트(Matthew Rycroft)
모노 호호이(Mono Jojoy)
모리스 아케르만(Morris Ackerman)

몬세라트 애비(Monserrat Abbey)
무장갈등(armed conflict)
미투(Mitu)
민주적 안보(Democratic Security)
민주중앙당(Democratic Center Party)
바리나스(Barinas)
법원궁전(Jutice Palace)
베르나르도 하라미요(Bernardo Jaramillo)
벨리사리오 베탄쿠르(Belisario Betancur)
보수당(Consertative Party)
보안법(Security Statute)
보야카 십자가 훈장(Boyaca Cross)
보야카 전투(Battle of Boyaca)
보하야(Bojaya)
브로노 로그리게즈(Bruno Rodriguez)
비르질리오 바르코(Virgilio Barco)
빅토르 훌리오 수아레즈(Victor Julio Suarez)
산드라 라미레즈(Sandra Ramirez)
삼페르(Samper)
서던 블록(Southern Block)
소돔마 작전(Operation Sodoma)
세르기오 하라미요(Sergio Jaramillo)
시몬 볼리바(Simon Bolivar)
시몬 볼리바르 게릴라 조정위원회(Simon Bolivar Guerrilla Coordinating Board)

아담 스미스(Adam Smith)

아담 카해인(Adam Kahane)

아르헬리노 두란 킨테로(Argelino Duran Quintero)

아벤다노(Avendano)

아벨 가르시아(Abel Garcia)

안드레스 파리스(Andres Paris)

안드레스 파스트라나(Andrés Pastrana)

안헬리노 가르존(Angelino Garzon)

안토니오 구테레스(Antonio Guterres)

안토니오 나바로(Antonio Navarro)

안티오키아(Antioquia)

알레한드로 에데르(Alejandro Eder)

알바로 레이바(Alvaro Leyva)

알바로 발렌시아 토바르(Alvaro Valencia Tovar)

알바로 우리베 베레즈(Álvaro Uribe Vélez)

알베르토 레라스 카마르고(Alberto Lleras Camargo)

알베르토 마르티네즈(Alberto Martinez)

알폰소 카노(Alfonso Cano)

애국연힙(Patriotic Union)

에데르(Eder)

에두알도 산토스 몬테호(Eduardo Santos Montejo)

엔리케(Enrique)

엘 메디코(El Medico)

엘 티엠포(El Tiempo)

엘리사베스 스라툼(Elisabeth Slattum)

오디세이 작전(Operation Odyssey)
오르칠라(Orchila)
오스카 나란조(Oacar Naranjo)
오스카 이반 줄루아가(Oscar Ivan Zuluaga)
오토 모라레스 베니테즈(Otto Morales Benitez)
올가 마린(Olga Marin)
올리버 소라르테(Oliver Solarte)
우리베(Uribe)
유엔개발프로그램(United Nations Development Programme, UNDP)
이니리다(Inirida)
이반 마르케즈(Ivan Marquez)
이반 리오스(Ivan Rios)
인그리드 베탄코르트(Ingrid Betancourt)
자유당(Liberal Party)
전국기업가협회(National Association of Industrialists)
정의와 평화 법(The Law of Justice and Peace)
좋은정부재단(Good Government Foundation)
조지 엘리세르 가이탄(George Eliecer Gaitan)
천일의 전쟁(War of a Thousand Days)
체크메이트작전(Operation Checkmate)초코(Choco)
카구안(Caguan)
카를로스 카스타노(Carlos Castano)
카를로스 페르난데스 데 코시오(Carlos Fernandez de Cossio)
카를로스 피자로(Carlos Pizarro)

카르타제나 해군사관학교(the Naval Academy of Cartagena)
카리브해(Caribbean)
카미로 토레스 레스트레포(Camiro Torres Restrepo)
카자도레스 부대(Cazadores Battalion)
캔자스대학교(University of Kansas)
케사르 가비리아(Cesar Gaviria)
케사르 가비리아 트루히요(César Gaviria Trujillo)
콜롬비아 마샬플랜(Marshall Plan for Colombia)
콜롬비아 혁명 무장군(People's Army, Farc-EP)
콜롬비아 혁명군(Revolutionary Armed Forces of Colombia, 스페인어 약자 Farc)
킨디오(Quindio)
킨틴 라메 무장운동(Quintin Lame Armed Movement)
트로츠키 혁명노동자당(Trotskyist Revolutionary Workers Party, 스페인어 약자 PRT)
특별작전합동사령부(Joint Command of Special Operations)
티모첸코(Timochenko)
티몰레온 히메네즈(Timoleon Jimenez)
파브로 카타툼보(Pablo Catatumbo)
페드로 루비아노(Pedro Rubiano)
페드로 안토니오 마린(Pedro Antonio Marin)
펠리페 곤잘레즈(Felipe Gonzalez)
펠리페 토레스(Felipe Torres)
평화의무(Mandate for Peace)
포괄적 농지개발(Comprehensive Agrarian Development)

포파얀(Popayan)
폭력(The Violence)
프란시스코 갈란(Francisco Galan)
프란시스코 네 파우라 산탄데르(Francisco de Paula Santander)
프란시스코 산토스 칼데론(Francisco Santos Calderón)
프란크 페아르(Frank Pearl)
플랜 콜롬비아(Plan Colombia)
피닉스작전(Operation Phoenix)
피해자 및 토지보상법(Law of Victims and Restitution of Land)
하버드대학교(Harvard University)
하이메 아벤다노(Jaime Avendano)
하이메 파르도 리알(Jaime Pardo Leal)
헤로미노 갈레아노(Jeronimo Galeano)
헤수스 산트리치(Jesus Santrich)
헨리 아코스타(Henry Acosta)
호레 엔리케 모라(Jore Enrique Mora)
호르게 게쳄(Jorge Gechem)
후리오 케사르 투르바이(Julio Cesar Turbay)
후안 마누엘 산토스(Juan Manuel Santos)
훔베르토 데 라 칼레(Humberto de la Calle)
Farc에 대항하는 일만 인의 보이스(One Million Voices against the Farc)

【동양편 사례】

6. 한국 장위공 서희 장군
7. 중국 저우언라이 총리
8. 일본 모리타 아키오 회장

6. 한국 장위공 서희 장군

1) 서희의 출생과 관리로서의 성장

장위공(章威公) 서희(徐熙, Seohee, 942~998)는 고려초 문신으로, 경사(經史)에 능한 인재이며 역사계승 의식이 강했다. "장위공(章威公)"은 서희 장군 사후 그의 덕과 공을 기려 추증된 시호이다. 그는 사신으로서 빈례 및 상견례 등에도 밝아 외교가로 활동했다. 또한 전쟁의 흐름과 영토 및 축성 등의 중요성을 아는 전략가이기도 했다.90)

고려 왕조가 존속했던 10세기에서 14세기까지 500년 동안은 중국 북방에서 거란과 여진, 몽골 등 유목 민족이 차례로 흥기했다. 그 가운데 거란과 여진은 중원을 차지하고 한족 왕조인 송 및 남송과 대립했다. 거란과 송이 대립하고, 여진과 남송이 대립하면서 10~13세기 동아시아에는 다원적 국제 질서가 만들어졌다. 고려는 유동적인 국제 질서 속에서 때로는 전쟁으로, 때로는 외교를 통해 국가를 보존했다.

거란과 송이 대립하고 있을 때 고려는 친송 정책으로 일관했다. 송의 발달한 문화를 수용하는 것이 중요했기 때문이다. 고려의 친송 정책은 송과 대결하던 거란의 침략을 불러왔다. 993년에 일어난 거란 소손녕의 침략은 고려가 건국된 지 75년만에 맞는 첫 외침이었다. 당시 고려의 왕 성종은 몸소 군대를 이끌고 서경(지금의 평양)까지 올라가는 패기를 보였다. 하지만 고려의 선봉이 궤멸하자 외교적 해법을 모색하기 시작했다. 그 주인공은 서희였다.91)

서희는 고려가 후삼국을 통일(936)한지 불과 6년 뒤인 942년에 태어났

다. 아버지는 내의령(內議令)을 지낸 서필(徐弼)이다. 할아버지 서신일(徐
神逸)이 지금의 경기도 이천지방에 토착한 호족집안으로 유학적 가풍 속
에서 아버지 서필의 정치활동과 광종 대 과거제 실시 등에 힘입어 가문이
중앙세력으로 성장하여 5대에 걸쳐 재상에 올랐다.[92]

고려는 왕권초기 국가적 기반이 취약했던 시기를 지나 제4대 광종 대에
접어들어 안정의 실마리를 보이기 시작했다. 서희는 광종 11년(960)에
19세 나이로 갑과(甲科)를 거쳐 광평성 원외랑(廣評省 員外郞)에 등용되
었다.

서희는 과거를 치르기 전 18년 동안 당시 고려의 정치사회적 분위기를
자연스럽게 체험하며 성장했다. 그 당시 사회 분위기에서 가장 두드러진
것은 '북방정책'과 '거란의 풍속에 대한 경계'였다.[93]

그리고 과거에 급제한 뒤 관리로 성장한 시기는 고려가 중앙집권적 정
치체제를 확립해 나가던 시기와 일치한다. 광종 대의 개혁적이고 자주적
인 분위기 속에서 관리 생활을 시작했다는 것은 그가 신흥세력으로 자신
의 입지를 굳혀갈 수 있었음을 시사한다.

또한, 그의 출생지인 경기 이천 지역은 궁예 정권 성립 초기부터 이미
후고구려 판도에 들어있던 지역으로, 후백제를 견제하고 신라지역으로
진출하기 위한 전략적 배후 기지가 되기도 하는 지역적 특성 때문에 고려
인으로서의 긍지와 자주적이고 능동적인 개척정신을 풍부하게 가지고 있
었을 것으로 보인다.

서희가 태어나서 활동했던 시기는 대외적으로도 상당한 격변기였다.
907년에 건국된 거란과 960년에 건국된 송이 5대10국 이후의 중국대륙
주도권을 놓고 치열하게 대립하고 있던 시기였으며, 그 대립을 통해 동북
아시아에 새로운 균형이 모색되던 시기였다. 당시 동북아 국제정세는 중
국 남부의 송과 북부의 거란, 한반도의 고려, 압록강변의 여진, 그리고

그 사이 산개되어 있는 발해의 유민들 등 복잡한 정치구도였다.

서희가 관리로 성장하는 과정에서 가장 눈에 띄는 것은 그의 나이 31세 때 내의성 시랑(內議省 侍郎)의 벼슬로 송에 파견된 것이다. 그것도 단순한 수행원이 아니라 대송사행(對宋使行)의 총책임자(正使)로서 파견되었다. 이는 그가 많지 않은 나이에 이미 탁월한 실력을 구비하고 있었다는 것을 시사한다. 사신단을 대표한 서희는 송 태조로부터 검교병부상서(檢校兵部尚書)라는 고위의 명예직을 받았다. 송으로의 사절 경험은 서희의 국제감각을 넓히는 데 크게 기여했을 것으로 보인다.

서희는 나이 42세(983)에 국방정책을 수립하는 중요 직책인 병관어사(兵官御事)가 된다. 송에 외교사절로 다녀온 10년 뒤, 대외 국방정책과 관련된 직책을 맡게 된 것이다.

983년부터 993년까지 10년 동안 고려는 송과 원만한 관계를 유지하고 있었다. 그러나 송나라에 일방적으로 휘둘리는 것이 아니라 송의 요구를 자주적인 자세로 대응하면서 당시의 국제정세에 매우 탄력적으로 대처하고 있었다.

고려 성종(成宗) 4년(986), 송은 사신 한국화(韓國華)를 통해 거란 공동 정벌에 출병을 권유하였다. 성종은 구두로만 약속하고, 거란 징벌을 위한 군사를 움직이지 않았다. 그것은 송이 거란을 굴복시킬 만한 국력을 갖고 있지 못하며, 자칫 송과 거란의 전쟁에 휘날릴 경우, 국가가 위태로울 수 있을 것이라는 판단을 했기 때문이었다. 거란과 송의 복잡한 관계 속에서 고려가 자국을 지키기 위해 무엇을 어떻게 해야 할지 이미 생각하고 있던 것이다.

그리하여 993년 거란이 고려를 침입했을 때 서희는 북진정책과 자주정책의 정치사회적 분위기 속에서, 대내적 개혁정책과 동북아의 복잡한 국제정세 움직임을 잘 파악하고 있었을 것이다.

<표 6-1> 서희의 주요 연보

연도	고려, 송, 거란에서 발생한 주요 사건	서희의 일대기
907	거란이 건국됨	
922	거란이 고려에 낙타, 말, 모직물을 보냄	
924	동북지방의 모든 지역들이 거란에 복속됨	
925	고려가 거란에 사신을 보냄	
927	고려가 거란에 조빙朝聘을 함	
936	후당이 멸망. 거란 태종의 도움으로 후진이 건국됨. 고려가 후삼국을 통일함	
937	거란에서 사신을 보냄. 고려 응답하지 않음	
942	거란이 사신과 낙타 50필을 보내와 두 나라가 정식으로 국교를 맺을 것을 요청	서희 출생(본래 이름은 염윤)
943	고려의 태조 훈요십조訓要十條를 내리고 승하	
947	거란이 후진을 멸망시킴. 고려가 광군사를 설치함	
958	고려, 과거시험 실시(광종9년)	
960	송나라 건국	과거시험 갑과 급제, 광평 원외랑 임명(19세)
962	고려가 이홍우를 송에 보내어 방물을 진상	
963	송 태조가 책명사를 보냈으나 풍랑으로 익사	
971	송이 남한南漢과 남당南唐을 굴복시키는 등 남조를 평정	
972		내의시랑의 벼슬로 송에 사신으로 감(31세) 송 태조로부터 검교병부상서 직을 받음
983	거란이 고려에 대한 경계를 강화	좌승을 거쳐 병관어사가 됨(42세)
986	송에서 한국화韓國華를 보내 거란정벌을 제의	
991	거란이 송의 침략을 물리침	
993	거란의 고려 침입	중군사로 국경지킴(52세) 거란군 장수 소손녕과 담판, 거란군 회군
994		여진을 내쫓고 장흥진, 귀화진, 곽주, 귀주 축성 감독
995		안의진, 흥화진 축성 감독
996		선주, 맹주 축성 감독, 아들 서눌 과거 급제, 병으로 개국사에서 요양(성종 직접 문병)
997	고려 6대 성종 사망, 7대 목종 즉위	
998		태보내사령 벼슬로 죽음을 맞이함(57세), 시호 장위
1027		성종 묘정 배향
1033		태사 추증

출처: 김기흥(2004). p.96
이천시 서희역사관 공개연보 및 한정수(2021) 참조 일부 수정함

2) 거란의 침략과 서희-소손녕 간 협상

거란의 성종(聖宗)은 985년 고려정벌을 결정하였으나 여진과 정안국을 공격하였고, 실제로 고려를 공격한 것은 송나라를 제압하고(989년) 여진을 공략한(991년) 이후 서기 993년이었다. 거란 성종의 사위이며 동경유수인 소손녕이 대군을 이끌고 고려 성종 12년 윤달(993년12월)에 고려를 침공하였다.

고려는 박양유를 상군사로, 서희를 중군사로, 최양을 하군사로 삼아 거란을 막게 하였다. 1차 고려-거란 전쟁은 2번의 큰 전투였던 봉산군 전투와 안융진 전투와 이후 진행된 두 번의 강화협상으로 전개되었다.

고려와 거란의 최초 전투였던 봉산군 전투에서 고려는 지휘관이었던 선봉군사 윤서안이 포로가 되는 대패를 경험했다. 이후 소손녕은 고려 조정에 항복을 압박했다. 서희는 소손녕이 보낸 협박 서찰을 보고 "화친이 가능하다"는 판단을 내리고 성종에게 화친을 주청하였다. 고려 성종은 이몽전을 거란 진영에 보내어 화친을 요청하지만 서희의 판단과는 달리 소손녕은 화친을 거부하고 고려에게 항복을 다시 한번 더 강요했다.

이몽전의 화친 제안이 거절되고 소손녕의 압박 강도가 높아지자 고려 중신들은 전쟁을 거두고 항복하자는 투항파와 서경 이북의 땅을 거란에 떼어주고 황수와 절영을 국경으로 삼자는 할지론을 중심으로 격론을 벌였다. 고려 성종과 대신들이 할지론으로 기울자 서희는 이에 반대하면서 "선항전, 후협상"을 주장했다.

이후 고려 조정에서 논쟁이 격화되는 상황에서 소손녕은 기병을 파병하여 안융진을 공격하는 2차 전투가 발생하였다. 안융진 전투에서는 봉산군 전투와는 달리 고려군이 대승을 거두었다.

안융진 전투에서 패한 소손녕은 고려에 사신을 보내 여전히 항복을 요구하였다. 성종은 장영을 협상대표로 보내 화의교섭에 대한 거란 측의 의사를 타진하게 하였다. 그러나 소손녕은 협상대표자를 대신으로 격상할 것을 요구하였다. 이에 서희가 "선항전, 후협상"을 버리고 협상대표로 자원함에 따라 소손녕과 서희가 협상을 벌이게 된다.

협상을 위한 상견례 자리에서 소손녕은 자신이 대국의 귀인임을 내세워 서희에게 뜰 아래에서 절할 것을 요구하였고, 서희는 신하가 임금을 뵐 때만 뜰 아래에서 절하는 것이지 같은 대신끼리는 그렇게 할 수 없다고 화를 내며 숙소로 돌아와 누워 움직이지 않았다. 이에 소손녕은 당(堂: 건물의 대청마루) 위에서 대등하게 대면하는 예식 절차를 승낙하였고, 두 사람은 읍(揖: 인사하는 예법)한 후 동서로 대좌하였다.

<표 6-2> 고려사에 기록된 서희의 외교담판 (한문)

熙奉國書如遜寧營, 使譯者問相見禮, 遜寧曰, 我大朝貴人, 宜拜於庭. 熙曰, 臣之於君, 拜下禮也, 兩國大臣相見, 何得如是? 往復再三, 遜寧不許, 熙怒還, 臥所館不起. 遜寧心異之, 乃許升堂行禮.

於是, 熙至營門, 下馬而入, 與遜寧分庭揖升行禮, 東西對坐. 遜寧語熙曰, 汝國興新羅地, 高勾麗之地, 我所有也, 而汝侵蝕之. 又與我連壤, 而越海事宋故, 有今日之師. 若割地以獻, 而修朝聘, 可無事矣. 熙曰, 非也. 我國卽高勾麗之舊也. 故號高麗, 都平壤, 若論地界, 上國之東京, 皆在我境, 何得謂之侵蝕乎? 且鴨綠江內外, 亦我境內, 今女眞盜據其間, 頑黠變詐, 道途梗澁, 甚於涉海, 朝聘之不通, 女眞之故也. 若令逐女眞, 還我舊地, 築城堡通道路, 則敢不修聘? 將軍如以臣言, 達之天聰, 豈不哀納? 辭氣慷慨, 遜寧知不可强, 遂具以聞. 契丹帝曰, 高麗旣請和, 宜罷兵. ……(中略)……

熙留契丹營七日而還, 遜寧贈以駝十首·馬百匹·羊千頭·錦綺羅紈五百匹, 成宗大喜, 出迎江頭. 卽遣良柔爲禮幣使入觀, 熙復奏曰, 臣與遜寧約, 盪平女眞, 收復舊地, 然後朝觀可通, 今纔收江內, 請俟得江外, 修聘未晚. 成宗曰, 久不修聘, 恐有後患, 遂遣之. 轉平章事. 十三年, 率兵逐女眞, 城長興·歸化二鎭郭·龜二州, 明年, 又率兵, 城安義·興化二鎭, 又明年, 城宣·孟二州.

『高麗史』卷94, 「列傳」7 [諸臣] 徐熙

<표 6-3> 고려사에 기록된 서희의 외교담판 (한글)

서희(徐熙)가 국서(國書)를 받들고 소손녕(蕭遜寧)의 진영에 가 통역관을 시켜 서로 인사하는 예(禮)를 물었는데, 소손녕이 "나는 대조(大朝)의 귀인(貴人)이라 마땅히 뜰에서 절하여야 한다"고 대답하였다. 서희가 말하기를, "신하가 군주에게 아래에서 절하는 것이 예법이지만 양국 대신이 서로 보는데 어찌 이와 같이 하리오" 하였다. 이렇게 두세 번 말해도 소손녕이 받아들이지 않자, 서희가 노하여 관사로 돌아와서는 누워 일어나지 않았다. 소손녕이 기이하게 여기고는 당(堂)에 올라와서 서로 예를 행하는 것을 받아들였다.

서희가 영문(營門)에 이르러 말에서 내려 들어가 소손녕과 함께 뜰에서 서로 읍(揖)하고 당에 올라 예를 행하고는 동서(東西)로 마주 앉았다. 소손녕이 서희에게 말하기를 "그대 나라는 신라 땅에서 일어났고 고구려 땅은 우리의 소유인데 그대들이 침범해왔다. 또 (고려는) 우리와 국경을 접하고 있는데 바다를 넘어 송(宋)을 섬겼으므로 이제 군사를 이끌고 온 것이다. 만일 땅을 떼어서 바치고 통교한다면 무사할 것이다"라고 하였다. 서희가 말하기를, "아니다. 우리나라가 곧 고구려의 옛 땅이다. 그러므로 국호를 고려라 하고 평양에 도읍하였으니 만일 국토의 경계로 말한다면 상국(거란)의 동경(東京)은 전부 우리 지역 안에 있는데 어찌 영토를 침범한 것이라 하는가? 그리고 압록강의 안팎 또한 우리의 지역인데 지금 여진(女眞)이 그 사이에 도둑질하여 차지하고는 교활하게 대처하고 있어 길의 막힘이 바다를 건너는 것보다 더 심하니 조빙의 불통은 여진 때문이다. 만일 여진을 내쫓고 우리 옛 땅을 되찾아 성과 요새를 쌓고 도로를 만들면 어찌 교빙하지 않겠는가? 장군이 만일 신의 말을 천자에게 전하면 어찌 가엾이 여겨 흔쾌히 받아들이지 않겠는가?"라고 하였다. 말하는 기운이 매우 강개하므로 소손녕은 강요할 수 없음을 알고는 드디어 사실을 정리하여 아뢰었다. 거란의 임금이 말하기를 "고려가 이미 화해를 청하였으니 마땅히 군대를 해산할 것이다" 하였다. (중략)

서희가 거란 군영에 7일이나 머물다 돌아오는데 소손녕이 낙타 10수(首), 말 100필, 양 1000두와 비단 500필을 주니 성종이 크게 기뻐하여 강나루까지 나아가 그를 맞이하였다. 곧바로 박양유(朴良柔)를 예폐사(禮幣使)를 삼아 (거란) 조정에 들어 보내려 하니 서희가 다시 아뢰기를, "신이 소손녕과 약속하기를 여진을 소탕하고 옛 땅을 수복한 후에야 요나라 조정에 나아갈 수 있다고 하였습니다. 이제 겨우 강 안쪽을 수복했으니 강의 바깥쪽을 얻기를 기다린 뒤에 예폐사를 파견해도 늦지 않을 것입니다"고 하였다. 성종이 말하기를, "오래 수빙(修聘)하지 않으면 후환이 있을까 두렵다"라며 드디어 사신을 보냈다. (서희는) 평장사(平章事)에 전보(轉補)되었다. 그는 성종 13년(994)에 군사를 거느리고 여진을 쫓아내고 장흥(長興)·귀화(歸化) 두 진(鎭)과 곽주(郭州)·구주(龜州) 두 주(州)에 성을 쌓았으며, 이듬해에 또 군사를 거느리고 안의(安義)·흥화(興化) 두 진(鎭)에 성을 쌓고 또 이듬해에 선주(宣州)·맹주(孟州) 두 주(州)에 성을 쌓았다.

『고려사』권94, 「열전」7 [제신] 서희

본 협상에서 소손녕이 말하기를 "당신의 나라는 옛 신라 땅에서 일어났고 고구려의 옛 땅은 거란의 소속인데 고려가 침식하였다. 또 고려는 거란과 연접하고 있으면서도 바다 건너 송나라를 섬기는 까닭에 이번 정벌을 하게 된 것"이라고 하였다.

이에 서희는 "우리는 고구려의 후예이므로 나라이름을 고려로 하고 평양을 도읍으로 정하였다. 경계를 가지고 말한다면 거란의 동경도 고려의 국토안에 들어와야 한다. 그리고 압록강 안팎도 고려 땅인데 지금 여진이 중간을 점거하고 있으므로 육로로 가는 것이 바다를 건너는 것보다 왕래하기 더 곤란하다. 국교를 통하지 못하는 것은 여진 탓이며, 여진이 차지하고 있는 고려의 옛 땅을 돌려주고 거기에 성과 보루를 쌓고 길을 통하게 한다면 어찌 국교를 맺지 않겠는가? 장군이 나의 의견을 거란의 임금에게 전달한다면 어찌 받아들이지 않겠는가?"하고 응대하였다.

소손녕이 담판의 내용을 자기 나라에 보고하였고, 이에 거란 임금은 "고려가 화의를 요청하였으니 군사를 철수시키라"고 지시하면서 협상과 전쟁이 종료되었다. 서희는 소손녕과의 강화협상에서 거란과 외교관계를 수립하고 압록강 하구 일대 등의 전략적 요충지인 강동 6주를 회복하는 성과를 얻었다.

거란의 연호인 통화(統和)를 도입하는 등 거란에 대해 사대관계로 변한 것을 협상의 손실로 보아 평가가 엇갈리기도 하나, 당시 국제정세에서 사대관계를 반드시 부정적으로 볼 수는 없다는 다양한 해석들이 있다. 어떠한 해석을 하든 서희의 협상은 전쟁을 피하고, 영토를 넓히고, 국민의 고통을 덜어준 우리 역사에서 보기 드문 성공적인 협상이었다.[94]

[그림 6-1] 강동 6주: 거란과의 전쟁

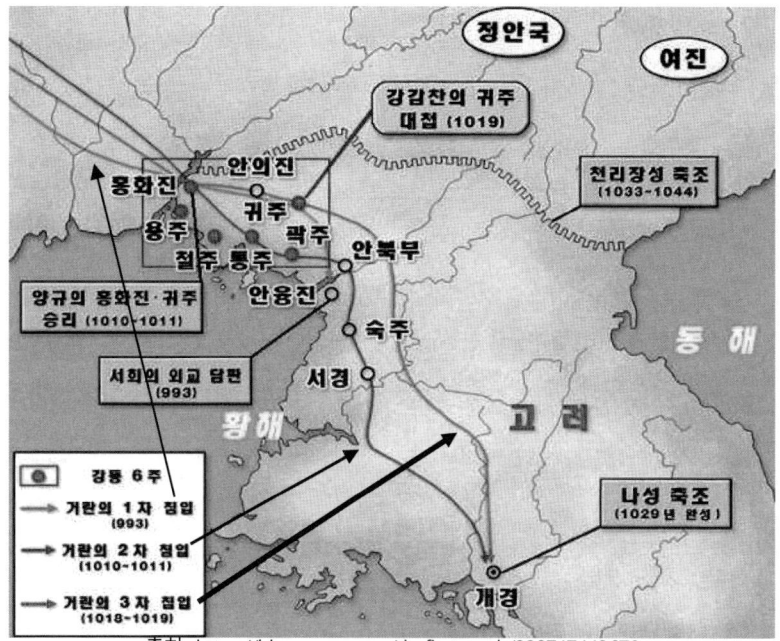

출처: https://blog.naver.com/thefirstcoach/220747443678

건국 초 고려의 영토는 청천강과 박천강(博川江)에 머물고 그 이북 압록강 유역까지는 여진족이 거주하였으므로 고려의 북방진출에 큰 장애가 되었다. 993년 안융진(安戎鎭:安州)을 공격하였으나 고려의 항전으로 실패하자 거란군의 소손녕(蕭遜寧)은 고려측의 서희(徐熙)와 강화하여, 거란측은 고려왕의 입조(入朝)와 거란 연호의 사용을 조건으로 압록강 동쪽 여진의 거주지역 280리를 고려가 점유한다는 화약을 맺고 군대를 철수하였다.

이에 따라 고려는 994년 강동(압록강 동쪽)의 여진부락을 소탕하고, 이곳을 통치하기 위하여 장흥(長興:泰川)·귀화(歸化:미상)·곽주·귀주·안의(安義:定州)·흥화·선주(宣州:宣川) 등에 성보를 쌓고 6주를 설치하였다. 그 결과 고려는 후삼국 이후 처음으로 압록강 연안에 진출하게 되고 군사·교통상의 요지를 확보함으로써 압록강을 경계로 하는 국경선 확장의 길을 터놓게 되었다.

그뒤 거란은 고려가 입조 등의 강화조건을 이행하지 않자 1010년(현종 1) 2차 침입, 1018년 3차 침입을 감행하여 강동6주는 격전지가 되었다. 특히 거란의 3차 침입 때는 강동6주에 구축된 성진(城鎭)의 전략적 기능에 힘입어 강감찬이 귀주대첩(龜州大捷)으로 거란군의 고려침략을 종식시켰다.

출처 : 두산백과, "강동6주."

3) 서희 협상의 성공요인

서희 협상에 관한 종래의 연구들은 서희와 소손녕의 외교담판에 초점을 맞추어 서희의 "세치 혀"만을 강조하는 경향이 있지만, 협상학의 관점에서는 협상 전개과정 및 화법 등을 통해 드러나는 서희의 협상리더십과, 고려왕조의 정치메커니즘 및 국제정세 등 협상외적 배경을 분석하여 성공요인을 살펴볼 필요가 있다.

일반적으로 협상의 정의는 '협상에 참여하는 양 당사자(당사자들)가 협상의 타결에 관한 서로의 기대를 일치시켜 가는 과정'으로 이해된다. 협상은 혼자서 하는 것이 아니기에 '상호의존적(inter-dependence)'성격을 가지며, '기대(expectation)'는 매우 중요한 역할을 한다. 협상이 타결되려면 당사자의 기대가 일치되어야 하기 때문이다. 따라서 기대가 협상에서 중요한 위치를 차지하기 때문에 기대를 변화시키는 방법 혹은 전략이 매우 중요한 요소로 자리잡게 된다. 협상의 전개과정을 통해 서희의 협상리더십을 정리해 본다.[95]

(1) 협상과정

서희의 협상리더십은 그가 안융진에서 소손녕과 첫 대면하는 순간부터 발휘되었다. 예비협상단계의 '기선잡기'로부터 시작해서, 본 협상단계에서 '논리적 설득'과 '새로운 대안 제시'를 통해 극적인 협상을 이끌어 낸 다음, 후속 협상단계에서 협상 상대방과의 '신뢰형성'으로 쐐기를 박는 과정으로 이루어졌다.

<표 6-4> 서희의 협상과정

구분	내용	서희의 성공요인
예비협상	상견례에서 기선잡기	-당당한 거조(적진 앞에서 하마, 대등한 예법 주장) -타당한 논리(君臣 아닌 大臣 간 예법)
본 협상	1단계 : 침략이유를 둘러싼 공방	-부가조건(거란의 영토 침범)과 핵심조건(송과 국교) 구분해 파악(경청의 힘) -상대방의 핵심조건 수용 가능성 제시
	2단계 : 핵심조건 수락 위한 밀고 당기기	-제3의 조건(여진 땅) 제시해 협상의 교착상태에서 벗어남 -최종결론(거란과 국교) 유보해 고려 국내정쟁 피하면서, 상대방의 결단 촉구(협상카드)
	3단계 : 상호조건의 교환과 끝내기 수순	-상호 핵심조건 교환(거란: 국교수립으로 후방 안전 확보 / 고려: 終戰, 영토회복) -상대방의 퇴로 개방(거란 임금의 비준) -강개한 말투[辭氣慷慨]
후속협상	상대방과 인간적 신뢰 쌓기	-위로잔치 초대에 처음엔 사양: 공인의 모습 확인 -나중에 참여해 즐김: 강화에 대한 쐐기

출처 : 박현모(2009), p.91.

첫째, 상견례 절차에서부터 기선을 잡았다. 서희는 '큰 나라의 귀인'이라며 군신 간의 예를 요구하는 소손녕에 대해 '두 나라의 대신 간의 대등한 예'를 주장하여 소손녕의 양보를 얻어냈다.

협상장의 대표는 개인이 아니라 나라의 공식 대표이기 때문에 외교 의식상의 서열은 곧 그 나라의 국제적 지위와 국격을 가시적으로 보여주는 지표이다. 그리고 주도권(initiative)를 쥔 쪽이 이변이 없는 한 회의 분위기를 이끌어가기 때문에 상견례에서 기선을 장악하는 게 매우 중요하다.

그 점에서 서희는 유리한 지점을 확보했으며, 소손녕은 이 예비협상에서 한번 양보하면서 계속 밀리는 게임을 하게 되었다. 실제로 그 이후의 대화를 보면, 소손녕이 문제를 제기하고 서희가 그에 대해 반박하고 설득하는 양상으로 흘러가고 있음을 알 수 있다.

둘째, 침략이유를 둘러싼 공방전에서 담력 있는 태도와 논리적인 말로 상대방을 설득하였다(본 협상 1). 「고려사절요」를 보면, 서희가 거란의 영문(營門) 앞까지 말을 타고 가서 내린 다음, 소손녕과 마주 앉아서 담판을 시작하는 등 조금도 굴하지 않는 당당함을 보였다. 성공적인 협상을 위해서는 당당하면서도 예(禮)에 합당한 태도를 취함으로써 협상 상대방으로부터 인격적인 신뢰를 얻는 것이 중요하다.

소손녕은 출병의 이유로 고려가 '고구려 땅을 차지하고 있다'는 것과 '송나라를 섬기고 있다'는 두 가지를 들었다. 이런 화법은 대화상대자의 수준을 가늠하기 위해 종종 사용되는데, 핵심적인 조건과 함께 부가적인 조건을 달아서 상대를 혼돈스럽게 만드는 것이다.

서희는 소손녕의 수를 정확히 읽고, 그가 내세운 핵심적인 조건은 양보하되 부가적인 조건은 관철시키는 선택을 했다. 여진족 문제를 들며 국교수립이라는 핵심적인 조건을 받아들이면서, 소손녕의 입장에서 볼 때 부가적 조건인 고구려 영토 문제는 수용할 수 없음을 분명히 밝히고 있다. 고구려 문제가 부가적 조건이라는 것은 아무런 반박을 하지 않은 소손녕의 반응을 통해 확인되며, 특히 서희가 나라 이름과 수도를 근거로 고려가 고구려 계승의 적통자라고 말한 것은 설득력있는 주장이었다. 결국 핵심적 조건인 국교수립을 어떻게 할 것인가가 협상의 관건으로 남게 되었다.

셋째, 협상 전 과정에서 제일 중요하다고 볼 수 있는 본 협상 단계에서 서희는 탁월한 협상능력을 보여 주었다(본 협상2). 우선 상대방의 핵심조건을 수용하되 최종결론은 남겨놓는 신중한 태도를 보였다.

송나라 대신 거란에게 사대의 예를 취하라는 요구에, 서희는 거란과 국교를 맺지 못한 것은 바로 여진족 때문이라고 하여 양 당사국 외에 제삼자를 거론해 새로운 길을 모색한다.

"지금 여진이 그 땅(압록강 안팎)을 훔쳐 살면서 완악하고 교활하게 거짓말을 하면서 길을 막고 있으니, 요나라로 가는 것은 바다를 건너는 것보다 더 어렵다. 조빙이 통하지 않는 것은 여진 때문이니, 만약 여진을 쫓아내고 우리의 옛 성을 돌려주어 성과 보루를 쌓고 도로를 통하게 해준다면, 어찌 감히 조빙을 잘하지 않겠는가."

거란의 사대 외교 요구를 부정하지도, 그렇다고 거란을 송나라와 마찬가지의 상국의 예로 섬기겠다고 섣불리 약속하지도 않았다. 대신에 그는 여진족이라는 장애요인을 제시하면서, 동시에 '조빙(朝聘)'이라는 가치중립적인 용어를 사용하고 있다. 거란과의 전쟁을 피하되, 고려조정에서 의논할 문제까지 결정해버리지 않은 것이다. 이렇게 함으로써 강화를 위해 파견된 사신의 재량권을 넘어선 중대결정을 혼자 내렸다는 비난을 피하면서도, 소손녕으로 하여금 최종협상안에 조인하게 만들었다.

넷째, 상호조건의 교환과 끝내기 수순(본 협상3)에서, 서희는 여진족을 쫓아내고 고려가 축성하는 조건부로 거란의 목표인 '고려와의 국교를 통한 후방의 안전 확보'를 약속했다. 그리고 나아가 거란군대의 철수를 요구했다. 특히 그는 이 강화 조건을 확정짓기 위해 거란 천자의 의향을 묻는 게 어떻겠느냐고 제안했다. "장군께서 만약 내 의견을 귀국의 임금에게 전달하기만 한다면 틀림없이 받아들이실 것"이라는 말이 그것이다. 상대방과 반대되는 주장을 하거나 전혀 생각 못했던 아이디어(축성)를 내어 협상 방향을 이끌어 갔을 뿐더러 상대방의 입장에 서서 퇴로까지도 알려주는 상황은 협상의 주도권을 완전히 서희가 쥐고 있음을 보여준다.

더구나 「고려사」를 보면 서희의 "말투가 강개하여[辭氣慷慨] 소손녕도 억지를 부릴 수 없음을 알고 자기 조정에 그대로 보고했다"고 되어 있다. 본 협상의 결정적 고비에서 상호핵심목표를 충족시킨 조건을 마련하고, 돌이킬 수 없도록 '거란 임금의 비준'까지 최종수순을 밟도록 한데다, '강개한 말투'를 사용하여 일을 밀어부쳤다. 협상과정에서의 당당한 태도와 함께 협상을 마무리 짓는데 효과적인 화법까지 구사한 것이다.

다섯째, 마무리 단계에서 협상 상대방과 친분을 쌓는 일이다(후속협상). 서희의 말대로 거란의 천자는 "고려가 이미 강화를 요청해왔으니 군사행동을 중지하라"고 지시했다. 드디어 고려-거란 간의 강화협정이 체결된 것이다. 이 단계에서 서희는 두 가지 인상적인 언행을 보였다.

하나는 소손녕이 노고를 위로하는 잔치를 베풀려 하자, "우리나라의 상하 모두가 무기를 든 채 여러 날을 들판에서 보냈는데, 어떻게 차마 잔치를 받고 즐기겠는가"라고 하여 거절한 것이다. 중요한 책무를 띄고 있는 자신의 처지를 확인시켜 주는 한편 외교관의 제일 요건인 자기 나라에 대한 충절을 일깨워 서희에 대한 소손녕의 신뢰를 한층 강화하였다.

다른 한편으로 서희는 소손녕이 "굳이 청하자" 애초의 마음을 바꿔 잔치에 참석한다. 그것도 마지못해 참석한 것이 아니라 "즐겁게 놀다가 잔치를 마친 다음에" 돌아왔다. 후속협상에서 상대방과의 인간적 신뢰를 쌓아서 강화에 대한 쐐기를 박되, 그 후의 갖가지 난관들을 무난히 통과하도록 다리를 놓은 것이다. 소손녕이 7일 동안의 협상과 친교를 마치고 돌아가는 서희에게 낙타 10마리, 말 100마리, 양 1,000두와 비단 500필을 선물로 준 것은 그가 얼마만큼 이 만남을 귀하게 여겼는가를 단적으로 보여준다.[96]

(2) 협상 외적 요인

우선 들 수 있는 협상 외적 성공요인은 서희의 개인적인 성품과 화법이다. 서희는 "성품이 엄정하고 조심스러웠다"고 한다(고려사). 말과 행동을 신중히 하는 자기통제력이 강한 사람이었다. 서희의 성품에 대한 기록은 여럿이다.[97] 광종23년(972) 사신으로 송나라에 갔을 때, 몸가짐과 행동거지가 법도에 맞아서[容儀中度] 송태조가 가상히 여겨 검교병부상서로 임명했다는 기록, 성종2년(983) 병관어사로 임명되었을 때 몰래 서경의 영명사에 놀러 가려는 왕을 간쟁으로 막은 일, 그리고 성종13년(994) 해주에서 자신의 막사로 들어오려는 왕을 막아서며 "신하의 막사는 지존께서 오실 곳이 아니다"고 하여 거절한 일 등의 기록을 통해, 서희는 원칙에 충실한 반듯한 지도자이며, 소손녕과의 상견례나 협상 진행 과정에서 보듯이 비교적 말수가 적으면서도 의사표현이 분명하며 매우 논리적인 화법을 구사하는 인물이었다. 바로 이런 그의 성품과 화법이 소손녕의 신뢰를 얻었으며, 극적으로 협상이 타결되는데 도움이 되었을 것이다.

아리스토텔레스 화법을 연구한 바이너(R.Beiner)에 따르면, 서희의 화법은 아리스토텔레스의 분류에 따를 때 정치적 화법(political oratory)에 해당되는데, 성공적인 정치적 화법은 화자 자신의 인간성이 묻어나야 하며, 청중의 감성 속으로 들어가 마음을 끌어당기는 힘을 가지며, 말의 내용 그 자체가 논리적이어서 청자가 받아들일 수 있어야 한다.[98] 서희의 화법은 그 세 가지 요소를 다 갖추고 있다.

둘째로는, 전쟁 발발 초기 국왕 성종의 적극적인 대응전략이다. 성종은 거란의 침입 소식을 듣자마자 상군사 박양유를 중심으로 전시체제를 구성하는 한편, 이들을 북계(北界)에 배치해 거란을 방어하게 했다. 또한 왕 지신이 친히 방어를 위해 안북부(安北府 : 지금의 평남 안주시)까지 가서 주둔했다. 초기 봉산 전투에서는 패배했지만, 이어진 안융진 전투에서 승리하는 등 기병 위주로 보급품을 현지에서 조달하는 체계로 운영되는 거란군의 특징에 맞서 '청야수성(淸野守城)' 전략 구사 등 적극적인 대응체제를 보임으로써 협상의 여건을 조성하였다.

셋째, 어전회의에서 기탄없이 의견을 개진하고, 집단 토론을 통해 국가위기 상황을 함께 논의하여 해법을 찾아내는 고려 왕조의 정치문화와 성종의 국가경영 리더십을 들 수 있다. 이런 토양에서 서희의 자유로운 발언과 탁월한 계책이 나올 수 있었다.

국왕 성종은 거란의 침입 소식에 몇 가지 긴급조치를 취한 다음, '여러 신하들을 모아 그 문제를 의논하게 했다[會群臣議之]'. 항복론과 할지론의 자유토론은 생산적인 어전회의 토론 분위기 전통에서 가능했다. 서희의 '선항전, 후협상' 제안과 이지백의 지지, 안융진 전투 승리 이후 서희의 강화협상 자청 등 거란군에 대한 효과적 대응방안을 강구하게 된 것은 모두 국왕 앞에서 이루어진 토론을 통해서였다. 중요한 지점마다 서희의 좋은 의견을 받아들이고 지지한 국왕의 신뢰는 서희협상의 든든한 배경으로 작용하였다.

넷째, 당시 동아시아 국제정세에 대한 정확한 판단을 통해 서희는 협상당사국 거란 상황에 대한 이해를 토대로 협상력의 확보가 가능했다고 본다. 당시 동아시아는 당나라 멸망 이후 혼란기를 거쳐 성장한 송과 거란의 두 강대국이 대치하는 가운데, 동편에는 고려와 정안국과 여진이, 그리고 서편에는 서하(西夏 : 티베트계의 당항국)가 위치해 있으면서 팽팽한 외교전과 국지전을 병행하고 있었다.

송나라 태종은 거란 성종(聖宗)이 12세 어린나이에 즉위한 것을 보고, 하북의 연운16주(지금의 북경지방에서 산서성 북부에 걸쳐있는 지역) 회복을 위해 군사를 일으켜 공세적으로 나왔으나, 거란 장군 야율휴가에게 패하였다(986). 이 싸움으로 송나라의 거란에 대한 공세정책은 회유정책으로 바뀌었지만, 993년 거란 대군의 고려 침략 시 송나라가 후방에서 공격했을 경우 거란은 큰 곤경에 처할 수도 있었다.

또한 거란은 국내적으로 어린 성종의 모후 승천황태후가 섭정을 하는 불안정한 정치 상황으로 정치세력상 농경파와 유목파가 분열돼 일사분란하게 전쟁을 수행할 수도 없는 처지였다.[99]

당시 거란으로서는 송나라와 전면전을 앞둔 상황에서 고려가 국경지대를 침탈하지 않고 귀부하기만 한다면 가급적 전쟁을 치르지 않고 강화를 맺으려는 의지가 강한 상황이었고, 바로 그 점을 서희가 간파한 것이다.

[그림 6-2] 10세기 동아시아 국제관계

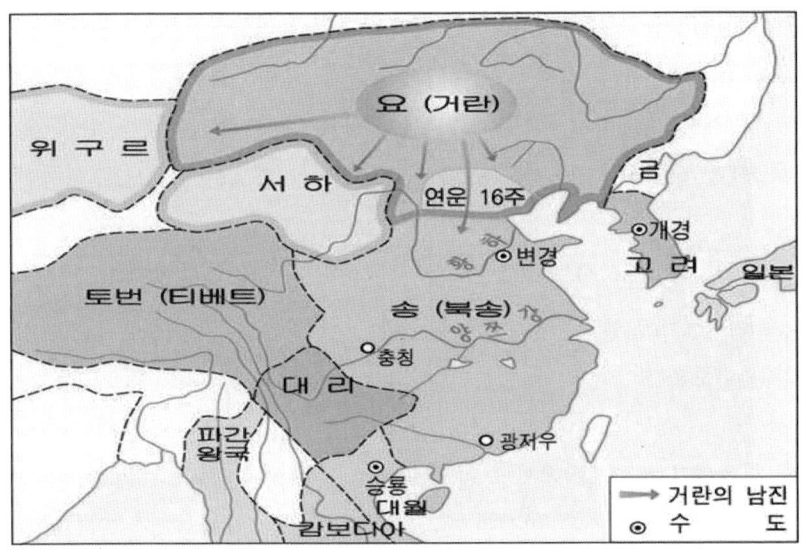

출처: 중앙일보, "유상운의 역사정치," 2018.9.16.

4) 서희-소손녕 협상전략의 평가

서희는 싸우지 않고 전쟁에서 국가를 지키기 위한 전략적인 선택으로써 협상을 활용하였다. 거란의 침략 초기, 진군을 하지 않고 항복만을 강요하는 것에 근거하여 협상의 가능성을 간파하였으며, 거란의 동태분석 및 국제정세 등에 기초한 전략적 사고를 통해 '선항전, 후협상론'을 주장하였다. 안융진 전투승리 이후 변화된 여건을 감안하여 적절한 협상 시점임을 인식하고 입장을 바꿔 협상대표를 자청하였다.

협상가로서의 서희의 탁월함은 거란의 속내(interest)를 인식했던 능력뿐만 아니라 협상할 때와 항전할 때를 구분할 수 있었던 전략적 사고에 있다. 협상은 2인 이상의 혼자서는 해결할 수 없는 상호의존적인 목적을 가진 행위자들의 작용이다. 또한 상호의존적인 목적을 가진 행위자들은 갈등적 이해관계와 협력적 이해관계를 모두 포함하는 상황에서 갈등적 이해관계를 축소하고, 협력적 이해관계를 증대시키는 과정이다.100) 이 과정에서 전략적 사고는 정세를 판단하는 가장 중요한 기준으로 작동한다.

서희는 봉산군 전투 이후의 상황에서 거란군이 교착게임(deadlock game)의 선호도를 가지고 있기 때문에 고려가 한번 양보하게 되면 끊임없이 양보를 할 수 밖에 없는 상황임을 인식하고 있었다. 이것이 그가 '선항전, 후협상'을 주장한 배경이 된다. 한편 안융진 전투로 인해 거란군의 선호도가 교착게임에서 수인의 딜레마 게임(prisoner's dilemma) 구조로 바뀌었다는 것을 인식함으로써 협상이 가능하다는 것을 인식하고 있었다. 거란은 안융진 전투의 패배로 추가적인 군사행동에 대한 의지가 꺾인 상태가 되었다. 수인의 딜레마 게임에서는 협상이 어렵지만 불가능한 상황은 아니므로 비로소 화의(和議)의 협상을 선택할 수 있게 된 것이다.101)

양자의 협상은 서희의 협상리더십과 원칙적 주장에 의해 수평적 관계에서 서로의 관심사를 주고받는 구조로 진행되었다. 본 협상은 경쟁적(배분적) 전략보다는 협력적(통합적) 전략을 구사한 것으로 평가된다. 협상전술로는 영토와 국교 문제에 대한 이슈를 분리한 다음 이를 전략적으로 양보하고 교환하는 전술을 통해 고려와 거란이 모두 만족할 수 있는 윈윈의 결과에 이르게 됐다. 상호 융화적인 관계에서 서로의 요구를 전략적으로 조정하면서 상호 만족에 이르는 윈윈(win-win) 결과를 지향하였다.102)

협상을 통해, 거란 입장에서는 후방의 불안을 해소하고 고려 입장에서는 영토를 확장하는 결과를 얻었다. 특히 당사자의 입장보다 내면에 깔려 있는 이해관계를 중시한 협상으로 평가된다. 거란의 입장은 항복요구였으나 서희는 그 이면의 관심사를 포착하려고 하였고, 관심사에 대한 해결책으로 창의적인 대안을 제시함에 따라 고려가 더 많은 이득을 확보할 수 있었다. 서희는 국제정세 정보에 근거한 협상상대자 파악을 통해 거란이 송과의 대치관계에서 후방의 안전을 확보하기 위해 고려의 복속에 근본적인 관심이 있음을 간파하였다.

서희는 영토의 귀속문제에 대하여 역사적 사실에 근거한 원칙협상전략을 주로 사용하면서 수평적 협상관계, 할지불가 등을 끝까지 고수하는 입장협상 전략을 보조전략으로 구사함으로써 소손녕이 자신의 입장을 수정하고 서희의 제안을 수락하게 하였다.

서희는 송과의 교통을 문제 삼은 거란에 대해 객관적 사실에 근거한 원칙전략으로 대응하였다. 거란과의 중간에 여진의 존재라는 현실적 장애를 지적하였고, 고구려의 옛 땅을 돌려주면 국교를 맺겠다는 교환조건을 세시하였을 뿐만 아니라, 협상대표의 재량권 한계를 감안하여 거란의 왕에게 재가를 받는 방법으로 협상을 주도적으로 진행함으로써 거란의 근본적 이해 달성을 도모해 주면서도 고려는 평화적 방법으로 압록강 유역의 강동6주를 획득할 수 있었다.103)

거란으로서는 협상을 통해 대규모 군대의 현지보급문제와 겨울철 장기 전쟁의 위기를 벗어났으며, 고려가 자연스럽게 송과의 외교관계를 단절하고 거란을 중심으로 형성되던 동아시아의 새로운 국제질서를 수용케

하는 외교적 성과를 얻었다. 이는 이후 거란 성종의 40만 대군 침입(2차, 1010년), 소배압 10만 군대의 패배(3차, 1018년-강감찬에 대패)와 비교해보면 소손녕으로서도 큰 성과를 얻은 협상이었음을 알 수 있다.[104)

서희의 원칙협상전략과 이슈분리전술, 협상리더십과 전략적 사고에 입각한 판단력 및 협상전개 등은 오늘날의 협상이론과 전략개념에 비추어 보아도 전혀 뒤지지 않을 정도로 논리적이고 분석적이며, 후세의 협상가들에게 많은 교훈을 주고 있다.

7. 중국 저우언라이 총리

1) 저우언라이의 생애

"나는 저우언라이보다 더 강렬한 인상을 준 사람을 만난 적이 없다"

1972년 비밀리 중국을 방문하여 저우언라이와의 협상을 통해 미중 데탕트(Détente, 긴장완화) 시대를 연 헨리 키신저(Henry A. Kissinger, 1923~) 전 백악관 국가안보담당 특별보좌관이 자신의 회고록에서 저우(周) 총리의 인품과 카리스마에 대해 회고한 말이다. 리처드 닉슨(Richard M. Nixon, 미국 37대 대통령) 역시 그의 유연한 정치적, 외교적 능력을 높이 평가했다. 저우언라이의 인품과 깨끗한 삶, 투철한 공인정신은 국공내전(國共內戰)당시 총부리를 겨눈 상대인 장제스(蔣介石)조차도 개인적 호감을 가진 것으로 알려졌다.

'중국의 영원한 총리'로 불리는 저우언라이(周恩來, Zhou Enlai, 1898~1976)는 중화인민공화국의 건국 이전에는 강인한 혁명가로, 건국 이후에는 외교와 행정을 이끈 탁월한 정치가로 활약하였다.

1976년 1월 8일, 저우언라이가 사망하자 그를 추모하는 중국 국민들의 자발적 움직임이 거세게 일어났고, 미국 뉴욕 소재 UN본부에도 전례없이 조기가 게양되었다. 이처럼 큰 추모의 물결은 마오쩌둥(毛澤東)이나 덩샤오핑(鄧小平) 사망 때도 찾아볼 수 없었다. 그가 중국인의 가슴속에 얼마나 크게 자리 잡았는지 그리고 국제사회에서 얼마나 중요한 인물이었는지 상징적으로 보여주는 것이었다.[105]

저우언라이는 1898년 3월 5일 청나라 장쑤성(江蘇省) 화이안(淮安)에서 청나라의 가난한 하급관료 출신 집안에서 출생하였다. 톈진 난카이 중학교를 거쳐 일본 호세이 대학 등에서 유학하였다. 중국 난카이 대학 재학 중 5.4 운동[106])에 참여하였고, 군벌과 제국주의에 대항하는 학생조직을 이끌었다. 이 조직에서 후에 부인이자 평생혁명동지인 덩잉차오(鄧穎超, 1904~1992)[107])를 만났다. 1920년 프랑스로 건너가 파리대학교에서 정치학을 공부하였다.

1922년 중국공산당 파리지부를 창설하고 귀국하여 1924년 황푸군관학교 정치부 주임이 되었다. 1927년 장제스가 일으킨 상하이 쿠데타에 맞서 리다자오와 천두슈, 주더, 마오쩌둥, 취추바이 등과 함께 당시 민중봉기를 조직하고 난창 봉기와 광저우 코뮌 등을 주동하였다. 1934년 중화소비에트공화국의 이전으로 대장정[108])에 참여하였고 1936년 시안사변 때는 중국공산당 대표로 국민당과 협상에 임해 제2차 국공합작[109])을 이끌어냈다.

이후 공산 정권이 수립된 1949년부터 1976년 1월 8일까지 중화인민공화국의 초대 국무원 총리를 지냈다. 1949년 10월 1일부터 1958년까지 중화인민공화국의 외교부장을 맡았으며 1954년 9월 27일부터는 마오쩌둥으로부터 중국공산당 인민정치협상회의의 주석직을 넘겨받아 1976년 1월 8일 사망할 때까지 재임했다.

마오쩌둥이 국내정치·군사를 주관한 반면, 그는 외교와 행정, 경제, 교육 등을 담당하였다. 중국의 무산계급 독재 혁명을 이끌었던 중국공산당의 혁명가 및 최고위 권력가로서 오랫동안 권부의 중심에서 마오쩌둥을 평생동안 보좌한 2인자였다.[110)

중국공산당의 창당 멤버인 저우언라이는 수많은 외교적, 정치적 업적을 남겼다. 중국공산당 활동 초기 코민테른이 지원하는 외인부대 세력과 마오쩌둥 사이의 갈등을 정리한 것이 그중 하나였다. 시안사변이 일어나는 등 혼란 상황에서 2차 국공합작을 성공시켜 항일 공동 전선을 구성하는 데 기여했다.

저우언라이는 총리 겸 외교부장으로서 제2차 세계대전 이후 국제적 냉전 상황에서 외교적 고립상태에 처해있던 중화인민공화국을 제3세계 비동맹 그룹 내 주요 국가로 자리매김하였고, 미중 관계개선, 중일국교정상화 등을 실현하였으며, 유엔 상임이사국으로 진출하는 기반을 구축하는 등 세계 주요 국가로 성장시키는 외교 성과를 이루었다. 외교 분야에서 저우언라이는 중국을 대표하는 존재였다.

저우가 이뤄낸 최대의 외교업적은 중국을 국제 사회의 강대국으로 발돋움할 수 있게 한 미중 데탕트였다. 그의 뛰어난 현실감각과 협상 능력, 미래 전망은 미국 지도자들도 감동케 했다.

이와 함께 인도, 인도네시아, 이집트 등이 참여한 반둥 회의에서 발표한 '평화공존 5원칙'도 그에 못지않게 큰 업적으로 꼽힌다. 중국은 이 반둥회의를 계기로 비동맹국을 비롯해 제3세계 국가들과의 관계를 원활히 유지하고 영향력을 행사함으로써 국제무대에서 고립을 탈피하고 외교의 지평을 넓혀갈 수 있었다.

건국 이후 정치적 유산 역시 지대했다. 저우언라이는 건국 직후 비공산당원 전문가들의 협조로 국정을 운영하는 '정치협상회의'의 운영을 책임지고 제1차 5개년 경제발전계획을 수립하는 등 중국의 정치·경제적 토대를 세우는 데 앞장섰다.

또한 마오쩌둥의 과격한 행보에 적절히 제동을 걸면서 마오쩌둥이 추진하는 정책들의 부작용을 줄이려 했다. 대약진 운동[111]의 경제적 피해와 문화 대혁명[112]의 정치적 격변으로 인해 중국 대륙이 큰 혼란에 빠졌을 때, 나라를 안정시키고 부작용을 최소화한 데에 저우언라이가 있었다.[113]

2) 시안사변: 국공합작 항일전선 구축 협상

1936년 12월 12일 발생한 시안사변(西安事變)은 청나라 멸망 후 혼돈기에 집권을 위해 서로 싸우던 중국공산당과 국민당이 내전을 중지하고 항일전쟁을 공동 수행하게 된 결정적인 계기가 된 사건이다.114)

(1) 사변 발생

시안사변은 공산당을 소탕하라고 닦달하는 국민당 총사령관 장제스(蔣介石, 1887~1975)115)를 그의 부하들이 무력으로 구금한 데서 비롯되었다. 장제스 휘하의 동북군 사령관 장쉐량(張學良)과 서북군 사령관 양후청(楊虎城)이 병력을 동원해서 새벽잠을 자고 있는 총사령관을 기습했다. 장쉐량과 양후청은 장제스의 구금사실을 알리는 전문을 중앙정부와 각 군, 인민들에게 보내고, 내전을 즉각 정지하고 구국항일(救國抗日) 정책 실시를 촉구하는 등의 결의사항을 밝혔다.

당시 장쉐량은 공산당을 소탕하는 국민당 초비사령부 부사령관 겸 대리 총사령관이었다. 총사령관 장제스가 가장 신임하고 의지하는 젊은 장군이었다. 유명한 동북군벌 장쭤린의 아들이자 동북지역을 상속받은 2세 군벌로서, 1935년 일본이 동북지역을 실질적으로 지배하기 전까지 장쉐량의 세력은 막강했지만, 일본군이 주도한 열차 폭발사고로 아버지를 잃고 밀려나 장제스의 품으로 갔다.

장쉐량은 일본에 대한 원한이 사무쳐 있었지만, 그 당시 장제스는 자신들이 당면한 가장 큰 위협은 일본군이 아니라 공산군이라고 생각하여, 장쉐량에게 일본군의 무력행동에 대응하는 대신 공산당 소탕을 과업으로 지시하였다. 동북지방이 고향인 동북군의 병사들은 '우리가 왜 같은 중국인과 싸워야 하느냐'며 전쟁에 대한 회의에 빠져 들었다.

그 무렵 저우언라이는 공산당 중앙에서 국민당 동북군에 대한 정치공작의 총책임을 맡았다. 1935년 12월, 저우는 동북군과 항일협정을 맺어 팽팽하던 대치상황을 풀며 상호불가침조약을 맺었다. 전투에서 포로로 잡힌 동북군 장병을 홍군 훈련에 참가시켜 같은 동맹군으로 간주하며 우대했다.

이런 상황에서 장쉐량은 고민이 커져갔다. 마음에는 '정지내전 공동항일(停止內戰 共同抗日)'이 자리잡고 있었으나, 그가 집행할 과제는 '바깥의 적을 물리치기 위해서는 먼저 나라 안을 안정시켜야 한다(攘外必先安內)'였다. 국민당의 구호는 민심을 호소하는 울림에서 공산당에 미치지 못했다.

공산당 구호는 간단명료했다. '중국인은 중국인을 치지 않는다(中國人不打中國人)'였으며, 국민당을 향해서는 '중국인이 중국인을 치면서 일본인은 치지 않는다(中國人打中國人不打日本人)'라며 공격했다. 그리고 '내전을 종식하고 함께 항일투쟁을 하자(停止內戰 共同抗日)'는 민족적 명분을 강조했다.

(2) 저우언라이-장쉐량 사전 비밀회담

저우언라이와 장쉐량 간 1936년 4월의 극적인 만남은 향후 중국의 운명을 가른 시안사변으로 직결된다. 1936년 4월 9일, 저우언라이와 장쉐량은 국민당이 통치하던 옌안의 푸스 마을 천주교 교회당에서 역사적인 비밀회담을 열고, 항일전쟁과 장제스의 처리에 관해 협의하였다. 두 사람은 내전을 중단하고 항일연합전선을 꾸리는 데에 전적으로 동의하였으며, 장쉐량은 장제스를 설득하기로 하였다.

저우언라이와 장쉐량, 두 사람은 이날의 비밀회담에 모두 만족하였지만, 장제스가 장쉐량의 설득과 간청을 받아들여 내전을 중단하고 공산당과 합작하여 함께 항일전쟁을 할 수 있을지, 당시로서는 누구도 장담할 수 없는 가장 절실하면서도 아주 예민한 문제였다.

(3) 시안 측과 장제스 측의 협상

저우언라이와의 비밀회담 후 불과 여덟 달이 조금 지나 장쉐량은 장제스를 구금하고 바로 중국공산당에 연락을 취했으며, 중국공산당의 회신은 저우언라이의 '시안행'이었다. 직접 장쉐량을 만나 앞으로의 대계를 협의하겠다는 입장이었다.

거사 이후 장쉐량은 장제스를 설득하는데 애를 먹고 있었다. 장쉐량은 일단 장제스가 자기 제안을 받아들이기만 하면 국민당 정부가 있는 난징(南京)으로 그를 돌려보낼 생각이었다. 그는 장제스를 배신하지 않고서도 항일전쟁을 공산당과 함께 수행할 수 있는 방법으로 장제스의 구금을 택했던 것이다.

저우언라이는 12월 17일 장쉐량이 보낸 전용기편으로 옌안에서 시안으로 갔다. 시안 비행장에 내린 저우는 곧바로 장쉐량의 공관으로 갔다. 그들은 8개월만에 다시 만났으며, 이번에는 비밀회담이 아니었다.

장쉐량을 만난 저우언라이의 생각은 명확했다. 평화적 해결 방안 말고는 시안사변을 풀어나갈 다른 방도가 없다고 확신했다. 장제스는 실질적으로 중국의 대부분 지역을 통치하고 있었다. 그를 압박해 항일에 나서도록 하고 그를 전국의 항일 지도자로 내세우면 항일전쟁도 전면적으로 유리해질 수 있지만 장제스를 처단해버린다면 내전은 더욱 확대될 것이며, 이것은 도리어 일본을 유리하게 하는 것으로 판단하였다. 기습이 성공해 장제스의 구금이 가능했지만 그의 세력은 그대로 남아 있었다. 장제스에 대한 문제는 여러모로 신중하고 현실적이어야 한다는 것이 저우언라이의 일관된 관점이었다. 그런 처지에서 그는 장쉐량을 지지했다.

중국공산당도 갑자기 일어난 이 사태를 두고 당황할 수밖에 없었다. 장제스 처리를 두고 여러 의견들이 분분했다. 당초 공산당의 방침은 '장제스를 반대하고 항일투쟁을 한다'는 것이었다. 그 방침대로라면 이번 시안사변은 장제스를 제거할 수 있는 좋은 기회였다. 그러나 저우언라이가 시안에 와서 실타래를 하나둘씩 풀어가면서 중국공산당의 입장은 명확해졌다. 저우언라이로부터 시안의 상황을 보고받은 공산당 중앙은 이튿날 공개적으로 시안사변의 평화적 해결을 지지하고 호소한다는 당의 입장을 밝혔다.

저우언라이와 장쉐량은 국민당 실세의 한 사람으로 장제스의 처남이기도 한 쑹즈원(宋子文)이 난징에서 오는 것을 전제로 시안사변의 평화적 해결을 위한 다음 5개 조항에 합의를 보았다.116)

1. 내전을 정지하고 중앙군을 모두 동관 밖으로 내보낸다.
2. 전국에 명령을 내려 장제스를 지지하여 항전한다.
3. 쑹즈원이 책임지고 난징 과도정부를 세우고 친일파를 숙청한다.
4. 항일군을 설립한다.
5. 정치범을 석방하고 민주주의를 실현하며, 대중을 부상하고, 구국회의를 소집하는데, 시안에서 먼저 준비회의를 연다.

12월 20일, 난징에서 쑹즈원이 시안으로 왔다. 쑹즈원은 난징정부에서 친영미파(親英美派)로 통했다. 허잉친 등 친일 세력과의 갈등이 심했다. 그가 급히 날아온 것은 장제스를 직접 만나고 사태의 진상을 제대로 파악하기 위해서였다.

쑹즈원은 장제스에게 아내 쑹메이링(宋美齡)의 편지를 전했다. 편지는

"쑹즈원이 사흘 안에 난징으로 돌아오지 않는다면 나는 시안으로 가서 당신과 생사를 같이 하겠다"고 쓰여 있었다. 편지를 본 장제스가 눈물을 흘렸다.

쑹즈원은 저우언라이가 시안에 와 있는 걸 알고 크게 놀라고 낙담했다. 사태 해결이 아주 어려울 것으로 걱정했다. 그는 국민당내 친일세력에게 빌미를 줄까 염려되어 수행원 궈정카이에게 저우언라이를 만나도록 했다.

저우언라이는 궈정카이에게 사정을 설명했다. "이번 사변에 공산당은 참여하지 않았다. 그러나 이번 사태의 평화적인 해결을 위하여 쑹즈원이 장제스를 잘 설득해서 기존 정책을 바꾸고 국가를 위해 이바지하기를 바란다. 장제스 선생이 항일에 동의하기만 한다면 공산당은 전력을 다해 장 선생을 도울 것이다. 국민정부 옹호를 전국에 호소할 것이며 아울러 항일통일전선을 결성할 것이다." 쑹즈원은 비로소 안심했다. 그는 이튿날 난징으로 가 22일 장제스의 아내 쑹메이링과 함께 다시 시안으로 왔다. 아내와 처남을 만난 자리에서 장제스는 자신의 뜻을 밝혔다.

장제스는 정부를 개조하고 석 달 뒤 구국회의를 소집하며 국민당을 개혁하고 연소연공(聯蘇聯共, 소련과 공산당과 연합한다)에 동의하겠다고 말했다. 그리고 자신은 담판에 직접 나서지 않으며, 담판에서 타결된 사항은 자신이 영수(領袖)의 인격을 걸고 담보하지만 그 어떤 서면 서명은 하지 않는다고 전제했다.

시안 측은 이 조건을 받아들이고 12월 23일 오전 장쉐량의 공관에서 본격적인 협상에 들어갔다. 장제스 측은 쑹즈원, 시안 측은 장쉐량, 양후청, 저우언라이였다. 협상이 시작되자 저우언라이가 홍군과 공산당이 제시하는 여섯 개의 주장을 밝혔다.[117]

1. 내전을 정지하고 군대를 동관 밖으로 철수한다.
2. 난징정부를 개조하고 친일파를 내몰고 항일 인사를 받아들인다.
3. 정치범을 석방하고 민주 권리를 보장한다.
4. 공산당 토벌을 중지하고 홍군과 연합하여 항일하며, 공산당 활동을 합법화한다. (홍군의 독립적인 조직 영도를 유지하고, 민주국회 소집 전에 소비에트를 그대로 두며 명칭은 항일 또는 구국으로 할 수 있다.)
5. 각 당과 각 파, 그리고 각계 각 군이 참여하는 구국회의를 소집한다.
6. 항일을 지지하는 국가들과 연합한다.

저우언라이의 주장은 21일 중국공산당 중앙이 저우에게 보낸 협상사항이었다. 이것은 또 코민테른118)과도 합의를 거친 것이었다. 중국공산당은 저우언라이의 현지 판단을 근거로 정책을 세우고 사태에 대비하고 있었다.

쑹즈원은 개인적으로 동의하지만 장제스에게 보고를 해야 한다고 말했다. 오후 회의에서는 과도 정부 조직 문제, 군대 철수 문제, 애국인사 석방 문제, 장제스 석방 문제 등이 거론되었다.

저우언라이는 쑹메이링과도 이야기를 나누었다. "중국공산당이 이미 성의를 보였으니 응당 정부의 영도 밑에 함께 노력하기 바란다"는 쑹메이링의 말에 저우언라이도 "장 선생이 항일에만 동의해 주신다면 공산당은 장 선생을 전 국민의 영수로 모실 것이며, 장 선생 말고는 아직까지 다른 마땅한 지도자가 없다"고 대답했다.

24일 오전에도 협상은 계속되었다. 쑹메이링은 내전 종식에 찬성하면서 다음과 같이 말했다. "우리는 모두 황제의 자손들이다. 응당 서로 죽이거나 싸우지 말아야 한다. 내정 문제는 모두 정치적으로 해결해야 하며 함부로 무력을 사용해서는 안 된다." 이 자리에서는 쑹즈원, 쑹메이링 남매가 확인하고 양측이 명확하게 합의한 사항들이 있었다.119)

중국공산당은 다음과 같은 당시 합의 내용을 오랫동안 공개하지 않고 있다가 반세기가 지난 뒤 『저우언라이 선집』을 편집하면서 비로소 공개했다. 1981년 12월, 베이징인민출판사가 펴낸 『저우언라이 선집』의 '쑹즈원, 쑹메이링과의 담판 결과(1936년 12월 25일)'는 열 가지 합의사항을 구체적으로 밝히고 있다.

1. 쿵샹시와 쑹즈원이 행정원을 조직하되 쑹즈원은 어김없이 인민의 의사에 맞는 정부를 조직하고 친일파 숙청을 전적으로 책임진다.
2. 군대의 철수와 후쭝난 부대 등 중앙군이 서북을 떠나는 것에 대해서는 쑹즈원과 쑹메이링이 전적으로 책임을 진다. 장딩원은 이미 장제스의 친필명령을 가지고 가서 전투를 정지시키며 군대를 철수시키고 있다.(지금 전선에서는 이미 철수했음)
3. 장(장제스)은 돌아간 다음 애국지도자들을 석방할 것을 승낙했는데 우리가 먼저 이를 발표해도 좋다고 했다. 쑹즈원이 책임지고 석방하기로 했다.
4. 지금은 소비에트와 홍군을 그대로 둔다. 쑹즈원과 쑹메이링은 장제스가 공산당 토벌을 확실하게 중지할 것을 담보했으며 또 장쉐량을 통해 물자를 공급할 수 있다고 했다.(쑹즈원은 책임을 지고 저우언라이와 장쉐량이 의논하여 결정하는대로 공급하기로 했다) 3개월 뒤 항전이 시작하면 홍군을 번호를 바꾸며 통일적인 지휘 아래 연합 행동을 하기로 했다.
5. 쑹즈원은 국민대표대회를 먼저 열지 않고, 국민당대회를 열어 정권을 개방한 뒤 각 당, 각 파의 구국회의를 소집하기로 했다. 장제스는 3개월 뒤에 국민당을 개편하겠다고 밝혔다.
6. 쑹즈원은 몇 차례에 걸쳐 모든 정치범을 석방하되 석방하는 방법을 쑨 부인과 상의하겠다고 밝혔다.
7. 항전이 시작되면 공산당을 합법화한다.
8. 외교정책 면에서 소련과 연합하고 영국, 미국, 프랑스와 연계한다.
9. 장제스는 돌아가 스스로 책임지는 성명을 발표하고 행정원장에서 물러난다.
10. 쑹즈원은 항일과 친일파 숙청에 우리의 도움을 요청했으며 우리의 특파원을 상하이에 보내 그와 비밀리에 교섭할 것을 바란다고 했다.

그날 저녁 저우언라이는 장제스를 그의 거처에서 만났다. 쑹 남매가 자리를 같이했다. 장제스는 신변의 자유를 회복하기 위해서는 일정한 의사표시가 있어야 한다는 것을 알고는 있었지만 스스로 자기 입으로 말하기를 꺼려했다.

저우언라이와 인사를 나눈 후, 장제스는 직접 세 가지 이행사항, '첫째, 공산당 토벌을 중지하고 홍군과 연합하여 항일할 것이며 중국을 통일하여 자신의 지휘를 받게 할 것, 둘째, 쑹즈원, 쑹메이링, 장쉐량이 장제스의 전권대표가 되어 저우언라이와 함께 모든 사안(앞에서 제기된 문제들)을 해결하도록 할 것, 셋째, 자신이 난징에 돌아간 뒤 저우언라이가 난징에 와서 자신과 담판할 수 있게 한다'를 밝혔다.120)

1936년 12월 25일 장제스는 합의내용에 대한 문건 형식의 의사표시 없이 영수로서 책임진다는 구두 다짐만을 남기고 쑹즈원, 장쉐량 등과 비밀리에 시안을 떠나 난징으로 돌아갔다.

난징으로 돌아간 장쉐량은 그날로부터 자유를 잃었다. 열사흘 장제스 연금의 대가는 자신의 평생 연금이었다. 12월31일 고등군사법정은 장쉐량에게 10년 징역형을 내렸다. 며칠 뒤 장제스는 특별사면령을 내렸지만 군사위원회에 신변을 넘겨 엄격하게 단속하도록 지시했다.

장쉐량이 난징에서 구금되었다는 소식을 들은 후 혼란에 빠진 동북군은 국민당군에 대한 주전파와 주화파로 나뉘어 팽팽히 맞섰다. 당시 시안에서 저우언라이는 홀로 각계 인사들과 광범위하게 접촉하면서 단결과 평화적인 해결을 촉구하는데 활동의 중점을 두었다. 격앙된 국민당 동북군이 소장파를 달래고, 동북군 지도부에게는 내부 단결과 부하 설득 노력을 강조하였다. 저우언라이는 슬기롭게 동북군 내부분란을 조용히 극복함으로써 장제스 감금이라는 극단의 사태를 평화적으로 해결하고, 장제스를 중심으로 국민당과 공산당이 연합하여 항일전선을 형성되는 과정에서 중심역할을 하였다.

(4) 협상 결과

저우언라이의 담판은 성공했고 공산당은 기사회생했다. 홍군에 대한 국민당군의 공격은 사라지게 되었고 공산당은 합법화되었다. 협상의 전 과정을 복기하고 사변 전후 상황을 살펴보면, "저우언라이 동지가 시안에 없었다면 시안사변을 평화적으로 해결하고자 한 마오 주석과 당 중앙의 방침이 관철되기가 아주 어려웠을 것이며, (그렇게 됐다면) 내전이 다시 발생했을 것이며, 시안사변의 평화적 해결을 위한 초기단계의 승리는 공고해지기 어려웠을 것"이라는 중국의 한 기록121)은 지나치지 않은 합당한 평가로 보아도 무방할 것 같다.122)

마오쩌둥이 "이 사건의 평화적 해결은 시국전환의 분기점으로서 이로 인해 국공합작의 서막이 올랐다"고 평가한 것도 이러한 배경을 두고 한 말이었다.

중국공산당과 홍군의 입장에서 보면, 시안사변 협상의 성공은 9년간 지하당의 입장에서 전개해온 소비에트(Soviet) 운동을 끝내고 다시금 중국의 정치무대로 나와 특수한 처지의 야당으로서 국민당과 대일 국공합작을 이루게 된 결정적 계기가 됐다.

마오쩌둥은 훗날 미국 여기자 스메들리(Agnes Smedley)와 대담하면서 "사변 당시 만약 장제스를 석방하지 않았다면 중국은 일본에게 침략할 좋은 기회를 주어 중국이 망하게 됐거나 혹은 최소한 엄청난 손해를 입게 됐을 것"이라고 언급하였다.123)

3) 미·중 관계 개선

(1) 협상의 배경

1946년의 국공내전 재개와 1950년의 6.25 전쟁을 치르면서 미·중 관계는 냉랭해졌다. 그러나 1969년 리처드 닉슨(Richard M. Nixon)이 미국 대통령에 당선된 후 미중관계를 호의적으로 전환할 가능성을 내비쳤다.

미국은 1960년대 말 베트남 전쟁으로 인해 국내외적인 비난과 한계에 봉착했고, 계속된 무역적자로 경제적인 어려움을 겪고 있었다. 베트남 전쟁에서 명예롭게 퇴장하고 냉전체제에서 주도권을 잃지 않기 위해서라도 중국에 대해 평화 전략을 실시하는 것은 미국에게는 필수적인 일이었다.

한편 중소분쟁으로 인해 중국 역시 대외노선의 변화 필요성을 느끼고 있었다. 중국은 50년대 말 중·소 결렬과 1969년 중소국경분쟁으로 소련과의 관계가 악화되면서 고립주의를 타파하고 미국과의 관계개선을 소련의 견제장치로 활용하고자 했다.[124]

(2) 관계개선 시도와 핑퐁외교

미수교국 상황에서 미국 대통령 최초로 닉슨의 중국 방문 길을 연 것은 헨리 키신저였다. 1969년 리처드 닉슨이 미합중국 제37대 대통령으로 취임한 이후, 헨리 키신저가 국가안보담당특별보좌관에 임명되었다. 원래 닉슨은 50년대에 마오쩌둥에 대한 비난을 쏟아낸 강경한 반중인사였으나 차차 중국과의 우호 관계를 조성해야 한다고 입장을 선회하게 되었다.

1969년 2월 1일, 닉슨은 키신저를 호출하여 백악관의 대통령 집무실에서 중국과의 화해 가능성을 탐색하라고 지시했다. 이에 키신저는 샤를 드 골 프랑스 대통령, 니콜라에 차우셰스쿠 루마니아 대통령, 모하메드 야햐 칸 파키스탄 대통령 등을 통해 중국에 화해 의사를 타진하였다. 이어 1969년 닉슨 독트린[125])이 발표되었다.

<표 7-1> 중국과 미국의 협상일지

1969년	8월	닉슨 미국 대통령, 루마니아 방문. 루마니아 차우세스쿠 국가평의회 의장에게 미중 간 중재 역할 부탁
	9월	닉슨, 바르샤바 채널 재개 위해 중국 접촉 지시
	12월 11일	바르샤바에서 레이양 중국 임시대사와 스토셀 미국 대사 회담. 바르샤바 채널 재개
1970년	4월	캄보디아 친미 정권 수립에 미국이 개입하자 바르샤바 채널 중단 (가을에 미군이 캄보디아에서 철수하면서 대화 재개)
	10월	마오쩌둥, 미국 저널리스트 에드거 스노 부부 중국 초청
		닉슨, 야히아 칸 파키스탄 대통령에게 중국과의 관계 정상화 의사 전달 요청
1971년	3월	닉슨 행정부, 미국인의 중국 여행 금지 해제
	3월 28일	제31회 세계탁구선수권대회(~4월7일, 일본 나고야)
	4월 10일	미국 탁구 선수단 중국 방문(핑퐁외교)
	4월 14일	미국, 중국에 대한 무역 제재 완화
	4월 27일	중국, 미국 고위급 인사의 베이징 방문을 환영한다는 의사 전달
	5월 10일	미국, 닉슨 대통령의 중국 방문 의사를 중국 측에 전달
	7월 9일	헨리 키신저 미국 국가안보 보좌관, 비밀리에 중국 베이징 방문
	7월 15일	닉슨, 중국 방문 계획 공식 발표
	10월	중국, UN 가입. 황화 중국 UN 대사와 키신저 간 뉴욕 미중 직접 채널 가동
1972년	2월 21~28일	닉슨, 중국 방문해 마오쩌둥과 정상회담. '상하이 코뮤니케' 발표
	6월	워터게이트 사건으로 닉슨 사임
1979년	1월	미국과 중국 정식 수교

출처 : 김연철(2016), 『협상의 전략』 p.554

한편 중국은 중국-소련 국경분쟁이 벌어지는 등 소련과 급격한 관계악화를 겪고 있었다. 소련의 위협에 대응하는 전략으로 중국은 당내 통찰력 있는 원로급들로 구성된 '국제문제연구소조' 활동을 통해 미국을 활용해서 소련의 패권주의에 대처하는 '반소 연미 전략'을 수립하였다[126].

이러한 상황에서 미국의 계속되는 호의적인 제스처에 중국 역시 우호적인 반응을 보였고 1970년 1월 20일 폴란드의 중국 대사관에서 중국과 미국 외교관들이 바르샤바 회담을 개최하여 언론인, 과학자, 학생들을 교환하자고 합의하였다. 2월 20일에 2차 바르샤바 회담이 개최되었을 때 중국 측에서는 회담 장소를 베이징으로 옮기고 고위 관리가 인솔하는 미국 대표단을 환영할 용의가 있다는 의사를 타진하였다. 5월 30일로 예정된 3차 바르샤바 회담은 중국 측에서 미국의 캄보디아 폭격을 구실로 일방적으로 취소하였으나 대미 강경파인 린뱌오가 실각하고 저우언라이가 득세함에 따라 문호 개방의 길이 열리게 되었다.

1971년 2월 닉슨 대통령은 의회에 보낸 외교교서를 통해 중공을 중화인민공화국이라는 정식국호로 부르면서 중국과 대화 및 관계 개선을 희망한다고 말했다.

1971년 3월 28일부터 4월 7일까지 일본 나고야에서 제31회 세계 탁구선수권 대회가 열렸다. 일본은 당시 세계 최강이었던 중국을 초청하였고, 중국은 일부 관료들의 반대에도 불구하고 대회에 참가하였다. 대회가 끝날 무렵 중국선수단은 미국 선수단과 상호 교류를 제안하였고, 미국이 이에 동의하며 1971년 4월 10일 미국 선수단 15명과 기자 4명이 베이징을 공식 방문하였다. 베이징에 도착한 미국 탁구 대표단은 우호적인 분위기 속에서 탁구 경기를 가졌고, 이는 미국과 중국 관계에 대한 양국의 분위기를 크게 호전시켰다. 두 나라는 상호 교환 방문 경기를 가졌는데, 이른바 '핑퐁 외교'였다.[127]

(3) 저우언라이-키신저 비밀회담

1971년 7월 중국을 비밀리에 방문한 키신저는 1971년 7월 9일부터

7월 11일까지 중화인민공화국 국무원 총리 저우언라이와 비밀회담을 개최하였다.

키신저는 닉슨의 중국 방문 시기와 회담 내용을 분명히 하는 것이 회담 목적이며, 대만 문제에 대해 대만 주둔군을 축소시킬 용의가 있고 중국이 유엔 의석을 회복하는 것을 지지하지만 대만을 유엔에서 축출하는 것에는 반대한다고 밝혔다.

저우는 미국과의 관계개선에 불만을 지닌 중국 내 문화혁명 급진세력의 영향에서 벗어났음을 알리며, 닉슨의 국내입지 강화를 돕기 위해 닉슨 방중 전 미국의 다른 정치인은 물론이고 서방 지도자 누구도 베이징에 들이지 않겠다고 화답했다.

양측은 닉슨의 방중 의제 논의와 관련하여 대만문제와 베트남전쟁에 관한 논란을 아래와 같이 정리하였다.[128]

1. 대만은 중국 영토의 일부인만큼 그 장래가 중국인 사이에 해결되어야 한다.
2. 베트남 전쟁도 휴전을 통하여 결국 베트남인끼리 정치적 해결이 불가피하다.
3. 모든 아시아의 분쟁은 평화적인 해결이 당면 원칙이다.

또한 앞으로 연락은 3국을 통하지 않고 프랑스 파리와 캐나다 오타와에 주재한 대사관을 통해 직접 연락하기로 정했으며 7월 15일 오후 10시에 워싱턴과 베이징에서 동시에 성명서를 발표하기로 하였다.

닉슨 대통령은 7월 15일 NBC방송을 통해 중대발표를 하였다.[129]

"나는 오늘밤 영원한 세계평화를 위한 우리의 노력에 큰 진전이 있었음을 알려드립니다. 지난 수년 동안 내가 누차 지적했듯이 7억 5천만 인구를 가진 중화인민공화국의 참여 없이 안정된 세계 평화는 있을 수 없습니다. 이것이 내가 여러 통로를 통해 미국-중국의 관계 정상화를 추구해 온 이유입니다.······베이징과 미국에서 동시에 발표하기로 된 성명 전문을 발표하겠습니다.

"<헨리 키신저 보좌관과 저우언라이 총리는 베이징에서 1971년 7월 9일부터 7월 11일까지 회담했다. 중화인민공화국을 방문하고자 하는 닉슨 대통령의 뜻에 따라 저우언라이 총리는 중국을 대신해서 1972년 5월 이전 적당한 시기를 택해서 닉슨 미국 대통령의 중국 방문을 초청했다. 닉슨 대통령은 이 초청을 기쁘게 수락했다. 미중 지도자들의 회담은 양국 간의 당면 관심사에 관해 의견을 교환하고 양국의 관계 정상화를 모색하기 위한 것이다>"

이어 로저스 국무장관이 재미 외교 사절단을 모아서 키신저와 저우언라이의 합의를 알렸다. 전 세계가 놀랐으며 미국 내 일부 우익 강경파의 비난, 사전통보도 없이 결정을 듣게 된 중화민국(타이완)는 충격과 분노를 표했다. 중국과 대립하던 소련 역시 분노했고, 일본도 충격을 받았다.

8월 2일 로저스 국무장관이 중국의 유엔 가입 지지와 더불어 대만 축출에 대한 반대 의사를 밝혔다. 10월 20일, 키신저가 다시 중국을 방문하여 제2차 키신저-저우언라이 회담을 개최했다. 이번에는 공식 방문이었다. 10월 25일, 유엔은 중국의 가입을 의결했고 대만은 탈퇴를 선언했다.

(4) 닉슨의 방중

1972년 2월 21일, 닉슨을 비롯하여 키신저 국무장관 등 14명의 방중 일행을 태운 대통령 전용기가 베이징 공항에 도착하였다. 공항에는 저우언라이 총리의 환영인사와 의장대의 간단한 의전행사만 있었다. 베이징 댜오위타이(釣魚臺) 영빈관을 향해 차량행렬이 지나갈 때도 천안문 광장과 베이징거리는 텅 비어 있었다.

이날 오후 닉슨은 중난하이로 마오쩌둥을 만나러 갔다. 약간 초췌한 모습의 마오는 닉슨을 반갑게 맞았다. "반동집단이 미국과의 공식 접촉을 강력히 반대했다"며 환영에 신중했던 점을 설명한 마오는 "미 대선기간

내내 당신이 투표에서 이기리라고 확신하고 있었다"며 덕담을 건넸다. 닉슨은 "한 국가를 움직였고 세계를 변화시켰다"고 마오를 추켜세웠다.130)

미·중 협상가들은 긴 시간의 비밀회의를 통해 타이완의 지위 등 중요한 외교적 사안을 다듬었다. 그 결과 2월 28일 미·중은 법적 구속력은 없이 정치적 공동선언에 해당하는 <상하이 코뮤니케>를 통해 영토의 상호존중, 주권의 상호존중, 상호불가침, 내정불간섭, 평등호혜의 평화공존 5원칙을 천명하고, 합의된 내용과 타이완 문제 등 이견이 존재하는 각국의 입장을 기술하였다. 양국은 관계 정상화 합의의 상징으로 팬더 한쌍과 사향소를 교환했다.

(5) 협상의 결과와 평가

양국은 데탕트 협상을 통해, 상당기간 미수교 및 적대적 냉전상태에 상태에서 벗어나 관계 개선의 실마리를 마련했다. 협상은 양국 모두에게 윈윈(Win-Win)의 성과를 안겨주었다. 미국은 중국과 손을 잡고 소련을 견제할 수 있게 되었고, 중국은 오랫동안 지속되어 왔던 국제적 고립상태를 벗어나게 되었다. 중국은 1971년 UN총회에서 중국 대표권을 중화인민공화국에게 부여하는 UN총회 결의안이 통과되어 상임이사국이 될 수 있었다.

미중 간의 일련의 외교적 행위들 중에 주목할 부분은 '핑퐁외교'로 대표되는 민간교류가 수면 위에서 이루어지고, 병행하여 수면 아래에서는 '키신저-저우언라이 비밀회담' 등의 비밀협상이 진행돼 갔다는 점이다.

비밀협상은 신뢰가 없는 관계에서 사전에 미리 협상의 성과를 조율하기 위해 필요한 과정이다. 하지만 그보다 중요한 것은 당사자들 간의 관계

개선 의지이다. 키신저의 중국 비밀방문도 갑자기 이루어지지 않았다. 미국과 중국은 서로 관계를 개선해야 할 이유가 있었다. 그러나 오랜 세월 적대관계로 인해 불신이 깊었고 마땅한 대화 채널도 존재하지 않았다. 먼저, 대화 채널을 찾아 상대 의사를 확인한 뒤 만남을 만들어가는 과정은 결코 쉽지 않았다. 고비를 넘고 진통을 조율해 불신을 극복하는 과정을 거친 다음에야 닉슨과 마오는 중국에서 만날 수 있었다.131)

채널은 대화의 형식이다. 중요한 것은 형식이 아니라 대화의 내용이고, 특히 관계개선의 의사를 담은 확실한 신호를 상대에게 전달하는 것이 필요하다.132) 미중 간에 신뢰와 불신이 각축을 벌이던 과도기적 상황에서 강한 대화 의지의 신호를 서로 적절하게 주고받은 점이 관계개선의 주요 성공요인으로 볼 수 있다.

닉슨은 중국과의 외교정책 전환의지를 갖고 여러 채널을 통해 중국 측에 의사전달을 하였고, 중국은 상황악화에도 불구하고 과거의 익숙한 대립상태로 회귀하지 않고, 간첩혐의 미국인 석방, 건국기념일 미국기자 초청 등 관계개선을 향한 긍정적 신호를 계속 수면 위에서 미국에 보냈다.

그런 와중에 1971년 4월 일본 나고야에서 열린 세계탁구선수권대회 기간 중에 벌어진 미-중 탁구선수단 간의 우연한 미담이 중국정부의 미국 탁구선수단 정식초청으로 이어졌다. 양국 정부의 인정 하에 이루어진 일주일간의 중국방문기와 중국의 대미정책에 관한 기사가 TIME지에 특집으로 실린 후 미국인들에게 중국은 더 이상 '죽의 장막'에 가려진 '빨갱이' 나라가 아니게 되었고, 중국UN가입을 지지하는 여론이 반대를 앞질렀다. 우연한 스포츠 교류의 에피소드 덕분에 마침내 미중 관계가 극적인 전환점을 맞게 된 것이지만, 중요한 것은 관계개선을 희망하는 신호를 중국이 계속 수면 위에서 미국 측에 보냈다는 사실이다.

4) 협상학의 관점에서 바라본 저우언라이

(1) 협상가로서의 자질

프랑스 루이14세 시대의 유명한 협상가 켈리에(Francois De Callieres)는 외교무대에서 "한 나라를 대표하는 협상가의 말과 행동은 그 나라를 평가하는 중요한 기준"이 되며, "협상가는 공익이라는 무대에서 활동하는 배우와 같다"고 하였다. 아울러 그는 협상가가 지녀야 할 능력과 자질에 대해 14가지 덕목을 아래와 같이 제시하였다.

<표 7-2> 협상가가 지녀야 할 능력과 자질

① 위기와 돌발변수에도 당황하지 않는 '용기'	② 자신을 낮출 줄 아는 '겸손함'
③ 상대를 속이지 않는 '정직함'	④ 어떤 유혹에도 흔들리지 않는 '단호함'
⑤ 원하는 것을 얻을 때까지 기다리는 '인내심'	⑥ 다양한 상황에 유연하게 대처하는 '융통성'
⑦ 부족한 자질을 보충하려는 '열정'	⑧ 말을 하기보다 잘 듣는 '경청'
⑨ 수준 높고 품위 있는 '칭찬 기술'	⑩ 협상능력 못지 않게 중요한 '관찰능력'
⑪ 어떤 편견도 갖지 않는 '열린 마음'	⑫ 사람과 사물을 '비교, 분석하는 능력'
⑬ 자기생각을 다른나라 말로 표현하는 '외국어능력'	⑭ 국민의 삶을 유익하게 하는 '책임감'과 '사명감'

출처 : 프랑수아 드 켈리에(2020), pp. 41-67

저우언라이의 삶과 협상과정에서 보인 언행 및 협상상대자의 증언 등을 살펴보면 그가 매우 뛰어난 역량과 우수한 자질을 지닌 협상가임을 알 수 있다. 저우언라이와 협상상대자로 직접 대면 또는 통역자 위치에서 협상과정을 지켜본 자들은 다음과 같이 그에 대해 회고하였다.[133]

"저우언라이 동지는 식견과 언행이 비범한 분이었습니다. 처음 만나는 자리였지만 우리는 마치 오랫동안 알고 지내던 친구처럼 가깝게 되었습니다. 회담에서는 우리는 내전을 종식시키고 함께 항일투쟁을 벌여야 한다는 데에 서로 공감했습니다." (장쉐량)

"저우 총리는 뛰어난 지혜를 가지고 있는 사람으로 매우 매력적인 인물이며 인류를 매우 잘 이해하는 사람이었다. 철학에 능통하고 역사를 통찰하고 분석하는 능력이 뛰어나며, 남다른 지략과 재치있는 언변을 가지고 있고, 풍류를 아는 걸출한 위인이었다……그는 매우 담백하고 성실하게 중국의 고위 지도자는 어떻게 생각하고 있는가를 나에게 설명하였다. 저우언라이는 중국이 만약 어떤 사람, 어떤 국가와 어떤 협의를 달성하고자 한다면 반드시 상호간에 이해하고 성실해야 하고 진실되게 서로를 대해야 한다고 생각했다. 그래서 그는 우리와 교류하는 과정 중에 자신의 태도를 숨긴 적이 없었다. 만약 나에게 문제가 있으면 나는 그를 찾았는데, 그는 가능한 한 해결해 주었다. 그는 나의 관점에 완전히 동의하지는 않더라도 항상 진지하게 나의 의견을 경청했고 나의 생각을 경청했다. 미중수교에 있어서도 그는 우리의 존중을 얻어냈으며, 그는 회고할 만한 가치가 있는 사람이었다." (헨리 키신저 미국 국무장관)

"나는 몇몇의 소련대표들과 자주 저우언라이와의 회담에 통역으로 참가했는데, 우리 국가의 지도자는 저우언라이를 매우 존경했고 그와 재미있게 담화를 진행했고, 내용이 풍부한 담판과 회담을 진행하였다." (로가체프 주중국 러시아대사)

"중국과의 국교 정상화 회담과정의 둘째 날 환영연회에서 뜻밖의 일이 발생했는데, 연회 도중 다나카 수상 고향의 민요와 오히라 외무상 고향의 민요가 공연되었다. 이 때문에 우리의 마음도 온화해지고 좋아졌다. 이국에서 특히 이런 상황에서 자기 고향의 민요를 듣게 될 줄은 정말 생각지 못했기 때문에 더욱 친밀감을 느꼈던 것 같았다.....나는 줄곧 저우 총리의 안광이 매우 예리하다는 것을 알고는 그가 아주 머리회전이 빠르고 매력적인 정치가라고 생각했다." (니카이도 스스무 일본 관방장관)

"저우 총리의 외교 스타일 중 매우 중요한 한 가지는 "이치로써 설복시킨다"는 것이었다. 원칙을 견지하면서도, 이견은 미뤄 두고 의견을 같이하는 부분부터 협력한다는 방침을 통해 인식의 일치를 쌓아가고 이견을 배제해 나가는 것이었다. 저우 총리는 이 방면에서 매우 뛰어났다." (린리윈 중국국제문화교류센터 부이사장)

저우언라이는 융통성 있고 기민하면서도 예리함과 온화함을 함께 가지고 있었다. 그는 언제나 실리를 중시하고 솔직하게 마음을 터놓고 외국 인사들을 대했기 때문에, 그를 처음 만나는 사람들도 마치 오랜 친구인 것처럼 그에게 친근감을 느꼈다. 많은 외국 인사들이 저우언라이의 풍부한 학식과 순발력에 감탄하고, 그의 숭고한 인격과 인간적인 모습에 매료되었다고 말했으며, 설령 적대국가의 인사라 하더라도 그의 인격과 학식에 대해서는 인정하지 않을 수 없었다.[134)]

우리나라의 진보 정치인 노회찬은 저우언라이에 대해 '근면하고 성실하고 검소했으며 일에는 철두철미해서 정반대의 이해관계를 가진 키신저로부터도 높은 평가를 받은 매력적인 인물'로 평가하였다. 『신중국사(China A New History)』를 쓴 미국의 역사학자 페어뱅크(J.K.Fairbank)는 저우를 뛰어난 분별력 등 위대한 능력을 지닌 매력적인 인물로 묘사하였다.[135)]

그의 품격과 깨끗한 삶, 투철한 공인정신을 알 수 있는 일화가 있다. 저우언라이 총리 집무실 입구에 한 장의 대자보가 붙은 적이 있었다. 1967년 2월 3일, 당원만 약300만명이 숙청된 것으로 알려진 문화대혁명의 광풍이 불고 있을 때였다. 쇠약해진 심신으로 매일같이 해가 떠오르는 새벽까지 일을 하던 저우의 건강을 염려한 사람들이, 건강을 돌보지 않는 그의 행동을 강력히 '비판'하는 대자보였다고 한다.

저우는 항상 마오의 뒤에 있던 제2인자였다. 그렇지만 최고 권력자보다 더 유명하고 더욱 존경을 받았다. 저우는 일생동안 '6무(六無)', 즉 여섯가지를 하지 않은 인물로 유명하다.

사불유회(死不留灰), 죽어 뼛가루도 남기지 않았다.
생이무후(生而无后), 생전에 후손도 두지 않았다.
관이무형(官而无型), 관직에 있으면서 스스로 드러내려 하지 않았다.

당이무사(黨而無私), 당사업을 하면서 사조직을 꾸리지 않았다
로이불원(勞而不怨), 고생을 하면서도 결코 원망하지 않았다.
사불유언(死不留言), 유언을 남기지 않아 정치풍파를 막았다.

투철한 공인 정신과 청렴하고 온화한 성품의 저우는 '나라를 위해 온 힘을 바쳐 죽을 때까지 그치지 않는다(鞠窮盡瘁 死而後己)'는 좌우명과 '인민을 위해 봉사하라'는 신조를 초지일관 지키고자 노력했으며, 실사구시의 헌신적 자세와 탁월한 조정력을 통해 지배가 아닌 설득의 리더십으로 중국의 내실을 다지는데 앞장선 인물이었다.

(2) 철저한 협상 준비

키신저와의 회담 장면을 담은 사진 중에는 만찬장에서 저우언라이가 키신저를 위해 직접 젓가락으로 오리구이 전병을 싸주는 장면이 있다. 젓가락 사용이 서툰 서양손님을 섬세하게 챙기는 보기 좋은 모습이다. 또한 저우는 손님 맞이 전 미리 자신이 먼저 간단하게 배를 채우곤 했다고 한다. 본인이 허기져 식사에 집중하느라 정작 손님 접대를 소홀히 할까 싶은 우려가 있어 사전에 취하는 조치였다.

저우언라이는 회담의제와 협상전략의 사전준비뿐만 아니라 협상장에서 마주할 상대에 대한 각종 개인적 정보와 기호를 입수하여 이를 바탕으로 철저한 준비와 배려를 함으로써 상대를 감동시키곤 했다. 닉슨의 방중, 다나카 일본 수상의 방중 시 만찬장에서 방문국 정상과 주요 수행자의 고향 민요를 연주한다거나 어록, 저서의 내용을 인용함으로써 상대방에게 자신이 존중받고 있다는 느낌을 주었다. 이로 인한 감동이 공식 협상장의 분위기를 어떻게 흘러가게 했을지는 불문가지일 것이다.

또한 중일국교정상화 회담에 앞서 다나카 일본수상의 저서를 저우 본

인이 읽었을 뿐만 아니라 통역자에게 다나카의 저서를 읽고 그의 세계관까지 이해된 상태에서 통역하도록 지시를 받았다는 증언이 있으며, 아침형 인간인 다나카 수상의 생체리듬에 맞도록 저우언라이 자신이 두 달 전부터 일정을 조정했다고도 한다.

한편, 협상사안에 대해 그는 치밀한 사전검토 후 최고권력자 마오쩌둥과 당 공식 최고의사결정기구인 정치국 보고를 통해 협상 조건을 미리 승인받곤 했다. 이를 통해 외국과의 협상이라는 중요사안의 집행에 관한 절차적 타당성을 득하고, 협상장에서의 즉흥적 의사결정 위험성을 예방하며, 본인이 협상과정에서 행사하거나 조율할 수 있는 융통성의 범위를 확보하고, 사전승인된 허용범위를 넘어선 상대요구에 대해서는 강한 거부와 버티기 등 협상력을 견지하는 효과가 있었을 것으로 판단된다.

(3) 저우언라이의 외교사상과 협상철학

저우언라이의 외교사상과 협상철학을 잘 드러낸 사례는 1955년 4월 18일 인도네시아의 반둥에서 아시아와 아프리카의 29개국 대표단이 모여 개최한 '반둥회의'[136)]이다. 반둥회의는 서양 강대국의 참가 없이 아시아-아프리카 국가들이 스스로 개최한 국제회의였다. 이 회의에서 그의 주요 외교사상이며 협상철학인 <평화공존 5원칙(平和共處五項原則)>과 '구동존이(求同存異)' 개념이 제시되었다.[137)]

2차대전이 끝난 당시 세계질서는 자본주의와 공산주의 이념 대립으로 소위 냉전(Cold War) 체제가 형성되었다. 1950년대 당시 중국의 어려운 외교적 입지를 극복하는 과정 속에서, 비자본주의 체제에 속한 아시아/아프리카 국가들과의 국제협력과 동질적인 연대가 필요했던 상황이 저우언라이로 하여금 <평화공존 5원칙>과 '구동존이' 논리를 모색하게 만들었다. 저우언라이는 <평화공존 5원칙>을 새 중국의 대외관계와 국제 질서 형성의 규칙으로 삼았다.

> 영토를 상호존중하고, 주권을 상호존중하며, 타국을 침범하지 않고, 내정을 불간섭하며, 상호 평등호혜하는 것이 평화공존의 원칙이다.

'구동존이(求同存異)' 논리는 <평화공존 5원칙>의 이론적 배경이 되는 논리이며, 저우언라이의 협상철학이자 협상전략으로도 볼 수 있다.

구동존이는 '求大同存小異'의 준말로서, "공통점을 구하고 차이점은 놔둔다", "큰 틀에서 상대방도 나와 같은 생각이니 지엽적인 문제는 뒤로 하고 공통점을 찾아 먼저 진행하자"는 의미로 해석할 수 있다. 영어권에서는 "Let's agree to disagree"란 말을 사용하는데, 이는 "서로의 견해 차이를 인정하고 다투지 않기로 하다"는 뜻이다.[138]

정연한 논리와 충분한 호소력, 설득력으로 인해 반둥회의에 참석한 각국 대표들은 저우언라이의 연설에 하나둘 공감하기 시작했다. 요컨대 식민주의 경험과 신식민주의의 위협을 뚫고 정치적/경제적 독립을 완성해야 한다는 공동의 목표를 위해(구동) 공산주의와 자본주의라는 사회체제적 양식에 구애받지 말고 상호 인정하여(존이) 성심껏 협력하자는 '구동존이'의 전략에 따라 중국 대표단은 해당 회의에서 많은 우방들을 사귀게 되었다. 물론 반둥 아시아-아프리카 회의는 <평화공존 5원칙> 전체 내용을 포함한 <평화공존 10원칙>[139]을 통과시키며 성공적인 성과를 이루게 되었다.

구동존이 협상전략으로 중국은 외교적 고립을 타파하는 한편 세계질서에 있어서는 체제를 초월한 평화공존 체제를 유도하는 데 역할을 했다. 1970년대에 '구동존이' 원칙은 중국의 대 서양국가들과의 관계를 완화시키고, UN에서의 모든 합법적 권력을 회복시켰으며, 개혁개방과 경제도약에 유리한 외부환경을 조성시켰다. 1990년대 이후 덩샤오핑이 '구동존이' 원칙을 가일층 발전시키면서 한 나라에서의 두 체제를 운영하는(一國兩制) 모델을 제창, 홍콩과 마카오를 복귀시키는데 성공하였다. '구동존이'는 현재 중국 외교의 핵심전략으로까지 이어지고 있는, 저우언라이의 외교품격이 집중적으로 구현된 이념이자 협상철학으로 평가받고 있다.140)

'구동존이'는 필연적으로 다른 입장에서 마주할 수밖에 없는 협상장에서 상호합의를 용이하게 촉진시킬 수 있는 협상철학으로 볼 수 있다. '구동존이'에 동의하는 협상자는 당연히 경쟁적 협상 태도보다는 합의지향형 태도를 보이게 될 것이고, 이로 인해 공동의 이익을 키우고자 노력하는 통합적 협상의 순기능을 기대할 수 있을 것이다.

반면, 구동존이의 역기능으로 생각해 볼 수 있는 것은 중요한 협상 쟁점임에도 불구하고 '작은 차이'라 규정돼 타협이 유보된 쟁점이 있을 경우, 협상당사자 쌍방을 지속적으로 곤란에 처하게 만들 수 있다고 본다. 예를 들어 50년전 현란한 언어사용의 협상기술로 체결된 <상하이 코뮤니케>의 '하나의 중국' 원칙에 대한 인정 논란이 요즘 미-중 간 신냉전을 야기하는 주요이슈가 되고 있는 현실을 짚어 볼 필요가 있다.

(4) 통합적 협상전략의 사용

시안사변 협상, 반둥회의, 미중 데탕트, 중일국교정상화 회담 등 저우언라이가 주도적으로 참여한 협상사례를 살펴보면, 저우언라이는 기본적으로 협상상대자와의 상호 Win-Win의 결과를 기대하는 통합적(협력적) 협상전략을 사용하였음을 알 수 있다.

통합적 협상에 임하는 협상자는 협상자 간에 협조하면 협상의 이익이 되는 몫을 키울 수 있다는 인식으로 공통의 이익을 증대하기 위해 노력한다. 그 결과 '공통가치 창출' 협상이 가능해진다. 통합적 협상에서 사용하는 전략은 서로간의 이익을 극대화하기 위하여 도덕적이며 합리적이고 상호 협력적인 전략과 전술을 사용한다.141)

저우는 시안사변 협상에서 부하에 의해 구금된 장제스의 즉각 처단 보다는 그의 직위존속을 통해 국민당과 공산당이 단결하여 항일전선을 구축하고 국민당 정부를 개혁하는 평화적 해결방침을 제안하였다. 항일구국의 숭고한 가치를 명분으로 자연스럽게 공산당의 안전 확보와 합법화를 협상성과로 성취한 것이다. 양국의 정치적 필요성에 기반한 미중 데탕트 역시 전형적인 통합적 협상의 산물이다. 상호신뢰에 기반한 정보공유와 공통가치 창출, 설득과 이해 등이 주가 되는 통합적 협상과정에서 저우의 협상가 자질과 역량이 제대로 빛을 발할 수 있었다.

(5) 협상기법과 평판

협상은 다양한 환경과 상황에서 발생하는 당사자간의 지속적인 정보교환과 의사소통 과정이다. 당사자들은 협상을 어떻게 이해하고 바라보느냐에 따라 다양한 행동과 모습이 나타난다. 협상을 승패 게임으로만 바라보아 강압적이고 권위적인 태도로 협박하는 사람도 있고, 협상을 양보로 인식하여 유연하고 부드럽게 대하면서 조금은 손해를 보아도 좋다는 식으로 협상에 임하는 사람도 있다.142)

협상기술적 측면에서 손자병법을 근간으로 협상기법을 연구해온 협상전문가 리우삐롱(劉必榮)의 분석143)에 의하면, 저우언라이는 키신저와의 회담에서 '상대방이 싸우지 않고 물러서도록 하는 방법'144)을 사용하였다.

　협상과정에서 필요한 것은 상대방의 자료, 즉 과거에 고수해왔던 입장의 기록과 정도, 그리고 현재 지니고 있는 세력 등이다. 사람들은 종종 '상대방(사실)'과 협상하지 않고, '우리가 보고 있는 상대방의 이미지'와 협상한다. 그래서 우리는 반드시 이미지를 먼저 구축하고, 상대방에게 비쳐지도록 해야 위협이 가해지는 상황에서도 상대를 물러서게 할 수 있다. 이러한 이미지를 만드는 데 가장 중요한 것이 바로 '과거의 기록', 즉 협상가로서의 평판이다. 상대방은 협상당사자의 과거 기록과 이미지에 근거해 협상의 방향을 결정하게 된다. 협상가로서의 평판이 협상력으로 작용하는 경우로 볼 수 있다.

　저우언라이는 협상할 때 한 번만 최선의 양보를 하고 그 이후부터의 협상에서는 한 치의 양보도 없었다고 한다. 이것은 서양의 점차적인 양보와는 완전히 다른 방법이다. 사실 협상 전문가들은 저우언라이의 이러한 협상 방법이 일반적인 경험과는 완전히 다르다는 것을 발견하게 된다. 통상적으로 한꺼번에 많은 양보를 하게 되면, 상대방은 계속 양보를 요구한다. 양보할 것이 없다면 최후에 협상이 결렬될 것이다.

　협상스킬에 관한 일반적 견해와 다르게 저우언라이-키신저의 협상이 성공을 거둔 요인으로는 다음 두 가지를 들 수 있다.

　첫째, 저우언라이는 협상 과정에서 선택적으로 비장의 카드를 공표하여, 중국 측 내부회의를 통해 내린 결정과 최후의 양보선을 미국에게 알림으로써 더욱 자신을 보호하였다.

　둘째, 그는 딱 한 발자국만 양보한다는 이미지를 심어주었다. 미국이 알아본 결과 저우언라이는 한 발자국만 양보하는 사람으로, 더 이상 양보하는 법이 없었다. 이러한 이미지를 심어준 뒤 상대의 기대를 조종하게 되면, 상대는 그가 한발 양보했다고 해서 또다시 협상할 여지가 있다고 오해하지 않는다.

물론 저우언라이의 협상기술을 배울 때는 '예외가 있을 수 없다'는 조건이 필요하다. 일단 예외가 생기게 되면, 상대방에게 양보의 여지가 있음을 암시하게 되므로 싸우지 않고 적을 굴복시킬 수 없음을 주의해야 할 것이다.145)

역사 속 협상 사례를 분석하다보면, 기록물을 통해 당시의 협상 상황을 재구성하고, 협상과정 속의 인간 행태와 의식 흐름, 다이내믹한 의사소통 과정과 결과를 목격하는 즐거움을 얻을 수 있다.

저우언라이는 중국 현대사와 세계 외교사에 큰 족적을 남긴 역사적 인물이다. 그의 이념과 역사적 평가에 관해서는 논란이 있을 수 있겠으나, 청나라 멸망으로부터 이어진 중국의 굴곡진 환경 속에서 새로운 역사를 만들어 나간 한 인물의 삶의 기록을 볼 수 있다. 그의 행적에는 당시 치열했던 수많은 정치적, 군사적, 외교적 투쟁과 담판의 순간들을 생생하게 접할 수 있어 흥미롭다.

그중 협상분석의 대상으로 살펴본 시안사변 협상, 미중 데탕뜨 협상, 반둥회의, 중일국교정상화 회담 등은 당시의 시대로 거슬러 올라가고 싶을 만큼 흥미진진한 역사 체험이 되었다. 특히 시안사변에서 보인 저우언라이의 활약은 협상학을 공부하는 이에게는 협상의 묘미와 효용성을 제대로 느끼게 해 주는 사례이다. 저우언라이는 당시 자신의 냉철한 현실인식에 근거하여 중국공산당 지도부의 대응방침을 전격적으로 변화시키고 장쉐량, 양후청, 쑹즈윈, 쑹메이링, 장제스 등과 협상하고 중재하는 과정에서 마치 사건의 주인공과 같이 활약하였다.

저우언라이는 역사 속의 뛰어난 협상가였으며, 그의 활약으로 인해 중국과 세계 현대사의 궤도가 크게 방향을 틀게 되었다.

<표 7-3> 저우언라이(周恩來) 연보

연도	주요 연보
1898	3월5일, 장쭈성 화이안부 산양현(지금의 화이안 시)에서 출생, 원적은 저장성 샤오싱현(지금의 샤오싱 시)
1910	봄, 큰아버지를 따라 화이안을 떠난 후 펑톈성 인저우(지금의 랴오닝 티에링 시) 은강서원과 펑톈(지금의 선양 시) 등관모범학교에서 공부함
1913	봄, 톈진으로 이주. 8월, 톈진 난카이 중학교에 입학
1917	6월, 톈진 난카이 중학 졸업. 9월, 일본으로 유학을 떠남
1919	4월, 일본에서 귀국, 톈진애국학생운동에 참여해 주도적인 역할. 「각오사(覺悟社)」설립에 발기인으로 참여
1920	1월, 톈진학생운동 주도. 11월, 근로장학생으로 프랑스 유학길에 오름
1921	봄, 중국 공산당의 8개 발기조직 중 하나인 파리공산주의소조에 가입
1922	재유럽 중국소년공산당 조직에 참여
1923	2월, 중국공산주의청년당 재유럽지부 서기로 선출
1924	9월, 귀국 후 광저우에서 중국 공산당 광시-광둥구 위원회 위원장 및 황푸군관학교 정치부 주임으로 임명
1925	1월, 상하이에서 개최된 중국 공산당 제4차 전국대표회의에 출석. 2월과 10월, 동정에 참여. 8월 덩잉차오와 결혼
1927	3월, 상하이 노동자 제3차 무장폭동 지휘, 장제스의 반공산당 쿠데타 후 장제스 타도에 주력. 7월, 중국 공산당 임시중앙상무위원으로 선출. 8월, 난창봉기 지휘
1928	여름, 모스크바에서 열린 공산당 제6차 전국대표회의에 참석, 공산당 중앙위원 겸 정치국 상무위원으로 선출, 상무위원회 비서장 겸 중앙조직부 부장으로 임명. 11월, 상하이로 돌아가 중앙 업무 담당
1930	9월, 취치우바이 등과 함께 리리싼의 좌경모험주의를 비판, 중국 공산당 제6기 중앙위원회 제3차 전체회의 주재
1931	12월, 장시 성 중앙 공산당 통치구역으로 이동, 공산당 통치구역 중앙국 서기로 임명
1932	10월, 홍1군 총정위에 임명
1933	봄, 주더 등과 홍군을 지휘해 국민당 군대의 제4차 '초토화' 공격에 대항. 5월, 중국 공농홍군 총정위에 임명
1934	12월, 중앙홍군장정 지휘
1935	1월, 꾸이저우 쭌이에서 개최된 중앙정치국 확대회의에 참석, 마오쩌둥의 의견을 지지, 마오쩌둥 등과 홍1군을 이끌고 이동. 10월 산베이에 도착
1936	12월, 장쉐량, 양후청이 '시안사변'을 일으키자, 공산당 대표로서 시안에 가서 장제스에게 내전 중단과 공동 항일을 요구함
1937	7월, <중국 공산당 중앙의 국공합작선언>의 초안 작성, 12월, 우한에 도착, 공산당 중앙장강국 부서기로 임명

연도	주요 연보
1938	국민정부 군사위원회정치부 부부장으로 임명
1939	1월, 공산당 중앙남방국 서기로 임명. 8월, 병 치료 차 소련에 갔다가 이듬해 3월에 옌안으로 돌아옴
1941	1월 신화일보에 '완난사변'에 대한 글을 싣고 국민당을 강하게 비난함
1943	7월, 옌안으로 돌아가 정풍에 참여하고 공산당 제7차 전국대표회의를 준비함
1944	5월, 공산당 제6기 중앙위원회 제7차 전체회의. 11월, 충칭에서 국민당과 협상
1945	4월~6월, 공산당 제7차 전국대표회의에 참석, 중앙위원 겸 정치국 위원, 서기처 시기로 선출됨. 8월, 마오쩌둥 등과 충칭으로 가서 국민당과 협상. 10월, 공산당을 대표해 왕뤄페이와 <회의기요>에 서명
1946	1월, 마셜, 장췬과 휴전협정 체결. 공산당 대표단을 이끌고 충칭에서 열리는 국민당 정치협상회의에 참석. 5월, 공산당 대표단과 함께 난징으로 이동. 11월, 공산당 대표단과 함께 옌안으로 복귀
1947	3월 마오쩌둥, 렌비스 등과 옌안에서 철수. 산베이로 이동. 8월, 중국군사위원회 부주석 겸 중앙군사위원회 총참모장 대리로 임명
1948	4월, 공산당 중앙기관 허베이 시보포로 이동. 9월부터 마오쩌둥에 협조해 랴오선, 화이하이, 핑진 전투 수행
1949	3월, 마오쩌둥 등과 함께 공산당 중앙기관을 이끌고 베이핑(지금의 베이징)으로 이동. 4월 공산당대표다늘 이끌고 국민당정부대표단과 베이핑에서 협상. 6월, 신정치협상회의 준비공작 지휘. 9월, 중국인민정치협상회의 제1기 전체회의에 참석, '공동강령'에 관한 문제 보고, 중국인민정치협상회의 전국위원회 위원 겸 중앙인민정부위원으로 선출. 10월1일, 건국행사 주최, 정무원 총리 겸 외교부장으로 임명, 그 후 전국정치협상회의 부주석 겸 중국인민혁명군사위원회 부주석 등으로 임명
1950	1~2월, 모스크바에서 마오쩌둥과 함께 소련 지도자와 협상, <중·소 우호동맹호조조약>에 서명. 10월, 마오쩌둥을 도와 한국전쟁 수행
1951	천원 등과 제1차 5개년 계획 수립
1953	1월, 중화인민공화국 헌법 및 선거법 초안 작성에 참여
1954	4월, 중국대표단을 이끌고 제네바회의에 참석. 6월, 인도, 미얀마 방문, 인도, 미얀마 총리외 평화공존 5개 원식 제창. 9월, 제1기 전국인민대표대회 상무위원회 제1차 회의에 참석. 12월, 정치협상회의 제2기 전국위원회 주석으로 선출
1955	4월, 중국대표단을 이끌고 반둥회의에 참석
1956	1월, 공산당 중앙이 개최한 지식인공작회의에서 <지식인에 관한 문제>라는 보고 발표, 지식인도 노동자계급의 일부임을 천명. 9월, 공산당 제8차 전국대표회의에 참석, 제2차 5개년 계획에 대한 건의 발표, 중앙위원회, 정치국 상무위원 겸 부주석으로 선출. 12월~이듬해 2월, 아시아, '유럽 11개국 순방

연도	주요 연보
1957	8월, 민족공작좌담회에서 당의 민족정책을 제시
1958	1월, 난닝회의 참석. 3월, 청두회의 참석, 산샤댐 지역 시찰. 5월, 공산당 제8차 전국대표회의 제2차 회의 참석. 8월, 베이따이허에서 열린 중앙정치국 확대회의에 참석
1959	4월, 제2기 전국인민대표회의 상무위원회 제1차 회의에서 <정부공작보고> 발표, 국무원총리로 재선출. 7~8월, 루산회의, 공산당 중앙정치국 확대회의 및 공산당 제8기 중앙위원회 제8차 전체회의 참석
1960	4~5월, 아시아 6개국 순방. 8월, 국민경제조정 방침 발표
1961	4~5월, 허베이 성에서 농촌조사 연구 실시
1962	1~2월, 베이징에서 열린 중앙공작회의에 참석, 실사구시 사상 강조. 3월, 광저우에서 전국과학공작회의 및 희극창작좌담회에서 보고, 지식인들의 경제발전 참여를 촉구. 3월, 제2기 전국인민대표회의 상무위원회 제3차 회의에서 지식인도 노동자계급에 속한다는 입장 재확인. 9월, 베이징에서 열린 공산당 제10기 중앙위원회 제10차 전체회의에 참석. 11월, 첨단과학기술 발전을 주도하기 위한 중앙전문위원회 업무 지휘
1963	1월, 상하이과학공작회의에서 현대화된 강국을 건설하기 위한 관건은 과학 현대화임을 강조. 12월부터 이듬해 2월까지 아시아, 아프리카, 유럽 14개국 순방, 중국과 중동국가의 관계에 관한 5개 원칙 및 중국의 대외경제기술원조 8개 원칙 제의
1964	10월, 최초의 원자탄 실험 성공, 핵무기 문제에 관한 중국 정부의 약속 및 건의 선포. 12월부터 이듬해 1월, 제3기 전국인민대표대회 상무위원회 제1차 회의에 참석, <정부공작보고>에서 4개 현대화 목표 제시, 국무원 총리로 재선출
1965	3월~7월, 중국당정대표단을 인솔해 유럽, 아시아, 아프리카 8개국 순방
1966	봄, 북방 8성, 시, 구의 농업소조 조장으로 임명. 3~4월, 허베이 싱타이 지진현장 시찰. 8월, 공산당 제8기 중앙위원회 제11차 전체회의에 참석한 후 중앙의 일상 업무로 복귀. 9월, 홍위병에 대한 당의 정책 발표
1967	1월, 중난하이 밖으로 이주하기를 거부하고, 당과 국가 지도자에 대한 비난에 저항. 2월, 당의 지도자와 당정 간부를 보호하고, 군대의 안정을 유지할 것을 주장. 8월, 외교부의 정권 장악을 저지하고, 왕리, 관펑, 웨이본위를 처리함
1968	10월, 공산당 제8기 중앙위원회 제12차 전체회의 참석
1969	4월, 공산당 제9차 전국대표회의 참석, 중앙위원 및 정치국위원, 상무위원으로 선출. 9월, 베이징에서 코시긴 소련부장회의 주석과 회담
1970	공산당 제9기 중앙위원회 제2차 전체회의 참석
1971	4월, 중국을 방문한 미국 탁구대표단 접견. 7월,10월, 닉슨 미국 대통령의 특사 키신저 접견. 9월, 린뱌오 세력의 음모를 무력화 시킴
1972	1월, 천이 추모식에서 추모사 발표. 2월, 닉슨 미국대통령과 회담을 열고 <상하이공동성명>발표. 5월, 방광암 진단. 5월,6월, 중앙 비림비공운동 보고회 주재. 8월, 극좌사상에 대한 반대의견 발표. 9월, 일본 다나카 일본 총리와 회담, 공동성명 발표

연도	주요 연보
1973	3월, 중앙정치국회의 주재, 덩샤오핑의 국무원 부총리 직무회복을 결의함. 8월, 공산당 제10차 전국대표회의 참석, 정치보고 발표. 중앙위원, 중앙정치국 상무위원 겸 부주석으로 선출
1974	6월, 중난하이를 떠나 입원. 10월, 제4기 전국인민대표대회 준비 기간에 4인방과 권력투쟁을 벌이는 덩샤오핑 지원. 12월, 병마와 싸우면서도 창사로 가서 마오쩌둥과 제4기 전국인민대표대회의 인사문제를 논의
1975	1월, 제4기 전국인민대표대회 상무위원회 제1차 회의에 참석, 정부공작보고를 통해 <4개 현대화> 목표 재천명, 제4기 전국인민대표대회에서 저우언라이, 덩샤오핑이 주도하는 국무원 지도급 선출. 5월, 마오쩌둥의 지지를 받아 정치국회의에서의 덩샤오핑의 4인방 비판을 지지. 6월, 허룽 유골안장식에 참석, 추모사 낭독. 겨울, 예젠잉 등에게 권력을 4인방에게 빼앗기지 말 것을 당부
1976	1월8일, 베이징에서 사망

출처 : 이재방·장덕환(2005), pp.314-320.

8. 일본 모리타 아키오 회장

1) 성장배경

1921년 1월 26일 모리타 아키오(盛田昭夫, Morita Akio, 이하 '모리타'라 함)는 14대 째 사케 양조장을 운영해온 명문가의 장남으로 태어났다. 집안은 아주 부유하였고, 아버지는 전통 유교 문화를 답습한 사람이라 예의 바르고 근면했으며 엄한 사람이었다. 모리타는 초등학교 3학년부터 아버지로부터 400여 년간 이어져 내려온 양조장 사업을 물려받아야 한다는 말을 듣고 자랐다. 일본에서는 장남이 가업을 잇는 풍토가 정착되어 있었다. 그는 어려서부터 아버지의 사업을 도왔으며, 심지어 직원회의에도 참석하여 운영진들의 말을 들었다고 한다.146)

부유한 가정형편으로 모리타는 어려서부터 최신 서양문물을 접할 수 있었다. 집에는 자동차는 물론이고, 축음기를 비롯한 각종 첨단 제품들이 들어차 있었다. 그는 집안일에서 해방될 때마다 수시로 전축을 비롯한 전자제품을 분해했다가 다시 조립하곤 했다. 서양에서 새로운 제품이 나오기만 하면 아버지가 그 누구보다 빨리 구해줬다.

모리타는 학교에서 수학과 물리학을 특히 좋아했다. 아버지는 경제학을 전공하길 원했지만 그는 오사카 제국대학 물리학과에 진학했다. 모리타는 오사카대 이학부에서 물리학을 전공했으며 그의 전공은 경영 철학 형성에 큰 영향을 미쳤다. 그는 물리학을 '많은 자연 현상에서 근본적인 공통점, 즉 기본 원칙을 발견하는 학문'으로 이해했다. 경영에서도 기본 원칙을 분명히 인식하는 게 중요하다고 여긴 모리타는 어떤 경우에든 항상 기본 원칙을 지키려 애썼다. 이러한 기본 원칙은 향후 비즈니스협상을 하면서도 중요한 원칙으로 자리 잡게 되었다.[147]

2) 사업의 시작

모리타는 1944년 대학 졸업 후 해군에 입대했다. 일본이 미국을 비롯한 서방 국가들과 치열하게 태평양전쟁을 치렀던 시기였다. 그는 해군과학연구소에 배치되어 열추적장치와 야시경 개발에 참여하다가 평생 사업을 같이 하게 될 이부카 마사루(井深大, 이하 '이부카'라 함)를 만나게 되었다. 모리타는 자신보다 나이가 무려 13살이나 많은 이부카를 형처럼 따랐다. 전쟁이 끝난 후 집으로 돌아온 모리타는 아버지로부터 다시 경제학을 공부하여 과업을 물려받으라는 압박을 받았다.

마침 그에겐 동경 공과대학 교수 자리가 기다리고 있었다. 그는 동경으로 이사 가기 위해 짐을 꾸리다가 우연히 아사히 신문을 펼쳐들었다. 군에서 같이 무기를 개발하던 이부카 마사루가 쓴 '파란 연필'이라는 제목의 컬럼이 눈에 띈 것이었다. 그는 이미 어엿한 연구소를 설립하여 운영 중이었다. 모리타는 이부카를 찾아갔고, 두 사람은 그 자리에서 같이 사업체를 설립하여 운영할 것을 합의했다. 패전으로 잿더미가 된 일본을 재건하기 위해선 보다 건설적이고, 세계 변화에 적응할 수 있는 사업이 필요하다는 생각에서 새로운 사업체를 설립하려는 것이었다.

도쿄 긴자의 뒷골목에서 1946년 5월 7일, 두 사람은 동경통신공업사를 창립했다. 초기자본은 19만엔이었고, 직원은 20명이었다. 25살의 모리타는 마케팅, 재정, 인사관리 등을 맡기로 했고, 38살의 이부카는 상품개발과 연구에 집중하기로 했다.[148] 어느 날, 이부카는 민간정보교육국을 방문했다가 처음으로 독일산 테이프레코더를 보고, 자신들이 만들어야 할 제품이 바로 그것이라고 생각했다. 이렇듯 모리타 아키오는 안정적인 가업(家業)을 이어 받기보다는 전쟁으로 잿더미가 된 일본을 재건하는데 일조하고자 기업을 설립했다. 모리타는 이러한 목표의식을 가지고 사업을 하는 과정에서 국제화에 눈을 뜨게 되었다. 모리타는 사명(社命)을 개명하고, 과감히 최신 테크놀러지 도입하여 상품을 개발하고, 공격적인 마케팅으로 결국 소니를 세계 1위의 브랜드로 올려놓게 되었다.

3) 소니 브랜드의 탄생과 제품개발

모리타와 이부카는 연구 끝에 테이프레코드를 만들었으나 무거운 무게와 고가의 가격 때문에 판로 개척이 힘들었다. 또한 당시 일본은 브랜드의 가치에 대한 인식이 희박하던 시절이었다. 펜탁스가 하니웰, 리코가 사빈, 산요는 시어즈로부터 하청을 받아 주문자 상표를 붙여 물건을 생산하여 팔았다.149) 세계는 '메이드 인 재팬(Made in Japan)'하면 2류의 싸구려 물품을 떠올리곤 하였다. 모리타는 자신들은 그런 식으로 영업하지 않겠다고 단언했다. 대기업이나 외국회사에서 하청을 준다 해도 주문자 상표를 달아야 한다면 받아들이지 않았다. 그들은 브랜드에 대한 인식이 정립되지 않았을 때 벌써 브랜드의 중요성을 간파하고 있었던 것이다.

이렇게 주문자상표를 달지 않고 사업을 하느라 회사는 고전을 하고 있었지만 모리타는 항상 기업의 글로벌화를 꿈꾸고 있었다. 그러기 위해서는 회사 이름을 세계 사람들이 부르기 쉽고 기억하기 쉬운 것으로 바꿀 필요가 있다고 생각했다. 회사는 고전하고 있었지만 모리타는 항상 기업의 글로벌화를 꿈꾸고 있었다. 그러기 위해선 회사의 이름을 세계 사람들이 부르기 쉽고 기억하기 쉬운 것으로 바꿀 필요가 있다고 판단했다. 이미 동경통신회사라는 이름이 제법 알려진 상황에서 사명(社命)의 변경은 만만치 않은 것이었다. 1958년 두 사람은 라틴어로 소리(sound)를 의미하는 소너스와 청소년을 의미하는 소니(sonny)를 찾았고 두 단어를 조합하여 소니(sony)라는 새로운 회사명을 만들어 내었다.

소니는 음향기기 분야로 목표를 정하고 녹음기부터 생산했다. 이를 위해 물리, 화학, 금속 분야의 기술자뿐 아니라 전기나 기계 기술자들을 고용했고 폭넓은 기술진을 새로운 분야에 활용하기 위해 라디오 생산에 뛰어 들었다. 모리타는 테이프레코더 시장을 알아보려 미국을 방문했다가 벨 연구소(Bell Labs)가 트랜지스터를 개발하여, 웨스턴 일렉트릭(Western Electric)사가 생산하게 되었다는 소식을 듣고 무릎을 쳤다. 트랜지스터를 이용하면 테이프레코더 같은 전자제품의 부피를 엄청 줄일 수 있을 것 같기 때문이었다. 그는 곧장 벨 연구소와 웨스턴 일렉트릭사와 협상을 벌여 1952년 2만 5천 달러에 트랜지스터 기술 라이센스를 획득했다. 그 자리에서 미국 측 기술자들이 이부카에게 이렇게 물었다.[150]

"트랜지스터로 뭘 만들려고 그러십니까?"
"세계에서 가장 작은 라디오를 만들 겁니다."
"당신들의 현재 기술로는 그건 어렵습니다. 보청기를 개발해보십시오."

이부카는 일렉트릭 사 근처에 방을 얻어놓고 그 회사에 출근하다 싶이 하여 트랜지스터의 기술을 배우려 시도했다. 그로부터 4년 후 소니는 결국 웨스턴 일렉트릭사가 예상하지 못했던 뛰어난 제품을 만들어 냈다. 트랜지스터 라디오가 바로 그것이었다. 이 제품은 전 세계에 충격을 주었다. 놀랍게도 나중엔 전 세계에서 트랜지스터 라디오가 없는 집이 없을 정도였다. 세계는 'Made in Japan'에서 일류 제품의 가능성을 보기 시작했다. 이는 일본의 다른 기업들도 본격적으로 해외로 눈을 돌려 최신 기술을 도입토록 하는 계기가 되었다.

라디오로 크게 성공한 소니는 트랜지스터 TV를 개발하고 한 걸음 더 나아가 트리니트론(trinitron, 음극선관(CRT) 소니의 TV 브랜드) 방식 컬러 TV까지 개발했다. 또한 녹음기와 TV 기능을 조합한 비디오 분야에 진출하는 등 축적한 기술을 토대로 잇따라 새로운 분야를 개척했다.

오늘날 소니 제품은 매우 다양하지만 결코 엉뚱한 분야에 손을 뻗지는 않았다. 항상 현재 기술을 충분히 살릴 수 있는 분야에만 진출했다. 기본 원칙을 지키고 자신의 본분을 유지하는 물리학도 출신 모리타 회장의 경영 철학이 바로 여기서 비롯된다. 지금까지 소니의 맥을 이어오고 있는 경영의 기본 원칙은 '직접 연구하고 생산한 제품은 시장을 형성해 계획에 따라 판매한다.'는 것이다.151)

4) 소니 브랜드의 미국진출과 판매협상 사례

기본 원칙을 지키는 경영은 소니 브랜드를 처음부터 고집하는 것에도 나타났다. 트랜지스터 라디오를 개발하여 미국 판매에 나섰을 때 가장 먼저 부딪힌 문제는 브랜드였다. 1955년 모리타는 독자 개발한 소형 트랜지스터 라디오를 팔기 위해 미국을 방문했으나 아무도 그를 주목하지 않았다. 그때 미국의 가장 유명한 전자제품 회사였던 불로바(Bulova)라는 큰 회사가 2년 동안 트랜지스터 라디오 TR-52를 10만 대를 공급해 달라고 주문했다. 다만, 10만 대의 라디오를 주문할 테니 불로바의 상표를 부착해서 미국에서 판매하자는 주문자 생산방식(OEM)의 제안이었다. 당시 소니의 총자산규모보다 많은 액수의 계약 조건이었다.

모리타는 주문을 거절하며 담담히 말했다. "50년 전에는 불로바도 아는 사람이 없는 브랜드였을 겁니다. 우리는 지금 당신들이 50년 전에 걸었던 첫걸음을 내딛으려고 합니다. 50년 후에는 소니도 불로바에 버금가는 유명한 브랜드가 될 것입니다."152) 이 말은 당장의 이익에 연연하지 않겠다는 의지와 더불어 모리타가 브랜드의 가치에 대해 얼마나 잘 이해하고 있었는지를 여실히 보여준다. 결국, 모리타는 제품의 신용도를 높이기 위해 소니 상표를 사용해야 한다고 말하고 주문자 생산을 단호하게 거절하여 무려 10만 대의 라디오 판매 협상이 파기되고 말았다. 그 제안은 금전적으로는 매력적이었으나 소니를 독립적이고 세계적인 브랜드로 키우겠다는 자신의 목표와 상충하는 것이었기 때문이다. 당시 50년 걸려 자리 잡은 유명 브랜드를 이용한 OEM 수출 방식을 택하지 않고 아무도 알아주지 않는 소니 브랜드를 고집하는 것은 어리석은 일이라고 비판하는 사람들도 많았다. 그러나 이때 모리타가 요구에 응했다면 세상에 OEM 공장이 하나 더 생겼을 뿐, 지금 전 세계인이 모두 아는 브랜드 소니는 없었을 것이다.

그러나 시간이 걸리더라도 세계 소비자들에게 소니의 신용도와 인지도를 차근차근 높여 가는 게 장기적으로 이익이라고 판단한 모리타 회장의 기본 원칙은 '세계의 소니'로 성장시킨 성공 요인으로 꼽는다. 얼마 후 소니는 다른 회사와의 계약을 통해 자신의 브랜드로 미국 진출에 성공했고 초기 인지도가 낮아 어려움을 겪기도 했지만, 세계인들은 소니 상표에 대해 신뢰를 갖기 시작했다. 오늘날 소니는 세계 톱 브랜드로 우뚝 서 있다. 만약 그때 눈앞의 이익을 좇아 상대방 주장에 굴복했다면 소니는 일본 내에서만 통했을 것이고 세계적인 초우량 기업이 되지 못했을 것이다.

이러한 관점에서 모리타는 협상 결렬의 가능성을 항상 염두에 두었을 것으로 생각된다. 경쟁적 협상이든 통합적 협상이든 모리타의 가장 든든한 무기가 될 수 있는 것은 진행하고 있는 협상을 중단하고 다른 거래를 택할 수 있다는 마음가짐일 것이다. 위대한 협상가는 협상에 임하기 전에 협상에서 나올 수 있는 '결렬 시 최선대안(BATNA)'을 찾는데 상당한 노력과 시간을 기울이고 실제 협상에서 이를 적극적으로 활용한다. 모리타 역시 미국회사의 협상제시안을 수용하지 않고도 자신만의 제품 경쟁력과 비전에 대한 확신이 있었기 때문에 무조건 협상안을 수용하지 않고도 중장기적으로 발전할 수 있는 기회로 삼은 것은 위대한 협상가로서의 면모를 보여주는 것이다.

이렇듯 협상의 결과가 상대방에 대한 유·불리와 상관없이 회사와 조직에게 비용절감이나 수익을 가져다주기도 하지만 회사의 생존을 결정하기도 하기 때문에 경영에 있어서도 협상은 아주 중요한 기술이다. 모리타의 미국진출 스토리는 확고한 비전과 목표에 따른 협상이 엄청난 성공과 수익을 가지고 오는 결과를 만들어 낸 협상사례로 기억되고 있다.

5) 사내에서의 협상가적 면모와 직원 커뮤니케이션

지금이야 워크맨이 소니의 기적을 만든 일등공신이라는 데 반대하고 나설 사람이 없지만 처음 모리타가 워크맨 개발 프로젝트를 밀어붙일 때만 해도 사방에서 반대가 빗발쳤다. 일본 국내 마케팅 담당자로 모리타가 가장 신뢰하던 오가 노리오(大賀典雄)조차 '녹음 기능이 없는 단순한 기계'는 절대 팔리지 않을 거라고 말했다. 또 그는 워크맨에 혁신적인 기술요소가 전혀 없다고 비판했다. 소니는 모리타가 제발 이 '바보 같은 프로젝트'를 중지하기를 바라며 대대적인 시장조사를 벌였다. 조사 결과 워크맨을 만들지 말아야 할 이유가 더 많았다.

그러나 모리타는 물러서지 않고 말했다. "워크맨은 완전히 새로운 음악 감상 방식입니다. 역사상 처음 출현하는 상품인데 어떻게 '시장조사'를 할 수 있다는 말입니까? 워크맨은 젊은 소비자들에게 열병처럼 번져나갈 것입니다."153) 그는 워크맨이 적어도 250만 대 이상 팔려나갈 거라고 장담했다. 250만은 전기 콘센트가 없는 곳, 예를 들어 깊은 열대 우림, 물 위 등에서 생활하는 사람을 염두에 둔 숫자였다. 당시 세계 인구가 25억 명이었는데 그중 0.1%만 워크맨을 사도 250만 대를 팔 수 있다는 계산이었다. 하지만 그가 첫 생산량으로 3만 대를 이야기했을 때, 생산과 마케팅 부서는 '미친 짓'이라는 격한 반응을 보였다. 결국 모리타는 "3만 대를 다 팔지 못하면 회장직에서 내려오겠다."라고 선언했다. 모리타는 '파부침주(破釜沈舟)', 즉 '가마솥을 깨트리고 배를 가라앉히다.'의 각오로 회사 전체를 설득하고 나선 것이다. 공동 설립자인 이부카 마사루가 이미 퇴직한 상태에서 모리타는 명실상부 소니의 일인자였다. 상급자에 대한 절대복종을 당연시하는 일본 사회에서 이런 식의 하급자의 강력한 반대와 상급자의 간곡한 설득은 상당히 이례적인 일이었다. 워크맨을 반대하는 사람들 입장에서는 그만큼 얼토당토않은 상품이었고, 모리타 입장에서는 반드시 생산해야 하는 상품이었던 것이다.

시장과 소비자들은 자신을 깊이 이해하는 상품을 내놓은 모리타에게 백 배, 천 배로 보답했다. 워크맨은 출시되자마자 첫 물량인 3만 대가 완판되었으며 이어 해외 시장에서도 1년 만에 100만 대가 판매되며 승승장구했다. 이후 10년 동안의 누적 판매량은 5,000만 대를 넘어섰다. 이 눈부신 성적은 의심과 반대, 비난을 한 몸에 받았던 모리타를 '승리의 신'으로 만들었다. 결국 성공은 기술 혁신이 아니라 소비자의 마음과 수요를 얼마나 정확하게 꿰뚫어 보는가에 달려 있었다.154)

6) 비즈니스 협상의 관계형성적 접근

모리타는 일본 내에서 손꼽히는 국제 감각을 지닌 경영자로 평가된다. 그가 미국을 왕래하기 시작한 것은 1954년부터다. 당시 일본에는 해외 시장에 관한 정보가 거의 없던 시절이었다. 그는 미국 시장을 개척하기 위해 1963년 가족과 함께 미국으로 건너가 미국 시장을 철저하게 파헤쳤다. 그는 이때 미국의 정·재계 지도자들과 친교를 맺는 데도 큰 정성을 들였다. 미국에서 모리타가 일본을 대표하는 기업가로 대접 받아 온 것은 이때 쌓은 인맥이 큰 영향을 끼쳤기 때문이다.

그는 무역회사에 의존하지 않고 자력으로 수출하겠다는 각오로 미국 시장에 진출했다. 오랜 해외 생활 경험을 바탕으로 키신저 전 국무장관, 먼데일 전 부통령, 로스 페로 같은 유력 인사들과 친분을 나누었으며 일본 기업의 미국 진출에 견인차 역할을 했다. 일본이 미국과 무역 마찰을 일으킬 때면 모리타가 으레 막후 중재역을 맡아 분쟁 해결에 기여하기도 했다.

특히, 모리타는 미국과 일본의 비즈니스 접근 방식 사이에서 황금률을 찾는 데 인생의 상당 부분을 바쳤다. 그는 미국 기업가들은 책임을 지기 싫어하고 배당금과 상여금에 대해 많이 생각하고 일본 사람들은 너무 차갑고 친근감이 부족하다고 강조했다. 모리타 자신은 세계의 많은 비즈니스 엘리트들과 좋은 관계를 유지해 왔으며 그들 사이에서 유명하다. 그만큼 비즈니스 협상에서의 협상력을 확보하기 위해서는 자신과 자신의 비즈니스를 지지해 줄 네트워크 형성을 통한 관계형성이 반드시 필요하다는 것을 깨닫게 해준다. 그는 뉴욕 5번가의 한 아파트에 정착하여 쉴 새 없이 사람들을 만나면서 인간관계를 구축해나갔다. 주말에 열리는 파티나 각종 이벤트에는 빠지지 않고 참석했다. 그런 식으로 인맥을 넓혀나갔고, 또 판로를 넓혀나갔다. 그 과정에서 미국 소비자들의 욕구를 파악하려 노력했다. 소니는 성장을 거듭하여 1970년 일본 기업으로는 처음으로 뉴욕증권거래소에 상장되어졌다.

모리타는 세계와의 문화교류를 중요하게 생각했다. 그는 그 목적을 위해 경단연(經團聯·일본경제단체연합회)의 부회장으로 활동하면서, 또 일본과 미국 경제인들과의 교류 증진에 힘썼다. 그리고 일본의 개혁을 위해 『신(新) 실력주의』, 『Made in Japan』 『'No'라고 말할 수 있는 일본』 등의 저서를 발간하였는데, 이러한 저작물들은 세계 지도자들과 학자들의 필독서가 되었다. 그는 세계 문화 교류와 세계 경제에 이바지 한 공로로 1982년 일본인으로서는 처음으로 영국 황실 예술 재단으로부터 알버트 메달, 1984년에는 프랑스 정부로부터 레지옹 드뇌르 훈위, 1991년에는 일본 왕실로부터 1등 황실장(First Class Order of the Sacred Treasure), 1992년에는 영국 여왕으로부터 영국기사작위를 수여받았다.[155]

놀랍게도 모리타는 스티브 잡스에게 가장 큰 영감을 준 기업인이기도 하다. 존 스컬리는 잡스와 같이 소니 본사에서 직접 초기 형태의 워크맨을 만져볼 기회가 있었는데 '잡스가 워크맨이 당시 전무후무했던 개념의 제품이었기에 그 점에 매료되었다.'고 회고하였다.[156] 매킨토시의 공장을 디자인할 때도 또한 소니의 공장을 모티브로 삼았으며 잡스의 트레이드 마크인 터틀넥 역시 소니 직원들의 유니폼이 부러워서 잡스가 일본의 패션 디자이너인 미야케 이세이에게 직접 의뢰를 해 제작된 옷이 그 탄생배경이다. 1999년 모리타가 사망했을 때 잡스는 애플의 제품 발표회 도중 그를 추모하는 시간을 가지기도 했다.[157]

협상의 원칙 중 특히 비즈니스 협상에서는 우호적인 관계를 형성하라는 것이 있다. 협상에 임할 때뿐만 아니라 협상에 임하기 전에도 어떻게 우호적인 관계를 맺어 놓느냐에 따라 협상의 결과는 달라진다고 본다.

실제 협상에서도 바쁜 일정 때문에 협상을 시작하기 전에 간단한 대화를 나누지 못하고 협상에 임하는 경우가 있다. 하지만 그런 간단하고 사소한 대화의 효과는 무시하지 못한다는 연구결과들이 있다. 단 몇 분이라도 서로를 파악하고 이해하기 위한 시간을 가진다면 서로 더욱 협조적이고 협력적인 마음가짐으로 협상에 임하게 되어 좋은 합의를 이끌어내는데 도움이 될 수 있다.

모리타는 비즈니스를 하면서 다양한 협상에서 네트워크의 힘을 긍정적으로 협상에서 발휘하기 위해 관계의 중요성을 깨닫고 평소에도 부단한 노력으로 네트워크를 형성했다. 이는 로비를 위한 차원이 아니라 진정성을 가지고 오랜 시간 동안 신뢰를 형성해나가는 노력이기 때문에 네트워크의 힘이 발휘될 수 있었다고 생각된다.

협상에서 힘(Power)는 대단히 중요하다. 힘은 사람들이 원하는 결과를 만드는 능력, 또는 원하는 방법으로 일을 이루어내는 능력을 말한다. 힘에는 환경적 힘, 관계적 힘, 개인적 힘이 있다. 협상에서 힘이 중요한 것은 자신이 상대방보다 유리한 점을 가지도록 힘이 작용하기 때문이다. 이 힘은 성과를 더 많이 확보하고 선호되는 해결을 도출하도록 사용된다. 이런 관점에서 모리타는 힘의 원천의 종류 중 '개인적 힘'인 친밀감, 정직, 끈기, 감정 등의 강점을 통해 네트워크를 형성하였고 미국시장에서 소니의 브랜드를 성공시키는 힘을 발휘한 위대함을 보여준 것이다.

7) 모리타의 경영원칙과 철학

과연 모리타가 발견한 경영의 기본 원칙은 무엇인가? 회사는 특기, 즉 자신 있는 업종을 선택하여 본분을 지키며 마음껏 능력을 발휘하는 게 최상의 방법이라고 생각했다. 돈 좀 벌었다고 이것저것 다른 사업에 손대는 것은 마치 올림픽 출전 선수가 어떤 종목에서 우승했다고 다른 종목에까지 출전하는 것과 마찬가지로 전혀 승산이 없는 행동으로 보았다.

모리타는 "비즈니스를 행하는데 있어서 가장 중요한 것은 상대를 납득시키는 힘을 갖는 것이며, 그 중 가장 기본적이고 가장 중요한 것은 말(言)이며, 그것을 잘 사용하는 것이다."라는 어록을 남겼다. 그는 비즈니스를 함에 있어서도 위대한 협상가로서 상대방을 설득하는 힘을 강조하였고, 실제로 이것을 실행하였다.

<표 8-1> 모리타의 8가지 경영원칙

1. 세계 어디서나 통하는 기본 원칙으로 승부하라.
2. 국제적인 기업이 되려면 철저한 현지화를 추구하라.
3. 학력은 소용없다. 실력 있는 사원을 채용하라.
4. 아무도 하지 않은 것을 하라.
5. 자신 있는 분야에서 경쟁하라.
6. 세계적으로 통하는 브랜드를 창조하라.
7. 기술은 국경을 초월한다. 고품질로 승부하라.
8. 소비자에게 최고의 서비스를 제공하라.

출처 : 네이버블로그, "모리타 명언."
https://m.blog.naver.com/PostView.naver?isHttpsRedirect=true&blogId=sp_ht&logNo=220853093226>

이러한 경영원칙과 철학을 바탕으로 사업을 수행하면서 난관에 부딪히는 일도 있었을 것이다. 이 사례는 모리타가 사망한 후에 소니에서 종결한 사건이나 모리타가 살아있을 때 이러한 분쟁에 대처하는 모습들을 보면서 위대한 협상가로서의 면모도 있지만 위대한 경영자로서 위기에 대처하는 모습들에서 협상에서 타협만 하는 것이 아니라 불의에 대해서는 완고하게 맞서는 모습들을 보여주고 있다. 협상의 사례라기보다는 모리타만의 경영철학 중 비즈니스를 하면서 발생하는 다양한 분쟁들 중 악의적인 소송이나 반드시 회사가 이겨야 하는 분쟁에 대해 어떻게 모리타가 상대방이 비열한 방법을 쓸 경우 대처하는 법을 적용했다고 볼 수 있다.

독일계 브라질인 발명가인 안드레아스 파벨(Andreas Pavel, 1945~)이 1970년대 중반에 녹음된 소리를 똑같이 복제하는 휴대용 소형 부품을 개발해 1977년에 특허를 낸 스테레오벨트(Stereobelt)는 세계 최초의 휴대용 카세트테이프 플레이어다. 그는 1970년대 중반에 자신의 발명품을 들고 일본의 야마하를 포함해 ITT, 그룬디히, 필립스 등 여러 회사에게 자신의 아이디어를 제안하였으나 퇴짜만 맞았다. 그는 이후 1977년 이탈리아를 시작으로 1978년에 서독, 영국, 미국, 일본에 특허를 출원했다.

그런데 불과 몇 년 뒤인 1979년 소니에서 워크맨이라는 이름으로 휴대용 카세트테이프 플레이어가 출시되었고 파벨은 1980년부터 소니에게 로열티를 지불할 것을 요청했다. 긴 협상 끝에 1986년 소니는 독일에서 판매되는 일부 모델들에 대해서만 로열티를 지불하기로 하였다. 그러자 파벨은 1989년 영국 법원에 소송을 냈으나 재판이 계속 질질 끌리면서 그의 재정은 바닥나기 시작했다. 결국 파벨은 엄청난 변호사 비용이 들어가게 되었고 자산도 동결되어 신용카드도 쓸 수 없는 상황이 되었다.

7년이나 이어진 영국 법원 소송은 1996년에 결국 기각되었고 파벨은 3백만 달러가 넘는 돈을 소송 비용으로 지불해야 했다. 그러나 그는 포기하지 않고 특허를 출원한 다른 국가들에서도 소송을 걸 것이라고 밝혔다. 그 뒤 2001년 소니는 공동창업자 모리타 아키오가 별세한 뒤 돌연 태도를 바꿔 파벨과 협상을 시작했다. 2004년에 합의했는데, 두 당사자의 합의 계약은 기밀이었기 때문에 합의금은 알려지지 않았다. 일부 보도에 의하면 수백만 유로로 추정했다.158)

비즈니스를 수행하면서 다양한 분쟁에 휘말리게 되지만 모리타는 협상을 통해 로열티 지불이라는 협력적 협상을 진행했음에도 불구하고 협상 당사자가 악의적으로 다른 나라에 소송을 제기하는 등 행위를 하는 것에 대해 원칙적으로 대응하면서 오히려 소송에서의 협상력의 우위를 점하게 된 사례라고 보여진다.

상대방이 공격할 때 협상가는 위기를 대처하는 방법을 알고 있어야 한다. 우선, 주짓수 협상을 통해 상대가 공격해 오면 피하면서 다른 기법을 사용할 수 있어야 한다. 이를 통해 상대 공격에 대해 방어나 공격이 아니라 문제에 대한 공격으로 전환하여 해결하는 협상을 진행하여야 한다. 또한, 이미징기법을 결합하여 내가 상대방이 어떤 입장이며 나를 어떻게 보는지 묘사하면 상대방은 그것이 정확한지 확인하는 방법이다. 양 측의 묘사가 너무나 차이가 나는 것을 수정하고 상대방을 정확하게 이해하도록 한다. 상대방이 비열한 수법을 쓸 때 대응전략을 다음과 같다.

<표 8-2> 상대방의 비열한 수법에 대한 대응전략

① 비열한 전술을 무시하라.
- 비열한 전술을 무시하는 것이 약한 반응일 수도 있으나 그 전술을 다루는 매우 강한 방법이 될 수 있음
- 듣지 않는 척하거나 주제를 바꾸거나 휴식을 취하거나 등으로 위협에 대한 무반응은 종종 가장 최선의 방법이 됨

② 비열한 전술을 공개하라.
- 협상과정을 계속하기 전에 협상과정을 협상하는 방법이 효과적임
- 공격하지 않고 생산적인 방법으로 협상하기를 제안할 수 있음

③ 같은 수법으로 대응하라.
- 상대방이 사용하는 동일한 수법을 사용하여 대응하는 것
- 혼돈과 거친 느낌이 들긴 하지만 절대로 사용해서는 안 되는 방법은 아님
- 상황이 다 종료되었을 때 비열한 전술에 숙달되고 다른 방법을 사용해야 하겠다는 생각을 하게 함

④ 상대방을 끌어들여라.
- 상대방이 비열한 전술을 사용하기 전에 친구가 되도록 노력하는 것
- 이는 적보다 친구가 되기가 훨씬 어렵다는 이론에 근거하고 있음
- 상대방과 공통점이 있다거나 비난할 다른 요소를 발견한다면 상대방이 시작하기도 전에 그런 수법을 피할 수 있음

출처: 원창희(2021), pp.122-123.

모리타는 로열티를 지불해야 하는 상황에서 일정정도 합리적인 수준으로 로열티를 지급하여 협상을 마무리하고자 하였으나 상대방이 과도한 수준으로 공격을 해오자 같은 방법으로 적극적으로 소송에 대응함으로써 결국 협상에서 이기는 결과를 가져오게 되었다. 소니 측은 결국 모리타가 사망한 이후 안드레아스 파벨에게 특허분쟁 합의금을 지급하여 분쟁을 종결하였다. 만약 모리타가 살아 있었다면 이 분쟁의 결말은 어떻게 되었는지 추측하기 어려울 수도 있다.

8) 모리타의 끊임없는 새로운 것에 대한 도전

　새로운 것에 도전한다는 모리타의 벤처 정신은 그의 취미 생활에도 잘 나타나 있다. 그는 1993년 테니스를 치다가 뇌일혈로 쓰러져 반신불수가 되었지만, 테니스는 그가 55세 때 배운 것이다. 그는 또 60세 때는 스키에, 65세 때는 요트 조정에 도전하는 왕성한 의욕을 보였다.

　모리타를 위대한 경영자, 또는 협상가로 볼 수 있는 것은 이러한 끊임없이 새로운 것에 도전하는 정신일 것이다. 특히 협상에 있어서 '준비'의 중요성은 항상 강조되는 것이다. 사이몬스와 트립(Simons & Tripp)은 "잘 준비한 협상가는 상대를 알고 기회를 즉시 이용한다."고 하였다.[159) 경쟁적 협상을 하거나 협력적 협상을 하더라도 항상 자기 자신과 자신을 둘러싼 환경에 대한 분석과 계산이 되어 있어야 한다. 그래야 협상의 목표를 설정하고 BATNA를 분석하여 주어진 협상환경에서 최적의 선택을 할 수 있다. 그러기 위해서는 항상 새로운 상황과 환경에 대한 분석과 이해가 준비되어 있어야 한다.

　위대한 협상가에게 배울 수 있는 교훈은 세상은 빠르게 변화하고 세상

속에서의 협상에서 성공하기 위해서는 항상 새로운 것을 받아들일 준비가 되어 있고, 이러한 상태에서 협상에 임하게 되면 성공할 확률은 더욱 올라간다는 점이다.

9) 경영자로서의 모습과 위대한 협상가로서의 교훈

모리타는 은퇴 회견에서 "당신이 소니를 위해 내린 의사결정 가운데 가장 자랑스러운 것 하나를 들라면 무엇인가"라는 질문에 1956년 '소니'라는 브랜드를 고수한 의사결정을 꼽았다.160) 그는 50년 전에 이미 브랜드와 무형자산의 중요성을 인식하고 있었다. 장기적 관점에서 단기적 이익을 포기할 줄 아는 용기와 지혜를 갖춘 경영자의 모습을 보여준 것이다.

또 다른 일화는 모리타가 "걸어 다니면서도 음악을 들을 수 있는 전혀 새로운 개념의 오디오인 '워크맨'을 만들자."고 했을 때 직원들은 "그런 제품은 팔릴 리가 없다."며 거세게 반대했다. 시장조사결과도 좋지 않았다. 그는 "새로운 아이디어를 얻기 위한 시장조사는 어리석은 짓이다."라며 시장조사결과를 받아들이지 않았다. "고객들은 무엇이 가능한지 모른다. 헨리 포드(포드자동차 창업자)가 일반인들에게 무엇을 원하느냐고 물었다면 그들은 아마 '자동차가 아닌, 더 빠른 말'이라고 대답했을 것이다."

그는 최종 순간에 결단을 내리며 단언했다. "만약 3만 개 이상 팔리지 않으면 회장을 그만둔다." 워크맨은 지금까지 무려 3억 개 넘게 팔리며 소니의 위상을 크게 높였다. CEO는 직원의 반대를 무릅쓰고 결단을 내릴 줄 알아야 한다. 당연히 결과에 대한 책임도 CEO 몫이다. 1999년 포츈(Fortune)지는 워크맨 개발을 역사상 가장 뛰어난 의사결정 중 하나로 선정했다.

비즈니스 협상과 관련하여 앞서 사례로 알아본 소니의 미국시장 진출에서의 협상은 협상의 타결만이 능사는 아니라는 것을 보여주는 사례라고 볼 수 있다. 협상은 어디까지나 목적을 이루기 위한 도구라는 사실을 잊지 말라고... 당연한 얘기처럼 들리겠지만 이것을 잊고 협상 자체에 매몰되는 경우가 의외로 많기 때문이다. 모리타는 '결코 머리를 숙이지 마라.'는 어록과 같이 기술과 실력을 자신한다면 비즈니스 협상에서 끌려다니지 않을 수 있다는 자신감과 확신을 강조한 것으로 보인다.[161]

모리타의 협상사례를 보면서 좋은 협상을 하기 위해 가장 중요한 요소는 무엇일까라는 생각을 해보게 된다. 풍부한 정보, 포커페이스, 상대에게 귀를 기울이는 자세 등 다양한 협상전략들이 이미 알려져 있다. 그러나 모리타는 비즈니스 협상을 통해 '자기가 진짜로 원하는 것이 무엇인지 잊지 말 것.'을 실제 비즈니스와 협상에서 실천했기 때문에 위대한 협상가로서 평가받을 수 있는 것이다.

결국, 위대한 협상가는 자신이 어디로 가야 하는지, 왜 거기로 가야 하는지 항상 인식하고 있어야 한다는 것을 모리타의 협상사례를 통해 배울 수 있다. 결국, 명확한 목표를 설정해야 효과적이고 이길 수 있는 협상에 임할 수 있다는 점이 중요하다는 것을 모리타는 평생 동안 몸소 실천하였다.

【결문】

9. 위대한 협상가의 비교분석
10. 위대한 협상가의 교훈

9. 위대한 협상가의 비교분석

1) 비교분석의 기준

우리가 살펴본 세계적으로 위대한 협상가는 다른 협상가에 비해 협상의 테크닉이 우수한 점도 있지만 그것보다는 사건이나 쟁점이 국가적으로 중대하여 협상을 이끌어가고 합의를 만들어내기가 대단히 어려우며 지도자로서 다양한 정치적 집단을 조율하는 국가적 리더십을 발휘해서 협상을 성공시켰다는 점에서 훌륭한 점을 인정하여 본 사례연구의 대상으로 선정이 되었다. 이러한 점에서 7명의 위대한 협상가를 비교하면서 협상적 모델과 스킬적 측면에서 비교도 필요하고 역사적 배경과 지도자로서의 철학도 살펴볼 필요성이 있다.

위대한 협상가의 협상적 항목을 보기 위해 협상쟁점, 협상당사자, 협상전략, 협상력, 협상결과를 살펴보고자 하며 역사적 상황과 지도자 자질을 보기 위해 협상배경, 협상철학, 협상가우수성을 도출하였다. 그래서 7명의 협상가들을 서양편 4명과 동양편 3명으로 나누어서 2개의 비교분석표로 만들었으며 각각의 협상가별로 협상배경, 협상쟁점, 협상당사자, 협상전략, 협상력, 협상결과, 협상철학, 협상가우수성을 정리하였다. 이러한 공통적인 분석 기준을 토대로 하여 협상가들을 간단하게 살펴보도록 하겠다.

2) 서양편 협상가 비교분석

넬슨 만델라가 협상을 하게 된 배경은 남아공에서 오랫동안 소수 백인이 통치하면서 흑인에 대한 인종차별을 반대하고 투쟁해 왔던 역사에서 찾아볼 수 있다. 그래서 협상의 쟁점은 인종차별, 즉 아파르트헤이트(Apartheid)의 철폐가 되었다. 만델라가 젊은 시절부터 사망하기 전까지 가장 가슴 속에 남아 있었던 단어가 있었다면 그것은 아마도 아파르트헤이트였을 것이다. 협상의 당사자는 흑인 쪽에는 만델라 자신과 흑인 인종차별 철폐를 위해 투쟁하는 ANC(아프리카민족회의)가 당사자이고 백인 쪽에는 대통령인 데 클레르크와 백인정부 그리고 백인우익집단들이 그 당사자이다. 만델라의 협상전략은 데 클레르크와 백인정부를 대상으로 대화로서 정치기회의 평등을 실현할 수 있다는 믿음이었다. 흑인측은 우익세력, 심지어 백인정부의 경찰들의 무력 탄압에 대해서도 무력으로 보복하지 않고 비폭력 시위와 항거를 하는 인내를 보였다. 만델라가 협상하면서 힘을 가진 것, 다시 말하자면 만델라의 협상력은 바로 자신의 강한 대화와 협상에 대한 신념과 상대를 설득하는 힘이었고 절대다수의 흑인의 연대와 압박과 무력진압에 대한 비폭력 시위도 협상력에 포함될 수 있다. 협상의 결과는 남아공 모든 국민의 1인1표 투표에 의한 의회를 구성한다는 합의였는데 투표에 의해 ANC가 다수 의석을 차지하고 만델라는 대통령으로 당선되고 흑인정부가 구성되었다. 만델라가 협상에 임하는 철학은 흑인에 대한 인종차별이 철폐되어야 하고 이를 위해 대화와 협상으로 이를 달성할 수 있는 강한 믿음이라고 요약할 수 있다. 하버드대학교에서 세계적으로 가장 위대한 협상가로 만델라를 선정하였는데 그의 협상가로서 우수성은 인간의 보편적 가치로서 인종차별 철폐를 위한 투쟁에 평생을 바친 점과 무력과 전쟁이 아니라 대화와 협상으로 인종차별 철폐를 달성했다는 점일 것이다.

토니 블레어는 영국의 수상으로서 영국과 아일랜드 그리고 북아일랜드 간의 오랜 역사적 정체성 갈등을 해결하고자 노력하였다. 협상의 배경은 1972년 영국군 공수부대가 데리 시에서 평화시위를 벌이는 시위대에 발포하여 13명의 민간인을 살해한 '피의 일요일'이라는 북아일랜드의 총기사건 이후 가톨릭계의 IRA(아일랜드공화국군)의 독립을 위한 무장테러가 발생하는 분쟁에 휘말리게 된 것이다. 협상의 쟁점은 북아일랜드의 입헌적 지위인데 말하자면 북아일랜드가 영국의 연방으로 남아 있을지 아일랜드와 통일해서 독립할 것인지 아니면 북아일랜드가 자체로서 독립국가로 갈 것인지의 선택의 문제이다. 협상당사자는 영국으로부터 독립을 원하는 IRA공화파와 가톨릭교도와 영국 연방으로 남아있기를 원하는 왕당파와 개신교도이다. 영국 정부와 군대는 당사자이기도 하면서 한편으로는 중립자 또는 중재자이기도 하다. 협상전략으로서 블레어는 당사자들 협상자간 무장 해제를 제시하고 영국 잔류를 원하는 신교도와 독립 통일 아일랜드를 원하는 구교도의 이해관계를 절충시키고자 노력하였다. 영국도 한편으로는 당사자이기도 해서 미국의 전문 중재자를 초빙하여 중재역할을 하도록 하였다. 블레어의 협상력은 정파간 공정성과 적극적 대화 의지로 표현되고 대외적으로 여러 정파와 관계구축과 외교협상력도 주효하였다. 협상결과는 북아일랜드의 의회구성, 남북아일랜드 협의체구성, 무력사용 중지와 해제이며 이에 따라 북아일랜드가 아일랜드의 영토라는 헌법 조항도 고치기로 하였다. 블레어가 북아일랜드 분쟁 협상에서 견지하였던 철학은 대화와 협상에 의해 북아일랜드의 분쟁을 종식시켜야 한다는 강한 신념이라고 볼 수 있다. 블레어는 어렸을 때부터 북아일랜드의 정파와 종파간 무력충돌을 보아왔는데 공정성과 협상에 기반해서 이 북아일랜드의 분쟁을 종식시켜야 하겠다는 강한 신념이 주효했으며 다자간 외교협상력도 협상성공에 뒷받침이 되었다는 우수한 협상가의 면모를 보여주었다.

　버락 오바마는 재임중에 오바마케어 협상, 이란 핵무기 개발 억제 협상 그리고 쿠바와 국교정상화 협상 등 3가지 협상을 수행한 것으로 소개되었는데 협상가들간의 비교분석을 위해서 이 중 오바마케어 협상을 사용하고자 한다. 오바마케어 정책은 평생 자신의 신념에 입각하여 오바마가 꼭 이루고자 하는 열망이 가장 컸던 정책이었기 때문에 이를 둘러 싼 협상을 비교에 사용한다. 협상배경은 국민들이 의료혜택 부족으로 큰 고통을 받고 있었고 오바마 자신도 그러한 불편을 몸소 체험하였기에 대통령이 당선된 후에 반드시 실행할 공약으로 최우선을 두고 있었다. 협상의 쟁점은 이 보편적 의료보험(일명 오마바케어라 함)이지만 입법안을 상하 양원에 제출하여 투표를 하는 상황이라 오바마케어 제도의 입법이라 할 수 있다. 협상당사자는 오바마와 민주당이 한 편이고 공화당이 다른 편인데 입법과정에서 오바마가 일부 하원 민주당 의원들과도 협상하였기에 민주당 의원들이 내부 협상당사자도 되었다. 협상전략은 오바마케어 법안에 대한 국민여론을 긍정적으로 만들기 위해 오바마가 직접 주민간담회를 개최하고 의료개혁을 설명하였으며 심지어 공화당수련회에 참석하여 건강보험을 설명해서 반대여론을 잠재우려고 노력하였다. 민주당과 공화당이 경합하는 지역에서 민주당 의원들을 단속하기 위한 내부협상에도 신경을 썼다. 오바마의 협상력으로는 뭐니 뭐니 해도 그의 논리적 설득력과 민주당 의원들과의 소통과 연대를 꼽을 수 있다. 협상의 결과는 오마바케어의 상하원 통과와 제도로서 공식 도입이다. 오바마가 보여준 협상의 철학은 보편적 의료혜택을 도입해서 모든 국민들에게 의료혜택이 돌아가야 한다는 강한 신념이라 할 수 있다. 오바마가 협상에서 보여준 훌륭한 점은 보편적 의료혜택에 대한 불굴의 신념 뿐 아니라 인간존중의 정신으로 소통과 협상을 하고자 하였고 누구보다 논리적 설득력을 가진 화술도

한 몫 하였다는 점이다.

후안 마뉴엘 산토스는 남미의 콜롬비아에서 언론재벌의 가문에서 태어나 미국과 영국의 유학을 했으며 정·재계의 활동에도 가문의 배경이 도움되었던 행운을 가졌다. 협상의 배경은 쿠바의 공산주의혁명의 성공과 맞물려 좌익세력들이 사회주의 국가 건설을 내걸고 산과 밀림지역으로 들어가 게릴라 활동을 전개함에 따라 정부와 국민의 피해가 심각한 수준에 이르게 된 상황이다. 협상쟁점은 정부군과 게릴라집단의 무장갈등 종식과 평화구축이었다. 산토스와 그의 국민통합사회당 정부가 Farc(콜롬비아혁명군)를 대상으로 협상을 벌이고 있어서 이들 집단이 협상당사자이다. 협상전략은 산토스 정부가 게릴라 무장해제를 위한 지속적 대화를 추구하면서 한편으로는 정보와 군사적 우위를 발휘하여 게릴라 지도부를 제거하는 전략이었다. 산토스가 발휘한 협상력은 평화를 갈망하는 국민의 성원과 국제사회의 후원을 바탕으로 정보와 군사적 우위로 게릴라들을 압박할 수 있었던 힘이다. 협상의 결과 정부와 Farc가 하바나 협정을 체결함으로써 게릴라는 유엔을 통한 무기를 반납하고 진실위원회를 통해 살인범 거주 감금의 징계가 결정되며 정치 참여의 길도 확보하게 되었다. 산토스가 평생을 통해 보여준 협상철학은 정부와 게릴라 간 무장갈등의 종식을 협상을 통해 성공시켜 조국 콜롬비아에 평화를 가져오겠다는 신념이라 할 수 있다. 협상가로서 산토스의 우수성으로는 이러한 그의 게릴라와 평화협상의 신념 뿐 아니라 평화를 열망하는 국민과 국제사회의 지지를 획득한 점을 꼽을 수 있다.

<표 9-1> 서양편 협상가 비교분석표

항목	만델라	블레어	오바마	산토스
협상배경	-남아공에서 흑인에 대한 인종차별 불만	-1972년 피의 일요일 이후 IRA 무장테러와 분쟁	-국민들의 의료혜택 부족으로 고통과 자신의 몸소 체험	-게릴라에 의한 정부와 국민의 피해가 심각
협상쟁점	-인종차별 철폐	-북아일랜드의 입헌적 지위	-보편적 의료보험 (오바마케어)	-무장갈등의 종식
협상당사자	-만델라/ANC -데 클레르크/ 백인정부	-IRA공화파/카톨릭교도 -왕당파/개신교도 -영국 정부군	-오바마/민주당 -공화당	-산토스/국민통합 사회당 정부 -Farc(콜롬비아혁명군)
협상전략	-대화로 정치평등 협상 -우익세력 무력 탄압에 비폭력 항거	-당사자들 협상기간 무장해제 -영국잔류 신교도, 독립통일아일랜드 구교도 이해관계 절충 -미국 중재자 역할	-주민간담회 개최와 의료개혁 설명 -공화당수련회 건강보험 설명 -경합지역 민주당의원 단속	-게릴라 무장해제를 위한 지속적 대화 -정보와 군사적 우위로 지도부 제거
협상력	-만델라 강한 신념과 설득 -절대다수 흑인연대 압박, 시위	-블레어의 공정성, 적극적 대화의지 -여러 정파와 관계구축, 외교협상력	-오바마의 논리적 설득, 민주당 의원들과 소통과 연대	-평화갈망 국민성원, 국제사회 후원 -정보와 군사적 우위로 압박
협상결과	1인1표 투표로 의회 구성, 흑인정부 수립	-북아일랜드 의회구성, 남북아일랜드 협의체구성, 북아일랜드 독립성, 무력사용 중지와 해제	-오바마케어의 상하원 통과와 실행	-유엔 통한 무기반납, 진실위원회, 살인범 거주감금, 정치참여 허용
협상철학	-인종차별 철폐 위한 대화협상 신념	-북아일랜드 분쟁 종식의 신념	-국민들 보편적 의료혜택 도입 신념	-무장갈등 종식과 평화협상 신념
협상가 우수성	-인종차별 철폐를 위한 평생 투쟁과 협상으로 해결	-북아일랜드 분쟁 종식의 신념 -다자간 외교협상력	-보편적 의료혜택에 대한 신념 -논리적 설득, 소통, 인간존중	-게릴라와 평화협상 신념 -국제사회 지지획득, 평화열망 국민 지지획득

3) 동양편 협상가 비교분석

서희는 고려 성종 때 거란이 송나라를 압박하면서 송나라와 화친관계에 있는 고려를 침범해 왔을 때 협상으로 해결하고자 한 것이 협상의 배경이었다. 협상의 쟁점은 고려의 항복과 거란과 군신관계 구축이 될 것이다. 협상의 직접적 당사자는 거란군의 소손녕 장군과 고려의 서희 장군이었다. 서희의 협상전략은 소손녕이 강자의 갑질 협상을 요구하였으나 서희는 같은 신하로서 협상당사자의 대등관계를 주장하여 관철하였고 외교관계에서는 국교를 양보하는 대신 강동 6주의 실리를 획득하였으며 최종 협약의 확정을 위해 소손녕을 제치고 거란 성종의 결정을 요구하였던 점들이다. 서희가 협상을 하면서 발휘한 협상력은 송나라에 내의성 시랑의 벼슬로 파견되어 획득한 국제적 정보력과 고려의 정통성 관련 역사관, 그리고 당당하고 자신감 넘치는 설득력, 외교관계에서 보여준 신뢰의 친화력 등에서 찾아볼 수 있다. 협상결과로서 고려와 거란이 외교관계를 수립하였고 고려가 강동 6주를 회복하게 되었다. 서희가 신봉하였던 협상철학은 협상가는 양국의 신하로서 대등한 관계로 협상에 임해야 한다는 점과 항복이 아니라 서로 원하는 것을 교환하는 거래를 한다는 점이라고 볼 수 있다. 서희가 협상가로서 우수성을 살펴보면 송나라에 사신으로 파견되어 국제적 감각이 뛰어났으며 거란과의 협상에서 국가적 자존감과 대등외교를 고수하였으며 외교적 국교수립을 양보하는 대신 강동 6주의 회복이라는 실리를 획득한 점들을 꼽을 수 있다.

저우언라이(주은래)는 중국공산당의 창설과 중화인민공화국의 초대 국무원 총리를 지내면서 현대 중국의 국가적 토대를 세우는데 결정적인 역할을 한 중국의 지도자이다. 저우언라이는 국내적으로는 장제스 총사령관과 협상을 통해 국공합작으로 항일투쟁을 합의하게 되었으며 대외적으로는 미국의 헨리 키신저와 중미 간의 우호적인 관계구축을 이끌어낸 성과를 거두었다. 저우언라이의 협상사례 중 대외적인 미국과의 관계정상화를 위한 협상의 사례를 비교분석에 사용하려고 한다. 협상의 당사자는 중국의 저우언라이 총리와 미국의 헨리 키신저 국무장관이다. 협상전략으로는 평화공존5원칙 기반 중미관계 개선, 대만문제 당사자 해결원칙 관철, '소련견제' 상호공동이해 도모 등 3가지가 채택되었다. 저우언라이가 사용한 협상력은 미국이 베트남전쟁의 수렁탈출을 위한 출구전략을 모색하고 있다는 약점을 간파한 점과 동시에 미국측 정치일정에 협조하는 우호적 자세를 취한 점으로 요약된다. 결과적으로 미국의 닉슨 대통령이 중국을 방문하게 되었고 중국은 유엔에 가입하고 중국으로서의 대표권을 중화인민공화국에 부여하는 결의안이 통과되면서 상임이사국의 지위를 획득하였다. 저우언라이가 대내외적으로 협상하면서 줄곧 견지한 협상철학은 구동존이(求同存異), 즉 공통점은 추구하고 차이점은 보류한다는 신념이었다. 차이점 중심으로 입장을 대립시켜 협상의 파국으로 가는 것이 아니라 서로 공통점을 찾아서 그것을 발전시켜 합의로 도출해내는 원원의 원리인 셈이다. 저우언라이는 평생 깨끗한 삶과 투철한 공인정신으로 존경받는 지도자로 살았다. 그는 협상에서는 철저한 사전준비 및 전략적 사전비밀회담을 통해 협상을 완벽히 준비하였고 평화5원칙과 구동존이 등 설득력 있는 외교원칙을 제시하여 협상을 성공시키는 협상가로서 우수함을 보여주었다.

 모리타는 자신의 개발 제품인 소형 트랜지스터 라디오를 일본시장을 넘어서 미국에서도 자체브랜드 소니라는 이름으로 판매하고 싶은 열망이 가득하였다. 그 당시 50년대에는 세계에서 일본제품이 싸구려라는 인식이 팽배했고 주문자상표를 붙여서 공급하는 것이 보편화되었는데 모리타는 이에 불만을 가지고 자체 브랜드로 세계에 진출하겠다는 신념을 가지고 있었던 것이 모리타의 협상배경이라 할 수 있다. 협상의 쟁점은 소형 트랜지스터 라디오를 소니 브랜드로 부착한 공급계약이였다. 협상당사자는 제1차 협상에서는 모리타 아키오 소니회사 회장과 미국에서 전자제품으로서 가장 유명한 블로바 회사의 대표였으며 결렬 후 제2차 협상에서는 미국의 제3의 회사였다. 모리타의 협상전략은 소니브랜드를 반드시 사용한다는 원칙을 고수하고 이 원칙이 거부되면 협상을 결렬시킨다는 결단으로 간주된다. 모리타가 사용한 협상력으로는 무엇보다 소니브랜드의 세계화에 대한 신념이 가장 주효했으며 상대와 자사내의 간부들에게 행사한 설득력과 결단력도 한 몫을 하였다. 또한 미국의 정재계의 인사들과 관계를 잘 구축한 점도 협상력 발휘에 기여하였다. 협상의 결과는 소형 트랜지스터 라디오를 단가는 낮지만 소니브랜드를 부착해서 공급한다는 계약을 체결하였으며 이를 계기로 하여 소니브랜드가 세계적 브랜드로 발전하게 되었다는 점이다. 모리타가 협상을 하면서 가지고 있었던 철학은 앞에서도 언급했듯이 소니브랜드를 세계화하겠다는 목표를 꼭 달성하려는 신념이었다. 소니제품의 공급계약 협상에서 볼 수 있는 모리타의 협상가로서 우수성은 소니브랜드 세계화라는 신념, 평생 물리학도의 정신으로 기본원칙을 수립하고 고수해온 점 그리고 협상에서 신념과 원칙을 관철하기 위한 설득력과 결단력 등으로 요약할 수 있다.

<표 9-2> 동양편 협상가 비교분석표

항목	장위공 서희	저우언라이	모리타 아키오
협상배경	-거란의 고려 침범	-중-미간 관계 개선을 통한 외교적 고립타파, 소련 견제	-일본제품의 싸구려 인식과 주문자상표 보편화에 불만
협상쟁점	-고려의 항복과 군신관계	-닉슨 중국방문 -대만 문제 -중국 유엔 가입	-소니 브랜드 부착한 공급계약
협상당사자	-거란 소손녕 장군 -고려 서희 장군	-중국 저우언라이 -미국 헨리 키신저	-모리타 아키오 -블로바 -제3의 회사
협상전략	-협상당사자 대등관계 -외교관계 양보에 영토실리 획득 -소손녕 제치고 거란 성종 결정 요구	-평화공존5원칙 기반 중미관계 개선 -대만문제 당사자 해결원칙 관철 -'소련견제' 상호공동이해 도모	-소니브랜드 사용 원칙 고수 목표 -원칙이 거부되면 결렬시키는 결단
협상력	-고려의 정통성 관련 역사와 정보력 -서희의 설득력 -외교관계 친화력	-미국의 베트남전쟁 수렁탈출 출구전략 입장 간파 -미국측 정치일정 협조 등 협력적 협상으로 중국측 협상성과 최대화	-소니브랜드 세계화 신념 -정재계 인사들과 관계 구축 -상대 설득력과 믿음의 결단력
협상결과	-고려-거란 외교관계 수립 -강동 6주 회복	-닉슨대통령 방중 -중국 유엔가입 및 중국대표 지위	-단가는 낮지만 소니브랜드 사용으로 세계적 브랜드화
협상철학	-협상가 대등관계 -항복이 아닌 서로 원하는 것 교환	-구동존이(求同存異, 공통점은 추구하고 차이점은 보류함)	-소니브랜드 세계화 목표달성 신념
협상가우수성	-송나라에 사신 가서 국제감각 우수 -국가적 자존감과 대등외교 고수 -외교적 국교수립 양보로 강동 6주 실리획득	-깨끗한 삶과 투철한 공인정신으로 존경받는 지도자 -철저한 사전준비 및 전략적 사전비밀회담 -설득력있는 외교원칙 제시(평화5원칙, 구동존이)	-소니브랜드 세계화 목표달성 신념 -기본원칙 고수 -신념과 원칙을 관철하는 설득력과 결단력

10. 위대한 협상가의 교훈

1) 사례연구의 요약

본 연구에서는 역사적으로 협상을 성공적으로 완수한 위대한 협상가를 서양에서 4명, 동양에서 3명, 총 7명을 선정하여 밀도 있는 사례연구를 실시하였다. 동서양으로 구분한 것은 큰 의미를 두기보다 지역적으로 편의상 분류하여 비교해본다는 이유정도로 생각할 수 있다. 훨씬 더 많은 협상가를 조사하여 소개하고 싶은 마음이 컸지만 현실적으로 제약이 많아 추가 사례는 다음의 기회로 미루고 이번에는 7명의 협상가만 선정하였다. 협상가들의 순서를 정하는 것도 고민이었는데 협상을 했던 시점을 기준으로 서양과 동양을 구분하여 오래된 순서로 협상가 순서를 정하였다. 그래서 서양편에서는 만델라, 블레어, 오바마, 산토스로 순서를 정하였고 동양편에서는 서희, 저우언라이, 모리타로 순서를 정하였다.

협상가 사례연구에서 어떤 항목을 조사하고 분석할지도 숙고한 결과 협상가의 성품, 성장배경, 경력상 업적, 협상관련 구체적 조사와 분석, 교훈 등을 서술하고자 하였다. 협상가가 협상을 둘러싼 배경과 과정과 결과도 중요하지만 인간으로서 그리고 지도자로서의 이야기도 그 사람의 인물을 이해하는 데에 도움이 될 것으로 판단하였다. 그래서 협상가별로 고정적이지는 않지만 태생과 성장배경, 정치적, 경제적 커리어의 성취, 협상의 배경과 진행경과, 협상의 결과 그리고 협상의 특징과 교훈 등의 순서로 서술하였다.

협상가의 특성 측면에서 요약정리해보면 다음과 같다. 먼저 위대한 협상가를 국가적으로나 경제사회적으로 큰 영향을 미친 지도자 중심으로 선정하였다. 서양의 경우 대통령과 수상 중에서 위대한 협상가를 선정하게 되었다. 만델라, 오바마, 산토스는 대통령이고 블레어는 수상이어서 한 국가의 최고 지도자로서 협상가를 발굴하였다. 동양의 경우 군사, 정치, 경영에서 최고 전략가, 경영자로서 협상가를 발굴하였다. 서희는 고려 성종 때의 문신이었으나 거란 소손녕 장수와 협상을 하기 위해 외교관으로 발탁된 군사 전략가로서 협상가였으며 저우언라이는 마오쩌둥이 사회주의혁명에 성공한 후 미국 등 자본주의 국가와 외교적 측면에서 위대한 협상가였으며 미국의 키신저와 같은 역할을 하였다. 모리타는 소니라는 개인 회사이지만 세계적 브랜드의 다국적 기업으로 성장시킨 창업자이자 최고 경영자로서 미국 진출 시 소니브랜드의 세계화를 성공시킨 협상가였다.

 둘째, 위대한 협상가는 국내외 갈등상황을 해결하거나 정치경제적으로 거래관계를 성공적으로 해결한 점을 들 수 있다. 서양의 사례에서는 각국이 역사적으로 오랜 내부 갈등을 겪어오며 해결되지 않았던 문제를 지도자로서 협상력과 리더십을 발휘하여 해결하였다. 만델라는 남아공의 오랜 인종차별 갈등을 해결하였고 블레어는 오래 지속되어온 북아일랜드 분쟁과 정체성 문제를 해결하였으며 산토스도 콜롬비아에서 수십 년 동안 시달려온 게릴라에 의한 무장갈등을 평화적으로 해결하였다. 오바마는 미국 국민이 선진국이면서도 보편적인 의료혜택을 받지 못하는 모순을 정치적 지도력과 협상력을 발휘하여 의회입법으로 해결함으로써 소위 오바마케어라는 제도를 도입하였다. 동양의 사례에서는 내국보다는 외국과의 관계에서 협상력을 발휘한 특징이 있다. 고려의 서희 장군은 고려를 쳐들어온 거란의 소손녕 장군을 대상으로 항전을 한 후 대등한 협상을 하며 외교수립을 양보하는 대신 강동 6주의 획득이라는 실리를 확보하는 협상의 결실을 만들었다. 저우언라이는 장제스 총사령관과 협상을 통해 국민당과 공산당이 합작으로 일본과의 공동투쟁전선을 형성하였으며 미국의 헨리 키신저와의 협상을 통해 닉슨 대통령을 중국으로 방문하게 하고 중국을 유엔에 가입하여 상임이사국의 위상을 확보하는 괄목할 만한 외교적 성과를 만들었다. 모리타는 자체개발한 트랜지스터라디오를 소니브랜드를 부착하여 미국시장에서 판매할 수 있도록 비즈니스협상을 성공시킴으로써 소니브랜드의 세계화에 결정적인 역할을 하였다.

셋째, 위대한 협상가는 인류의 평화와 복지 또는 국가나 기업의 발전을 위해 최고의 협상력을 발휘하였다. 만델라와 산토스는 각각 자국 내의 인종차별 해소와 게릴라의 무장갈등 해결을 위해 백인과 게릴라와 대화와 협상을 통해 합의를 도출함으로써 국가적 평화와 안정을 이룩하였다. 그래서 만델라와 산토스는 노벨평화상을 수상한 대통령이 되었다. 블레어는 북아일랜드의 분쟁을 협상으로 종식시켜 영국과 아일랜드, 북아일랜드 간의 평화정착에 크게 공헌하였다. 오바마는 정치적 협상력으로 오바마케어 제도를 도입하여 국민의 보편적 의료혜택을 누릴 수 있도록 하는데 결정적 기여를 하였다. 서희는 거란과의 전쟁에서 항복이 아니라 협상으로 국가를 구하고 실리까지 얻어 고려의 발전에 크게 기여하였다. 저우언라이는 미국과의 관계를 개선하고 아시아와 아프리카의 평화공존을 위한 토대를 마련하였다. 모리타는 소니브랜드로 트랜지스터라디오를 미국에 진출하는 협상을 성공함으로써 소니브랜드의 세계화를 달성하고 소니를 세계적 기업으로 발전시키게 되었다.

2) 위대한 협상가의 공통점과 차이점

[협상배경과 쟁점]

서양 협상가 사례에서는 협상가의 성장시기부터 또는 오래 동안 사회적 문제가 되었던 쟁점을 다루고 있는데 반해 동양 협상가 사례에서는 국가나 기업의 중대한 위기나 거래의 쟁점을 다루고 있다. 만델라는 태어나기전부터 인종차별(아파르트헤이트)의 사회가 오래 지속되어 왔으며 성장기에도 벌써 인종차별 철폐운동에 가담하기 시작하였다. 산토스는 어렸을 때 할아버지 집에서 게릴라 대장과 같이 잤던 기억부터 자서전을 시작할 정도로 게릴라와의 갈등을 피부로 느끼면서 성장하였다. 블레어도 어렸을 때 아일랜드에서 거주한 적이 있었는데 북아일랜드의 독립을 둘러싼 분쟁을 경험하면서 성장하였다. 오바마는 어렸을 때 병이 났는데도 병원을 가서 치료를 받기 어려웠던 경험을 직접 겪은 적도 있어서 보편적 의료혜택의 부족을 마음속에 깊이 새기고 있었다.

한편 동양에서 서희 장군은 오래 동안 경험해온 사회적 문제가 아니라 거란의 외침이라는 국가적 위기를 맞이하여 항복이 아니라 고려를 존속 발전시키기 위한 고려조정 내에서 설득과 거란 소손녕 장군과의 대등한 협상을 하였다. 저우언라이는 중국이 소련과 국경분쟁으로 경색국면에서 미국과의 관계개선이 절실하였고 아시아, 아프리카와의 평화공존을 모색하는 배경에서 닉슨 대통령의 중국 방문과 중국의 유엔가입을 쟁점으로 삼았다. 모리타는 순수 비즈니스협상으로서 트랜지스터라디오의 미국 시장 개척 시 소니라는 자사 브랜드를 부착하는데 성공시킨 협상을 하였다. 그래서 서양의 4명의 협상가는 오랜 사회적 문제를 협상의 쟁점을 삼았는데 반해 동양의 3명의 협상가는 국가와 기업의 대외적 분쟁이나 거래를 협상의 쟁점으로 삼았다.

[협상전략]

역사 속 협상가의 주요 성과가 협상에 의해 갈등과 분쟁의 해결인 만큼 협상전략에서 협상가들은 대화와 협의 그리고 거래를 통해 합의를 도출하려는 전략을 사용한 점은 공통점으로 볼 수 있다. 여기서 간과해서 안 될 부분은 대화와 협의 및 거래는 이들이 가능하게 하는 압박이나 수단이 존재한다는 점이다. 만델라가 백인정부에 대화로 정치적 평등의 협상이 가능하게 한 것은 우익세력 무력 탄압에 맞서 비폭력 항거할 수 있는 거대한 흑인 국민의 단합된 힘이 있었기 때문이다. 산토스가 게릴라 무장해제를 위한 지속적 대화를 가능하게 한 것은 정부군의 정보와 군사적 우위로 압박할 수 있었고 국민적 지지를 받고 있었기 때문이다. 블레어의 북아일랜드 분쟁에서 대화를 하게 된 것도 각 정파들 간의 무력대결과 평화에 대한 갈망이 뒷받침되었기 때문이다. 서희가 소손녕과 협상으로 타협을 본 것도 서희의 당당한 태도와 설득력이 작동하였지만 그 이면에는 고려의 군사력이 거란에 대항하여 1승1패라는 전적으로 무시할 수 없는 배경이 있었기 때문이기도 하다. 무릇 정치적, 외교적 분쟁갈등의 해결을 위한 대화와 협상은 이를 뒷받침할 무력, 국민의 지지, 연합세력 등이 존재하고 있어야 가능함을 알 수 있다. 정치적, 외교적 협상에서 협상은 이러한 배경적 힘을 바탕으로 자기편이 유리한 결과를 가지도록 끌고 가기 때문에 기본적으로 경쟁적 협상의 형태를 띠고 있다. 나중에 합의단계에서는 거래를 통해 타협으로 가는 것이 일반적인 패턴이며 서로 원하는 바를 얻게 되는 과정에서 윈윈하고 협력적으로 될 수 있는 가능성은 있지만 쉽지는 않다. 반면 저우언라이는 처음부터 구동존이의 상생적 협상철학을 신봉하며 서로에게 이득이 될 수 있는 공동의 목표를 도모하고자 하였다. 저우언라이는 평화공존5원칙 기반하여 중미관계를 개선하고 '소련견제'라는 상호공동의 이해관계를 도모하였다.

[협상력]

협상가의 협상력은 힘의 원천을 사용하여 영향력을 미치는지에 의해 결정된다. 역사속 협상가의 사례에서 무력이나 인적자원의 통제를 활용하거나 연합세력을 만들어 압박하는 형태로 협상력을 발휘하기도 하고 우월한 정보와 전문성 또는 신념을 기반으로 하여 상대를 설득하고 협의하는 방법으로 협상력을 발휘한 공통점을 발견할 수 있다. 만델라는 ANC의 인적자원을 연합세력으로 삼고 이들의 무장투쟁력을 압박카드로 사용하였으며 굳은 신념으로 데 클레르크와 백인정부를 설득하였다. 산토스는 정부군의 무력과 우방국의 정보력으로 게릴라를 압박하고 대화로서 평화적으로 해결할 수 있다는 신념으로 끊임없이 게릴라와 협상을 진행하여 협상력을 발휘하였다. 블레어는 여러 정파와 관계를 구축하여 외교력을 발휘하고 공정성과 적극적 대화의지로 합의를 이끌어내는 협상력을 보여주었다. 저우언라이는 상대방의 약점과 자신의 강점을 최대한 활용하여 협상을 유리하게 또는 상생적으로 이끌어간 점도 보인다. 예를 들어 미국의 베트남전쟁 수렁탈출 출구전략 입장 간파라든가 미국측 정치일정 협조 등으로 자신의 양보에 상대방의 양보를 얻어낼 수 있었다.

한편 몇몇 협상가는 설득력으로 협상을 성공하는 장면을 볼 수 있다. 오바마는 정보와 전문성을 이용하여 민주당 의원들은 물론이고 공화당 의원도 설득하는 협상력을 발휘하였고 서희는 당시 송나라와 동북아의 역사적, 정치적 배경에 대한 정보력을 바탕으로 소손녕을 설득시키는 발군의 협상력을 발휘하였다. 모리타는 소니브랜드를 사용해야 한다는 철칙 같은 원칙과 신념으로 블로바와의 협상은 결렬시키고 다른 회사와는 성공시켜서 독특한 비즈니스협상력을 보여주었다.

[협상철학]

　역사속 협상가들이 가지는 가장 큰 공통점은 아마 협상에 임하는 철학이 아닐까 한다. 그들은 하나 같이 대화와 협상에 대한 믿음과 신념이 강렬하였다는 점을 알 수 있다. 전쟁, 갈등, 비즈니스에서 협상으로 당면한 쟁점을 해결할 수 있다는 믿음이다. 만델라는 흑인의 무력투쟁으로 아파르트헤이트를 철폐할 수 없고 백인정부와 협상을 통해서만이 평화로운 합의에 도달할 수 있는 믿음과 신념을 초지일관 지켜왔다. 산토스도 게릴라의 무장해제를 위해 무력으로 제압하고 항복을 받아내고 반역죄로 징벌하는 방법이 아니라 대화와 협상을 통해 합의를 이끌어내어 게릴라를 무장해제하고 국민으로서 융화시키는 방법을 오랜 신념으로 실천하였다. 블레어도 북아일랜드 분쟁을 더 이상의 무력투쟁으로 해결될 수 있지 않고 정파간의 대화와 협상으로 해결해야 한다는 신념을 가지고 협상에서 성공하여 협정체결을 이루어내었다. 오바마는 모든 국민들이 보편적 의료혜택을 받아야 한다는 깊은 신념을 대통령 당선되기 오래 전부터 가지고 있었으며 대통령이 되었을 때 비로소 입법화하여 제도로서 시행하였다. 모리타도 트랜지스터라디오를 개발하면서 일본시장에서 성공을 걷었지만 세계시장에서도 소니브랜드를 가지고 진출해야 한다는 강한 믿음으로 협상에 임하여 결국 성공하였다. 서희는 거란의 군사대군을 무력으로 대적하기보다 협상으로 화해시켜 거란군을 철수시켜야 한다는 믿음을 가지고 있었기에 이를 실천하기 위한 설득을 하였고 실리적 거래를 성사시켰다. 한편 저우언라이는 상대방과의 공통점을 찾아 서로 상생 협력하는 길을 모색하는 구동존이의 철학을 늘 실천하고자 하였다.

[협상가로서 우수성]

　역사속 협상가는 어떤 점에서 우수한 면을 보이고 있는가. 위의 항목별 분석에서 제시하였지만 여기서 정리해보면 협상가들은 이러한 점에서 우수성을 보여주고 있다. 먼저 협상가들은 대화와 협상에 대한 믿음과 신념을 가지고 이를 실천하기 위해 부단한 노력을 하였다는 점이다. 협상철학에서 협상에 대한 신념의 사례들을 정리해서 설명하였기 때문에 다시 서술할 필요는 없지만 협상이 성공하기 위한 가장 중요한 요소로서 이러한 신념이라고 해도 과언이 아니다.

　둘째, 위대한 협상가들은 상대를 인정하고 대화를 통해 문제를 해결하려는 노력을 한다는 특징을 가지고 있다. 만델라는 데 클레르크를 인정하고 지속적으로 대화의 채널을 열어두고 협상했으며 산토스도 게릴라를 인정하고 그들과의 대화채널을 유지하고 무장해제 문제를 해결하기 위해 협상하였다. 블레어도 북아일랜드에 관련되어 있는 여러 종파들을 공정하게 인정하고 분쟁을 해결하기 위한 다각도의 대화를 하였다. 오바마는 정치적이든 인간적이든 상대방을 인정하고 존중하는 정신이 탁월하였고 논리적 설득을 위한 대화의 달인다운 면모를 가지고 있다. 서희는 인간적 측면에서는 오바마와 다르지만 상대방과의 대등한 관계에서 대화하고 설득하여 외교관계 구축 문제를 해결하려고 노력한 점은 오바마와 유사한 면이 있다.

　셋째, 위대한 협상가들은 정보와 신념을 기반으로 하여 상대를 설득하는 탁월한 능력을 가지고 있다. 만델라, 블레어, 산토스는 각각 아파르트헤이트, 북아일랜드 분쟁, 게릴라 무장갈등을 대화와 협상을 통해 해결할 수 있다는 신념으로 끝까지 상대와 협상하고 상대를 설득하였다. 오바마는 보편적 의료혜택에 대한 정보와 전문성 그리고 반드시 도입해야 한다는 굳은 신념으로 의원들을 설득하고 오바마케어의 입법활동에 전념하였다. 서희는 당시 국제정세와 역사적 배경에 대한 해박한 지식을 가지고 소손녕을 설득하였으며 모리타는 소니브랜드의 세계화라는 굳은 신념으로 초지일관 협상에 임하고 상대를 설득한 점이 돋보인다. 저우언라이는 평화5원칙과 구동존이의 원칙과 신념에 기반하여 설득을 구사하였다.

넷째, 위대한 협상가들은 일방적으로 승리하는 것을 목적으로 하지 않고 상호이익을 얻고 좋은 관계를 구축하는 것을 목적으로 하고 그러한 결과를 얻었다. 만델라는 비록 흑인 다수당의 정부를 수립하였지만 백인들도 정치적으로 공평하게 참여할 수 있도록 제도화하였다. 산토스 또한 게릴라들을 무장해제 시키면서도 보통의 콜롬비아 국민으로 살아갈 수 있도록 평화협정을 체결하고 실천하였다. 블레어는 북아일랜드의 정체성을 확립하기 위한 여러 종파간의 타협을 도출하여 서로 공존할 수 있는 체계를 구축하였다. 오바마 사례에서는 정당으로 본다면 오바마케어의 입법에서 민주당이 승리하고 공화당이 패한 것처럼 보이나 국민의 보편적 의료혜택이라는 제도의 도입과정에서 서로 타협한 점이 있고 국민의 혜택으로 돌아갔으므로 승패의 결과가 아니다. 서희는 철저하게 실리적 외교를 하여 거란에게는 고려와의 외교수립이라는 이득을 주었으나 고려에게는 강동 6주의 획득이라는 이득을 주어 상호이익을 얻는 협상을 하였다. 저우언라이는 앞에서 여러 번 강조하였듯이 구동존이라는 철학을 신봉하면서 협력적인 협상으로 서로 상생하는 결과를 얻고자 하였다. 모리타는 낮은 가격으로 트랜지스터라디오를 공급하여 미국회사에 높은 이윤을 얻게 한 반면 소니는 자체브랜드를 미국시장에서 확고하게 자리잡는 계기를 마련하게 되어 상호이익을 보았다.

3) 미래 협상가들에게 주는 교훈

역사속의 위대한 협상가를 학습하면서 우리가 도출한 유익한 교훈들을 정리하여 제시함으로써 향후 국가나 조직 또는 기업을 이끌어가는 리더들에게 협상을 임하면서 활용할 수 있는 좋은 팁이 될 것으로 기대된다.

첫째, 어떠한 쟁점이나 문제라도 대화와 협상으로 해결할 수 있다는 믿음을 가져라.

우리가 다룬 7명의 위대한 협상가들이 한결 같은 공통점은 갈등이나 분쟁, 전쟁도 대화와 협상으로 해결하겠다는 신념을 가지고 포기하지 않고 노력한 결과 결국 협상에 성공하였다는 것이다. 대화와 협상을 통한 쟁점이나 문제의 해결 또는 비즈니스거래의 성사를 신봉하는 신념이 성공하는 협상이 가장 중요한 무기가 아닐까 한다.

둘째, 협상을 유리하게 끌고 갈 수 있도록 연합세력, 정보력, 설득력 등의 협상파워를 확보하라.

아무리 대화로 협상을 성공시키고 싶어도 이를 뒷받침할 수 있는 협상의 지렛대 같은 협상의 파워가 없으면 성공시키기 어렵다. 자신을 지지하는 국민여론과 국제적 연대가 협상력을 키워줄 수 있고 협상과 관련된 정보와 전문성도 중요한 협상의 무기가 된다. 또한 논리적으로 정보를 결합하여 상대를 설득할 수 있는 능력도 협상을 유리하게 이끌어가는 데 큰 도움이 된다.

셋째, 상대를 인정하고 상대의 말을 경청하고 명료하게 메시지를 전달할 수 있는 효과적 커뮤니케이션 스킬을 구사하라.

갈등과 분쟁에 직면하여 협상으로 해결되지 않는 것은 상대를 인정하지 않고 힘으로 해결하려 한다거나 상대의 말을 경청하지 않고 자신의 주장만 요구함으로써 나타나는 결과이다. 우리가 소개한 위대한 협상가들은 모두 원수 같은 적으로 생각이 들 수도 있지만 엄연히 협상의 상대방임을 인정하고 상호 원하는 바를 듣고 전달하는 커뮤니케이션을 잘 했던 것으로 보인다.

넷째, 협상에서 자신과 상대방이 모두 이익을 볼 수 있도록 하여 좋은 관계를 구축하라.

협상은 자신의 이익을 위해 상대를 압박하거나 설득하지만 그 이익이 일방적이게 되면 협상이 성공하기 어렵다. 그래서 협상을 원만하게 타결하기 위해서는 나의 이익을 도모함과 동시에 상대방도 이익이 어느 정도는 돌아가도록 배려해야 한다. 또한 이렇게 상호 이익이 동시에 달성될 때만이 서로 좋은 관계를 유지할 수 있다. 성공하는 협상은 협상의 결과가 상호 이익이 됨과 동시에 당사자 간의 관계가 잘 구축됨을 의미한다.

다섯째, 위대한 협상을 하려면 인류의 보편적 가치인 평화, 자유, 평등, 민주, 안전 등을 협상에서 최고의 목표로 삼아라.

일상적인 협상은 자신의 이익을 위해 상대를 압박하고 설득하지만 국가사회적인 차원의 위대한 협상은 모든 국민의 평화를 위해, 자유와 평등을 위해, 민주주의를 위해, 안전한 삶을 위해 열정적으로 추진되는 현상을 볼 수 있다. 그래서 협상이 상위수준으로 올라갈수록, 광범위하게 적용될수록 이러한 인류의 보편적 가치를 추구하고 있는지를 확인해야 한다.

주석

1. 역사 속 위대한 협상가의 발굴

1) 위키백과, "서양 철학."
2) 위키백과, "사회과학."
3) Program on Negotiation, "Great Negotiator Award," Harvard Law School. https://www.pon.harvard.edu/category/the-great-negotiator-award/

2. 남아공 넬슨 만델라 대통령

4) 위키백과, "넬슨 만델라."
5) Wikipedia, "Nelson Mandela."
6) Nelson Mandela(1995), *Long Walk to Freedom*, Back Bay Books. p.43.
7) Nelson Mandela, 전게서, p.123.
8) Wikipdia, "Nelson Mandela"; Nelson Mandela, 전게서, pp.203~204.
9) Wikipdia, "Nelson Mandela."
10) Wikipdia, "Nelson Mandela."
11) Wikipdia, "Nelson Mandela"; Nelson Mandela, 전게서, pp.770-772.
12) Nelson Mandela, 전게서, pp.775~776.
13) Nelson Mandela, 전게서, p.776.
14) Nelson Mandela, 전게서, p.780.
15) Nelson Mandela, 전게서, p.792.
16) Nelson Mandela, 전게서, p.795.
17) Nelson Mandela, 전게서, p.800.
18) Nelson Mandela, 전게서, p.813.
19) Nelson Mandela, 전게서, p.826.
20) Nelson Mandela, 전게서, p.827.
21) Nelson Mandela, 전게서, p.828.
22) Nelson Mandela, 전게서, p.832.
23) Nelson Mandela, 전게서, p.850.
24) Nelson Mandela, 전게서, p.853.

3. 영국 토니 블레어 총리

25) 토니 블레어(2014), 『토니블레어의 여정』, 유지연·김윤태 옮김, 알에이치코리아(RHK).
26) 안소니 기든스(2014), 『제3의 길』, 한상진·박찬욱 옮김, 책과 함께.
27) 나무위키, "토니 블레어."
28) 나무위키, "토니 블레어."
29) "제레미 코빈: 토니 블레어 '불법 이라크 전쟁을 설명해야 한다'," BBC News, 2015년 8월 4일; 나무위키, "토니 블레어."

30) "북아일랜드평화협상 추가협상 없다," 한경, 2006.04.01.
31) "북아일랜드 평화협상 타결," 조선일보, 1998.04.11.
32) 토니 블레어, 전게서.

4. 미국 버락 오바마 대통령

33) 위키백과, "버락 오바마."
34) 위키백과, "버락 오바마."
35) 위키백과, "버락 오바마."
36) "2012년 미국 대통령 선거," 위키백과.
37) 위키백과, "앤 더넘."
38) 위키백과, "앤 더넘."
39) 위키백과, "버락 오바마."
40) "앤 더넘의 굴곡졌던 삶의 여정과 유산," 한국일보 2011년 5월 10일 화요일자, A15면
41) 나무위키, "오바마케어."
42) 버락 오바마(2020), 『약속의 땅』, 노승영 옮김, 웅진지식하우스, p.519.
43) 버락 오바마, 전게서, p.521.
44) 버락 오바마, 전게서, p.536.
45) 버락 오바마, 전게서, p.541.
46) 버락 오바마, 전게서, p.548.
47) 버락 오바마, 전게서, p.583.
48) 버락 오바마, 전게서, p.585.
49) 버락 오바마, 전게서, p.620.
50) 조너선 체이트(2017), p.210.
51) Stark and Flaherty(2017), *The Only Negotiating Guide You'll Ever Need*, New York, NY: Crown Business, p.13; 원창희(2021), p.14.
52) Peter B. Stark and Jane Flaherty, 전게서, pp.13-15.

5. 콜롬비아 후안 마누엘 산토스 대통령

53) Britannica Encyclopedia, "Juan Manuel Santos."
54) Britannica Encyclopedia, 전게서.
55) Britannica Encyclopedia, 전게서.
56) Britannica Encyclopedia, 전게서.
57) Santos, Juan Manuel(2021), *The Battle for Peace*, University Press of Kansas, p.2.
58) Santos, 전게서, p.4.
59) Santos, 전게서, p.6.
60) Santos, 전게서, p.9.
61) Santos, 전게서, p.11.
62) Santos, 전게서, p.13.
63) Santos, 전게서, pp.14~15.
64) Santos, 전게서, p.16.
65) Santos, 전게서, p.30.
66) Santos, 전게서, pp.39~40.
67) Santos, 전게서, p.47.
68) Santos, 전게서, p.63.
69) Santos, 전게서, p.70.

70) Santos, 전게서, p.84.
71) Santos, 전게서, p.90.
72) Santos, 전게서, p.91.
73) Santos, 전게서, pp.85~86.
74) Santos, 전게서, pp.111~112
75) Santos, 전게서, p.p.115~116.
76) Santos, 전게서, pp.153~154.
77) Santos, 전게서, p.178.
78) Santos, 전게서, p.196.
79) Santos, 전게서, p.197.
80) Santos, 전게서, p.212.
81) Santos, 전게서, p.237.
82) 주콜롬비아 대한민국 대사관(2016), "콜롬비아의 정부와 FARC간 평화협정 개정안 합의 도출(11.15)," 2016-11-16.
83) Santos, 전게서, p.243.
84) 재선의 과정과 통계는 Santos, 전게서, pp.303~306에서 인용하였다.
85) Santos, 전게서, p.342.
86) Santos, 전게서, p.364.
87) Santos, 전게서, p.379.
88) Santos, 전게서, p.382.
89) Santos, 전게서, p.102.

6. 한국 장위공 서희 장군

90) 서희의 생애와 관리로서의 성장 과정은 김기홍(2004), 『서희 협상을 말하다』, 새로운 제안, 장철균(2013), 『서희의 외교 담판』, 살림출판사, 한정수(2021), "고려 초 서희의 생애와 정치 활동,"『사학연구』, (144): 391-429의 문헌을 주로 참고하여 요약 및 인용함.
91) KBS 역사저널 그날 제작팀(2019). p.214
92) 한정수, 전게서.
93) 모두 태조 왕건의 훈요십조에 포함되어 있다.
94) 김기홍(2004), 『서희 협상을 말하다』, 새로운 제안, pp.54~56
95) 박현모(2009), "서희의 협상리더십 연구,"『국제정치논총』, 49(2): 83-102의 연구성과를 주로 참고하여 재구성함.
96) 박현모, 전게서.
97) 『고려사』 21권, 열전7, 서희편(동아대판 고려사 pp.173-181).
98) Beiner(1983), *Political Judgement*, Chicago: The University of Chicago Press, p.87; 박현모, 전게서에서 재인용.
99) 박현모, 전게서.
100) Lewicki, Barry, and Saunders(2007), Essentials of Negotiation(4th edition), N.Y: McGraw-Hill, pp.6-8
101) 박상현(2009), "전략적 사고의 관점에서 본 서희의 강동6주 협상,"『한국정치학회보』, 44(3):139-158 중 p.139.
102) 하혜수(2005), "우리나라 역사인물의 협상전략에 대한 비교연구: 을지문덕과 서희장군을 중심으로,"『협상연구』, 11(1):3-27 중 p.24.
103) 하혜수, 전게서.
104) 박현모, 전게서.

7. 중국 저우언라이 총리

105) 연합뉴스(2020.10.28.), "중국 근대화의 초석 다진 저우언라이 리더십"; 프레시안(2021.11.10.), "중국 '인민의 총리; 저우언라이와 이어지다"
106) 5.4운동 : 1919년 5월 4일 중국 베이징의 학생들이 일으킨 항일운동이자 반제국주의, 반봉건주의 혁명운동 (두산백과 두피디아)
107) 중국공산당 전국인민정치협상회의 의장(1983~1988). 1925년 저우언라이와 결혼. 공산당 주요인사로 여성운동을 지도하며 요직을 역임했다. 내전 이후 여권 신장과 특히 전족폐지에 큰 역할을 했다.
108) 대장정(大長征) : 1만 5,000킬로미터에 달하는 중국 공산군(홍군(紅軍))의 역사적 대행군(1934~1935)으로, 이 결과 공산당의 혁명 근거지가 중국 동남부에서 서북부로 옮겨졌으며 마오쩌둥이 확고부동한 지도자로 부상하였다. 홍군은 추격해 오는 장제스의 국민당 군과 계속 싸우면서 18개의 산맥을 넘고 24개의 강을 건너 서북 지방의 싼시 성에 도달하였다. 중국의 많은 청년들은 장정이라는 영웅적인 투쟁에 자극을 받아 1930년대말 1940년대초에 걸쳐 공산당에 가담하였다.(네이버 지식백과)
109) 국공합작(國共合作) : 중국 국민당과 중국 공산당이 이룩한 2회의 협력관계를 지칭한다. 제1차 국공합작(1924.1~1927.7)은 북방의 군벌과 그 배후에 있는 제국주의 열강에 대항하기 위하여 맺어진 것으로 국민혁명(북벌)에 크게 기여하였으며, 제2차 국공합작(1937.9~1945.8)은 일본제국주의에 대하여 통일전선을 결성한 것으로, 대일전쟁에서 결정적인 역할을 수행하였다.(두산백과 두피디아)
110) 위키백과, "저우언라이."
111) 대약진 운동(大躍進運動) : 마오쩌둥(毛澤東)의 주도하에 1958년부터 1960년 초 사이에 일어난 노동력 집중화 산업의 추진을 통한 경제성장운동.3년여 동안의 대약진운동은 중국을 발전시키기 보다는 농·경공업의 퇴보와 중화학공업의 과다발전이라는 기형적 결과를 낳으며 중국 전체 경제적·문화적 수준을 20년 이상 퇴보시켰다는 비판을 받았다.마오쩌둥은 대약진운동 실패의 책임을 지고 국가주석의 자리에서 사임하였다.(시사상식사전, pmg 지식엔진연구소)
112) 문화대혁명(文化大革命) : 1966년부터 1976년까지 10년간 중국의 최고지도자 마오쩌둥[毛澤東]에 의해 주도된 극좌 사회주의운동. 한때 만민평등과 조직타파를 부르짖은 인류역사상 위대한 실험이라고 극찬을 받았으나, 결국 실패로 끝났다. 이 운동으로 약 300만 명의 당원이 숙청되었고, 경제는 피폐해지고 혼란과 부정부패가 만연하였다. 1981년 6월 중국공산당은 '건국 이래의 역사적 문제에 관한 당의 결의'에서 문화대혁명은 당·국가·인민에게 가장 심한 좌절과 손실을 가져다 준 마오쩌둥의 극좌적 오류며, 그의 책임이라고 규정하였다.(두산백과 두피디아)
113) 정종욱 서울대 정치외교학부 명예교수의 인물평, 정종욱(2020), 『지우언라이 평전』, 민음사.
114) 시안사변 협상과정에서의 저우언라이의 활약상에 대해서는 이중(2012)의 『저우언라이, 오늘의 중국을 이끄는 힘』(위즈덤하우스) pp.136-164의 내용을 주로 요약 인용하였으며, 정종욱, 전게서와 서상문(2016), "서안사변과 주은래", 『군사논단』, 88:233-269 자료를 보조적으로 참고함.
115) 중화민국 총통을 역임한 중국의 정치가이다. 1945년 벌어진 전면적 국공내전에서 패배하면서 1949년 12월 타이완으로 정부를 옮겼고, 이후 중화민국 총통 겸 국민당 총재를 역임했다.
116) 이중, 전게서, p.144.
117) 이중, 전게서, p.151.
118) 마르크스주의, 레닌주의 정당의 국제적 조직체다. 블라디미르 레닌의 발기로 1919년 3월 2일에 창당했다가 1943년 5월 15일 스탈린이 해체했다. 1919년 창당 이후 스탈린이 권력을 완전히 장악할 때까지 약 10

여년 동안 전세계 공산주의 활동에 있어서 중추적인 역할을 했다. 그러나 스탈린이 집권하고 나서 약화되어 유명무실해졌다. 목적은 각국 공산당들을 강하게 연계하고 그 활동을 통일적으로 지도함으로써, 1국 1당 주의에 따라 각국에 지부를 하나씩 두었다.
119) 이중, 전게서, p.152.
120) 이중, 전게서, p.155.
121) 羅瑞卿·呂正操·王柄南, 『西安事變與周恩來同志』 p.73, 서상문, 전게서에서 재인용
122) 서상문, 전게서 연구결과 참조
123) 서상문, 전게서, p.265.
124) 중국공산당사연구실(2014), 『중국공산당역사』 (하), 홍순도·홍광훈 역, 서울: 서교출판사, pp.249~250.
125) 괌독트린(Guam Doctrine)이라고도 한다. 미국 대통령 닉슨은 1969년 7월 25일 괌(Guam)에서 그의 새로운 대아시아정책인 닉슨독트린을 발표하고, 1970년 2월 국회에 보낸 외교교서를 통하여 닉슨독트린을 세계에 선포하였다. 내용은 다음과 같다.
① 미국은 앞으로 베트남전쟁과 같은 군사적 개입을 피한다.
② 미국은 아시아 제국(諸國)과의 조약상 약속을 지키지만, 강대국의 핵에 의한 위협의 경우를 제외하고는 내란이나 침략에 대하여 아시아 각국이 스스로 협력하여 그에 대처하여야 할 것이다.
③ 미국은 '태평양 국가'로서 그 지역에서 중요한 역할을 계속하지만 직접적·군사적인 또는 정치적인 과잉개입은 하지 않으며 자조(自助)의 의사를 가진 아시아 제국의 자주적 행동을 측면 지원한다.
④ 아시아 제국에 대한 원조는 경제중심으로 바꾸며 다수국간 방식을 강화하여 미국의 과중한 부담을 피한다.
⑤ 아시아 제국이 5~10년의 장래에는 상호안전보장을 위한 군사기구를 만들기를 기대한다.
(두산백과 두피디아)
126) 중국공산당 제1세대 지도자 원로 4인(예젠잉, 천이, 쉬샹첸, 녜룽전)과 저우언라이가 실질적 책임을 맡은 '국제문제 연구소조'의 활동내용에 관해서는 정종욱, 전게서, pp.271-299 참고
127) 미중관계개선 협상의 배경, 진행과정 등의 내용은 나무위키의 키신저-저우언라이 회담, 닉슨-마오쩌둥 회담 편을 참조하여 정리함
128) 나무위키, "키신저-저우언라이 회담."
129) 나무위키, "키신저-저우언라이 회담."
130) 나무위키, "닉슨-마오쩌둥 회담."
131) 김연철(2016), 『협상의 전략』, 휴머니스트 출판그룹, p.558
132) 김연철, 전게서, p.567
133) 덩자이쥔·저우얼쥔(2017), 『위기의 세계정치 저우언라이를 보다』.
134) 이재방·장덕환(2005), 『미·중 화해』, 법영사, pp.291-306
135) 프레시안, "중국 '인민의 총리' 저우언라이와 이어지다," 2021.11.10.
136) 반둥회의 : 1955년 4월 18일 인도네시아의 반둥에서 아시아와 아프리카의 29개국 대표단이 모여 개최한 국제 회의로 'AA(아시아-아프리카)회의'라고도 한다. 이 국제회의는 인도네시아, 스리랑카, 미얀마, 인도, 파키스탄, 다섯 나라의 발기로 소집됐다. 24일까지 계속된 이 회의에서 세계 인구의 과반수를 대표하는 참석자들은 아시아 아프리카 나라들 사이의 긴밀한 관계 수립을 모색하고 냉전상황 속에서 이들 나라의 중립을 선언하는 한편 식민주의의 종식을 촉구했다. 식민주의 문제에 대한 토론의 결과로 서방 열강과 소련을 비판하는 선언문을 채택한 외에, 국제연합 헌장의 여러 원칙에다가 그 전해 중국 총리 저우언라이와 인도 총리 네루 사이에 합의된 평화공존5원칙을 통합해 '평화공존10원칙'을 선언했다. 이 선언은 비동맹과 중립주의, 상호 협력 등의 정신을 담은 것으로 서방 자본주의 국가와 동방 사회주의 국가에 의해 양분되던 국제 정치 무대에 '제3세계'라는 새로운 세력의 등장을 알리는 것이었다. 신생국의 수가 계속 늘어나는 상황 속에서 반둥회의를 계기로 등장한 '비동맹' 그룹은 점차 세를 더해갔고 이들은 60, 70년대를 지나면

137) 저우언라이의 외교사상 <평화공존 5원칙>과 협상철학 <구동존이> 개념이 제안되는 과정을 안외순·홍자이(2016), '중국 저우언라이의 구동존이 외교사상과 유교의 인서(仁恕) 가치 전통', 『동방학』, 제35집 pp.139-171의 연구결과를 주로 참조
138) [네이버 지식백과] '구동존이'를 영어로 뭐라고 할까? - agree to disagree (인문학은 언어에서 태어났다, 2014. 12. 8., 강준만)
139) '반둥 10원칙'이라고도 부르는 이 선언은 평화공존 5원칙을 통합해 '평화공존 10원칙'으로 제시하였다. 선언의 내용은 기본적 인권과 국제연합헌장의 목적 및 원칙의 존중, 주권과 영토 보전의 존중, 인종 및 국가 사이의 평등, 내정 불간섭, 국제 연합 헌장에 입각한 개별적·집단적 자위권의 존중, 대국의 이익을 위한 집단적 군사동맹에의 불참, 상호 불가침, 평화적 방법을 통한 국제 분쟁 해결, 상호 협력의 촉진, 정의와 국제 의무존중이다 (시사상식사전, pmg 지식엔진연구소)
140) 안외순·홍자이, 전게서.
141) 백종섭(2015), 『갈등관리와 협상전략』, pp.117-118
142) 백종섭, 전게서, p.172
143) 리우삐룽(2005), 『담판』, 박종연 역, 이코-북, pp.30-33. 리우삐룽(劉必榮)은 타이완 똥우(東吳)대학교 정치학과 교수이자 담판연구발전협회 이사장으로 협상연구에 몰두하고 있는 협상전문가이다.
144) "전쟁하지 않고 적을 굴복시키는 것이 최상 중의 최상이다.(不戰而屈人之兵 善之善者也)" -『손자병법』, 모공편
145) 리우삐룽, 전게서, p.32.

8. 일본 모리타 아키오 회장

146) 모리타 아키오(2001), 『나는 어떻게 미래를 지배했는가』, 김성기 옮김, 황금가지; 나무위키, "모리타 아키오."
147) 모리타 아키오, 전게서.
148) 김성국(2002), "성경적 경영원리 소니사," 2002-06-18.
149) 송풍(2007), "sony 창업자 "모리타 아키오"에 대해서," 07.12.11. https://m.cafe.daum.net/qingdaokorean/CIo4/4549
150) 송풍, 전게서.
151) 김성국, 전게서.
152) 천위안(2018), 『CEO의 코스요리』, 송은진 역, 영인미디어.
153) 천이안, 전게서.
154) 더굿북, "08. 마케팅, 소비자의 마음을 노려라!" CEO의 코스요리. https://post.naver.com/viewer/postView.nhn?volumeNo=16386850&memberNo=29566044
155) 송풍, 전게서.
156) 월터 이삭(2015), 『스티브잡스』, 안진환 옮김, 민음사.
157) 강일용(2014), "스티브 잡스는 소니의 열렬한 추종자였다," IT동아, 2014.02.06. https://it.donga.com/17277/
158) 나무위키, "워크맨(음향기기)."
159) Simons & Tripp(2015), "The Negotition Checklist," in Roy J. Lewicki, Bruce Barry and David M. Saunders, eds., *Negotiation: Readings, Exercises, and Cases*, 7th ed., New York, NY: McGraw-Hill Education, pp.34-47.
160) 조영탁(2007), "시대를 넘어선 결단 '워크맨 신화'를 쓰다," 조선비즈.
161) 유성운(2006), "[경제경영]'세상을 내 편으로 만드는 협상의 전략," 동아일보, 2006-08-19.

참고문헌

김기홍(2004), 『서희 협상을 말하다』, 새로운 제안.

김성국(2002), "성경적 경영원리 소니사," 2002-06-18. http://0691.in/news_mail.html?s=index&no=58977

김연철(2016), 『협상의 전략』, 휴머니스트 출판그룹.

김주원(2014), "효과적 한·중 FTA 체결을 위한 중국의 협상문화와 협상전략에 관한 연구," 『한국무역상무학회지』, 63:209-244.

강일용(2014), "스티브 잡스는 소니의 열렬한 추종자였다," IT동아, 2014.02.06. https://it.donga.com/17277/

경인문화사 편집부(2006), 국역 『고려사』, 경인문화사.

나무위키, "닉슨-마우쩌둥 회담."

나무위키, "버락 오바마."

나무위키, "모리타 아키오."

나무위키, "오바마케어."

나무위키, "워크맨(음향기기)."

나무위키, "키신저-저우언라이 회담."

나무위키, "토니 블레어."

나무위키, "후안 마누엘 산토스."

네이버 시사상식사전, "대약진 운동(大躍進運動)."

네이버 시사상식사전, "반둥회의."

네이버 지식백과, "대장정(大長征)."

네이버 지식백과, "'구동존이'를 영어로 뭐라고 할까? - agree to disagree."

더굿북, "08. 마케팅, 소비자의 마음을 노려라!" CEO의 코스요리.

https://post.naver.com/viewer/postView.nhn?volumeNo=16386850&memberNo=29566044

덩자이쥔·저우얼쥔(2017), 『위기의 세계정치 저우언라이를 보다』, 김승일 外역, 경지출판사.

동아일보(2006), "청년 블레어 "난 이래서 마르크스와 결별", 『동아일보』, 2006년 6월 16일.

두산백과 두피디아, "5.4운동."

두산백과 두피디아, "국공합작(國共合作)."

두산백과 두피디아, "문화대혁명(文化大革命)."

리우삐룽(2005), 『담판』, 박종연 역, 이코-북..

마샬, 데이비드(2001), 『영모리타 아키오와 소니 : 세계의 사업가』, 서울: 교원.

모리타 아키오(2001), 『나는 어떻게 미래를 지배했는가』, 김성기 옮김, 황금가지.

박상현(2010), "전략적 사고의 관점에서 본 서희의 강동6주 협상," 『한국정치학회보』, 44(3):139-158.

박현모(2009), "서희의 협상리더십 연구: 993년 안융진 담판을 중심으로," 『국제정치논총』, 49(2):83-102.

백종섭(2015), 『갈등관리와 협상전략』, 창민사.

버락 오바마(2020), 『약속의 땅』, 노승영 옮김, 웅진지식하우스.

서상문(2016), "서안사변과 주은래," 『군사논단』, 88:233-269.

서울신문(2007), "블레어 총리 '새달 27일 사임' 공식 발표… '집권 10년' 빛과 그림자", 『서울신문』, 2007년 5월 11일.

손자, 『손자병법』, 모공편.

송풍(2007), "sony 창업자 "모리타 아키오"에 대해서," 07.12.11.

https://m.cafe.daum.net/qingdaokorean/CIo4/4549
시사상식사전, "대약진 운동(大躍進運動)."
시사상식사전, "반둥회의."
시사저널(1997), "북아일랜드에 총성은 그쳤지만…", 『시사저널』, 1997년 8월 7일.
안소니 기든스(2014), 『제3의 길』, 한상진·박찬욱 옮김, 책과 함께.
안외순·홍자이(2016), "중국 저우언라이의 구동존이(求同存異) 외교사상과 유교의 인서(仁恕) 가치 전통,"『동방학』, 35:139-171, 한서대 동양고전연구소.
연합뉴스, "중국 근대화의 초석 다진 저우언라이 리더십," 2020.10.28.
우윤(1999), "꺾이지 않은 협상가 서희,"『통일한국』, 1999.9, 84-85.
원창희(2021), 『성공하는 협상의 10가지 핵심역량』, 파인협상아카데미.
월터 이삭(2015), 『스티브잡스』, 안진환 옮김, 민음사.
위키백과, "2012년 미국 대통령 선거."
위키백과, "넬슨 만델라."
위키백과, "모리타 아키오."
위키백과, "버락 오바마."
위키백과, "북아일랜드 분쟁."
위키백과, "사회과학."
위키백과, "서양 철학."
위키백과, "소니."
위키백과, "앤 더넘."
위키백과, "저우언라이."
위키백과, "토니 블레어."
위키백과, "후안 마누엘 산토스."

유성운, "[경제경영]'세상을 내 편으로 만드는 협상의 전략,"동아일보, 2006-08-19.

이재방·장덕환(2005), 『미·중 화해』, 법영사.

이중(2012), 『저우언라이, 오늘의 중국을 이끄는 힘』, 위즈덤하우스.

인민망 한국어판, "[추억의 사진전] 저우언라이 총리 일생의 120개 순간! 회고+추모," 2018.3.12.

임예준(2015), "1955년 반둥회의가 유엔체제와 국제법질서에 미친 영향,"『국제법평론』 42:69-95.

장철균(2013), 『서희의 외교 담판』, 살림출판사.

정종욱(2020), 『저우언라이 평전』, 민음사.

조너선 체이트(2017), 『오바마의 담대함』, 박세연 옮김, 성안당.

조선일보(1998), "북아일랜드 평화협상 타결," 조선일보, 1998.04.11.

조영탁(2007), 시대를 넘어선 결단 '워크맨 신화'를 쓰다, 조선비즈.

주콜롬비아 대한민국 대사관(2016), "콜롬비아의 정부와 FARC간 평화협정 개정안 합의 도출(11.15)," 2016-11-16.

중국공산당사연구실(2014), 『중국공산당역사』 (하), 홍순도·홍광훈 역, 서교출판사.

중앙일보, [유성윤의 역사정치] "서희는 '세치 혀'로 거란군을 물리친 걸까," 중앙일보, 2018.9.16.

채널예스(2007), "시대를 넘어선 결단, '워크맨 신화'를 쓰다 - 모리타 아키오,"『채널예스』, 2007년 5월 6일.

천위안(2018), 『CEO의 코스요리』, 송은진 역, 영인미디어.

토니 블레어(2014), 『토니블레어의 여정』, 유지연·김윤태 옮김, 알에이치코리아(RHK).

프랑수아 드 켈리에(2020), 『파리 최고의 협상가 켈리에』, 현영환 역, 루이앤휴잇.

프레시안, "중국 '인민의 총리' 저우언라이와 이어지다." 2021.11.10.

하혜수(2005), "우리나라 역사인물의 협상전략에 대한 비교연구: 을지문덕과 서희장군을 중심으로."『협상연구』, 11(1):3-27.

한경(2006), "북아일랜드평화협상 추가협상 없다." 한경, 2006.04.01.

한국일보(2011), "앤 더넘의 굴곡졌던 삶의 여정과 유산." 한국일보 2011년 5월 10일 화요일자, A15면

한국경제(2015), "소니 공동창업자 모리타 아키오."『한국경제』, 2015년년 10월 2일.

한정수(2021), "고려 초 서희의 생애와 정치 활동."『사학연구』, (144):391-429.

홍자이(2016), "중국 저우언라이의 외교사상." 한서대 석사학위논문.

황기식·최인영·정다감(2018), "영국과 EU의 브렉시트 외교안보분야 협상 과정 주요 쟁점과 전략."『21세기정치학회보』, 제28집 4호, 2018년 12월, p.11.

BBC News, "제레미 코빈: 토니 블레어 '불법 이라크 전쟁을 설명해야 한다'." BBC News, 2015년 8월 4일.

KBS역사저널그날제작팀(2019), "역사저널 그날-고려편 1권(왕건에서 서희까지)." 민음사.

국사편찬위원회 우리역사넷 http://contents.history.go.kr
나무위키 http://namu.wiki
네이버 지식백과 terms.naver.com
네이버 시사상식사전 terms.naver.com/list.nhn

두산백과 두피디아 http://www.doopedia.co.kr
위키백과 https://ko.wikepedia.org
이천시 서희역사관 https://www.artic.or.kr/shmus/main/view
한국민족문화대백과사전 http://encykorea.aks.ac.kr

人民出版社(1980), 『周恩來 選集』, 上/下, 北京:. 1980.

Beiner, R.(1983), *Political Judgement*, Chicago: The University of Chicago Press.

Benson, Mary (1986). *Nelson Mandela*, Harmondsworth: Penguin Books. ISBN 978-0-14-008941-7.

Britannica Encyclopedia, "Juan Manuel Santos."

Folha de S. Paolo(2016), "Colombian President Receives Nobel Peace Prize, Calls for End to Conflicts," 12/10/2016.

Infobe(2016), September 26, 2016.

Lewicki, Barry, and Saunders(2007), *Essentials of Negotiation*(4th edition), N.Y: McGraw-Hill.

Lodge, Tom(2006), *Mandela: A Critical Life*, Oxford: Oxford University Press. ISBN 978-0-19-921935-3.

Meer, Fatima(1988), *Higher than Hope: The Authorized Biography of Nelson Mandela*, London: Hamish Hamilton. ISBN 978-0-241-12787-2.

Meredith, Martin (2010), *Mandela: A Biography*, New York: Public Affairs. ISBN 978-1-58648-832-1.

Nelson Mandela(1995), *Long Walk to Freedom*, Back Bay Books.

Program on Negotiation, "Great Negotiator Award," Harvard Law School. https://www.pon.harvard.edu/category/ the-great-negotiator-award/

RCN Radio, "'Alfonso Cano' will be honored in Bogotá," 29 Oct 2017.

Santos, Juan Manuel(2014) "A Colombia en paz no la frena nadie," *El Tiempo*, 2014. 8. 7.

Santos, Juan Manuel(2021), *The Battle for Peace: The Long Road to Ending a War with the World's Oldest Guerrilla Army*, translated by Joe Broderick, Lawrence: University Press of Kansas, ISBN 978-0-7006-3066-0.

Semana(2018), "Family album: this is how the life of Santos Rodríguez changed," 4/8/2018.

Simons, Tony and Thomas M. Tripp(2015), "The Negotition Checklist," in Roy J. Lewicki, Bruce Barry and David M. Saunders, eds., Negotiation: Readings, Exercises, and Cases, 7th ed., New York, NY: McGraw-Hill Education, pp.34-47;

Stark, Peter B. and Jane Flaherty(2017), *The Only Negotiating Guide You'll Ever Need*, New York, NY: Crown Business.

Wikipedia, "Juan Manuel Santos."

Wikipedia, "Nelson Mandela."

찾아보기

1인1표 투표　　　240
419운동(M-19)　　120
5.4 운동　　　　　188
6무　　　　　　　208

(A)
ANC(아프리카민족회의)　47, 49, 50, 53, 55, 56, 57, 58, 59, 60, 63, 65, 66, 68, 71, 240, 254

(B)
BATNA　　　　135, 226, 234

(C)
CODESA　　　　59, 65
CODESA2　　　　62, 65

(E)
El Tiempo　　　124
ELN　　　　　　126

(F)
Farc　116, 122, 123, 125, 128, 129, 130, 131, 132, 133, 137, 143, 145, 150, 156
Farc 게릴라　　　117, 126
Farc 협상팀　　　146
Farc(콜롬비아혁명군) 248
Farc게릴라　　　124

(G)
G20 정상회의　　107

(I)
IRA(아일랜드공화국군) 86, 241

(M)
M-19 게릴라 운동 123
Made in Japan　224, 229

(N)
NEC　　56, 57, 60, 63, 65, 71

(O)
OEM 수출 방식　225

(U)
UN총회　　　　204
U당의 대통령 후보 135

(ㄱ)
가비리아 대통령　124
가업(家業)　　　222
가이탄 암살　　　118
가입자 차별 금지 조항 100
가치창출　　　　94
갈등의 종식　　　144
갈등적 이해관계　184
갈등종식　　　　145
갑질 협상　　　　245
강감찬　　　　　185
강동 6주　　　　174, 185, 257
강동 6주의 실리　245
강동 6주의 획득　250
강화협상　　　　174, 182
개인적 힘　　　　230
거란　　167, 168, 178, 245
거란 성종(聖宗)　171, 182, 245
거란 장군 야율휴가 182
거란과 군신관계　245
거란과 외교관계　174
거란과의 전쟁　　251
거란과의 협상　　245
거란군대　　　　179
거란의 외침　　　252
거란의 침략　　　167
건강보험 미가입자 105
건강보험 법안　　100, 101, 102, 103, 104, 111, 112, 113
건강보험 설명회　112
검교병부상서　　181
검교병부상서(檢校兵部尙書) 169
게릴라　　　　　134
게릴라 내전　　　118
게릴라 무장갈등　256

게릴라 무장해제	253, 255	구동존이(求同存異)	210, 246, 253, 255, 257
게릴라 정치 참여	150	국가경영 리더십	182
게릴라 지도부	243	국가도제서비스	128
게릴라 집단	119	국가보안법	56
게릴라 캠프	139	국가자유군(ELN)	120
게릴라와 협상	136, 152, 254	국가적 리더십	239
게릴라와의 갈등	252	국가전선	119
게릴라와의 대화	136	국가최고위원회(NEC)	49
결단력	247	국가통일사회당	116
경단연(經團聯:일본경제단체연합회)	229	국가평의회	108
경영의 기본 원칙	224	국공내전(國共內戰)	187, 199
경쟁적 협상	226, 234, 253	국공합작	188, 198, 246
경쟁적 협상 태도	212	국교정상화	109
경쟁적(배분적) 전략	184	국민당(National Party)	52, 59, 61, 69, 188, 191
경청	258		
고든 브라운	80, 82	국민당군	198
고려성종(成宗)	167, 169, 171, 245	국민여론	112, 258
고려-거란 강화협정	180	국민의 지지	253
고려-거란 전쟁	171	국민의 평화	259
고려사	179	국민통합사회당	131
고려사절요	178	국민통합사회당 정부	243
고려왕조	176	국민투표	61, 91, 148
고려의 군사력	253	국방장관	116, 131
고려의 항복	245	국왕의 신뢰	182
고려정벌	171	국제문제연구소조	200
고위평화조정관	137	국제위원회	128
공공보험 옵션	101	국제적 다자간 협상	113
공동투쟁전선	251	국제적 연대	258
공산당	119, 191	국제적십자	110
공산주의 혁명	108	국제정세 정보	185
공산주의자	141	국제커피조직	115
공화당 코커스	103, 112	국지전	182
공화당 하원의원	103	군사 작전의 중단	86
공화당수련회	242	권력공유체계	51
공화당의원	112	권리장전	59
공화파	85	그루트 슈어	52
공화파 준군사조직	85	극우파 공화당	111
과거 급제	168	기대(expectation)	176
과도정부	64	기본 원칙	221
과도최고위원회	66	기선잡기	177
관계형성적 접근	228	기업의 글로벌화	222
광종	168	끝내기 수순	179
광평성 원외랑	168		
교착게임(deadlock game)	184	(ㄴ)	
교환하는 거래	245	난창 봉기	188

남북아일랜드 협의체구성 241
남송 167
남아공화국 43
남아프리카 66
남아프리카공산당(SACP) 55
남아프리카정부 64
내구적 평화 구축 145
내의성 시랑 245
내의성 시랑(內議省 侍郞) 169
낸시 펠로시 102
냉전 210
냉전체제 199
네그로 아카시오 고위 마약밀매자 132
네트워크 형성 228
네트워크의 힘 230
넬슨 만델라 6, 43, 240
노동당 79, 80, 81, 82
노동당 대표 81
노벨평화상 67, 96, 117, 150, 251
노회찬 208
녹색 운동 106
논리적 181
논리적 설득 242, 256
농축 우라늄 108
뉴욕증권거래소 229
닉슨 대통령 246, 251, 252
닉슨 독트린 199

(ㄷ)
다각도의 대화 256
다국적 경제 제재 113
다나카 209
다문화 98
다민족 혈통 98
다수결주의 51
다자간 외교협상력 241
단일국가 정부 66
대등외교 245
대송사행(對宋使行) 169
대약진 운동 189
대장정 188
대중자유군(EPL) 120
대중행동 63, 64
대중행동 캠페인 64
대처수상 55

대통령 취임 69
대화와 협상 240, 241, 251, 253, 255, 256, 258
대화와 협의 253
대화채널 256
댜오위타이(釣魚臺) 영빈관 203
덩샤오핑(鄧小平) 187
덩잉차오 1 88
데 클레르크(de Klerk) 46, 50, 51, 54, 55, 57, 60, 63, 64, 66, 67, 69, 71, 240, 254, 256
독일산 테이프레코더 222
동경통신공업사 221, 223
동북군 198
동서로 대좌 172
동아시아 국제정세 182
동양 협상가 252
동양편 6, 230, 249
동양편 협상가 245

(ㄹ)
라디오 판매 협상 225
라울 레이에스 132
라울 카스트로 108, 114, 139
라울 카스트로 의장 110
러시아의 WTO가입 108
런던경제학교 115
레오 블레어 78
레이에스 캠프 133
레지옹 드뇌르 훈위 229
로마법 135
로벤 감옥 46, 53
로스 페로 228
로열티 지불 232, 234
로저스 국무장관 203
로하스 장군 119, 120
롤로 수에토로 95
롤리흘라흘라(Rolihlahla) 43
리더십 250
리처드 닉슨 187, 199

(ㅁ)
마뉴엘 마루란다 119, 129, 133
마르크스레닌주의 공산당 120
마르크스주의 79
마르트 루터 킹 54, 69

마사 코클리 102
마스트리흐트 조약 81
마야 수에토로 97
마약거래 121
마약밀매단 122, 123, 152
마약밀매자 범인인도 122, 123
마약카르텔 122
마오쩌둥(毛澤東) 187
마오쩌둥 사상 120
만델라 53, 54, 60, 63, 66, 67, 69, 71, 250, 251, 252, 253, 254, 255, 256, 257
매사추세츠 상원의원 보궐선거 102
매킨토시 229
먼데일 전 부통령 228
메드베데프 대통령 107, 108, 113
메이드 인 재팬(Made in Japan) 222
모노 호호이 137
모리타 아키오(盛田昭夫) 6, 220, 221, 222, 224, 232, 246, 250, 251, 252, 254, 255, 257
모리타 협상력 247
모리타의 8가지 경영원칙 231
모리타의 경영원칙 230
몬세라트 애비 회의 125
무기 판매 금지 107
무기의 양도 143
무기의 중단 144
무기해제 148
무담보 소액대출 98
무력투쟁 255
무료 보험의 적용 대상 확대 100
무장갈등 134, 135, 138
무장갈등 종식 143, 243
무장갈등 해소 153
무장투쟁 56, 64, 70, 254
무형자산 235
문화 대혁명 189
미국 대사관 110
미국 대통령 96
미국 시장 개척 228
미국과 무역 마찰 228
미국과의 관계정상화 246
미국국제개발처 97

미야케 이세이 229
미중 데탕트(Détente) 187
민간정보교육국 221
민권 변호사 98
민족의 창 45
민족주의자 85
민족주의자들 52
민주남아프리카회담(CODESA) 58
민주당 대선 후보 96
민주당 하원의원 104
민주당의원 112
민주적 안보의 시대 131
민주주의 259
민주중앙당 147
민중전선 72

(ㅂ)
바르샤바 회담 201
바이든 105
박양유 171
반군과의 평화회담 116
반대여론 112
반대파와 조율 149
반둥회의 189, 210
반인종차별 입법 55
반인종차별 투쟁 54
발렌시아 장군 134
발해 69
백인 정부 70
백인우익집단 240
백인정부 70, 240, 254, 255
밸러리의 시민참여팀 103
버락 오바마 6, 95, 242
버락 오바마 시니어 95
버티 아헌 88
범아프리카의회(PAC) 59
법원궁전 123
베탄쿠르 121
베탄쿠르 대통령 123
베트남전쟁 199, 254
베트남전쟁의 수렁탈출 246
벤처 정신 234
벨 연구소(Bell Labs) 223
벨파스트 협정 84, 85, 87, 89, 91
병관어사(兵官御事) 169, 181

보건 의료 개혁　100
보수당　61, 67, 68, 72, 79, 82, 117
보안법　121
보야카 전투　117
보청기　223
보편적 성인투표권　59
보편적 의료보험(일명 오마바케어)　99, 242
보편적 의료혜택　113, 251, 252, 255, 256
보프타츠와나 정부　68
복수정당 내각　66
복수정당 민주주의　59
본 협상　174, 178, 179
본 협상단계　176
봉산군 전투　171
부시 행정부　106
부시의 푸들　73
부시행정부　55
부텔레지 족장　52, 65, 67, 68
북방정책　168
북아일랜드 분쟁　85, 86, 88, 91, 241, 250, 253, 255, 256
북아일랜드 평화협상　86, 87
북아일랜드 평화협정　89, 91
북아일랜드의 독립　252
북아일랜드의 입헌적 지위　241
북아일랜드의 정체성　257
분배적 협상　81
불로바(Bulova)　224, 225, 247
브랜드의 가치　225
브랜드의 중요성　222
블레어　250, 252, 253, 254, 255, 256, 257
블레어리즘　82
블로바와의 협상　254
비르질리오 바르코　123
비밀 평화협상　138
비밀 평화회담　137
비쇼　64
비열한 수법　233
비즈니스협상　221, 228, 229, 236, 251, 252
비즈니스협상력　254
비컨즈필드　79
비트바테르스란트 대학　45

비폭력 시위　71, 240
비폭력 항거　253
빈곤층　98
빌조엔 장군　68

(ㅅ)
사대 외교　179
사망의 진실규명　154
사이몬스와 트립(Simons & Tripp)　234
사회민주노동당　86
사회주의 국가 건설　243
사회주의 혁명노선　152, 153
사회주의적　100
산토스　124, 148, 250, 251, 252, 253, 254, 255, 256, 257
산토스 대통령 취임식　135
산토스 정부　116, 135
산토스 제안 평화프로세스　127
산토스 평화협상　151
산토스 협상력　243
산페르 대통령　127
살해범의 처벌　154
상견례　177
상군사 박양유　181
상대 설득　256
상대방 설득　178, 231
상대방 인정　256, 258
상대방과 친분　180
상생 협력　255
상생적 협상철학　253
상임이사국　113, 204
상하이 쿠뮤니케　204, 212
상호 만족　185
상호 이익　259
상호 존중　111, 114
상호공동의 이해관계　253
상호불가침조약　191
상호신뢰　213
상호의존적　176
상호이익　257
상호조건의 교환　179
상호합의　212
서경의 영명사　181
서양 협상가　252
서양편　6, 239, 249

서필　　　　　　　　168
서희　　167, 169, 171, 172,
174, 180, 245, 250, 251, 252,
253, 254, 255, 256, 257
서희의 협상리더십　176
서희의 협상전략　　245
서희의 화법　　　　171
선항전, 후협상　　171, 172,
　　　　　　　　182, 183
설득　　　　　　　　177
설득 능력　　　　　258
설득과 협상　　　　112
설득력　113, 178, 245, 247,
253, 254
섭정　　　　　　　　182
성 금요일 협정　84, 89, 91
성공법칙 10가지　　92
성품과 화법　　　　181
세인트 존스 칼리지 79
세지필드　　　　　　80
소니(sony)　　　223, 246
소니 브랜드 224, 235, 247, 251,
　　　　　　　　255, 257
소니 상표　　　　　225
소니 제품　　　　　224
소니브랜드 세계화 247, 250, 251
소돔마 작전　　　　138
소련견제　　　　　253
소련의 패권주의　　200
소비에트(Soviet)　　198
소비자의 마음　　　227
소손녕　167, 171, 172, 174,
176, 177, 180, 181, 245, 250,
253, 254, 257
소송 제기　　　　　232
소액 금융 지원 프로그램 98
소웨토　　　　　　　48
소통과 협상　　　　242
소형 트랜지스터 라디오 246, 247
송나라 168, 171, 178, 180, 245
송나라 태종　　　　182
송태조　　　　　　　181
수공업 연구　　　　98
수인의 딜레마 게임(prisoner's
dilemma)　　　　　184
수전 라이스　　　　107

수정된 평화협정　　151
스콧 브라운　　　　102
스테레오벨트(Stereobelt) 232
스티브 잡스　　　　229
스페인 군대　　　　117
승자독식　　　　　　51
시릴 라마포사　　58, 63
시몬 볼리바르 게릴라 조정위원회
　　　　　　　　　125
시민전쟁　　　　　117
시스케이　　　　　　64
시안사변(西安事變) 190, 193, 198
시안사변 협상　　　213
시장조사　　226, 227, 235
시카고 대학교 로스쿨 96
신(新) 실력주의　　229
신노동당　　　　　　82
신뢰형성　　　176, 230
신자유주의　　　　　82
신전략무기감축조약(뉴스타트) 107
신페인당　　　　　　87
실리적 거래　　　　255
실용주의자　　　　　98
쑹메이링(宋美齡)　193
쑹즈원(宋子文)　　193

(ㅇ)
아담 카해인　　　　125
아리스토텔레스　　　4
아리스토텔레스 화법 181
아일랜드 공화국　　92
아일랜드 분쟁　　　251
아일랜드 평화협상　92
아코스타 편지　　　136
아파르트헤이트 철폐 255
아파르트헤이트(Apartheid)
　　　45, 47, 70, 240, 256
아프리카너(Afrikaner) 51, 61,
　　　　　　　　67, 72
아프리카너 민중전선 68
아프리카민족회의(ANC) 44
안드레아스 파벨(Andreas Pavel)
　　　　　　　　232, 234
안북부(安北府, 평남 안주시) 181
안융진　　　　　171, 176
안융진 전투　171, 181, 182, 184

안전한 삶	259	왕당파	85, 241
안토니오 나바로	124	왕당파 준군사조직	85
알바로 레이바	126	외교가	167
알폰소 카노	133, 137, 140	외교관계	111, 245, 256
알프레도 은조	50	외교사상	210
압박	253	외교수립	257
압박카드	254	외교적 협상	253
애국연합	124	외교전	182
애플의 제품 발표회	229	우라늄 농축 원심분리기	105
앤 더넘	95, 97	우라늄 농축행위	106, 113
양자회담	146	우리베 대통령	116, 130, 131, 132, 149
양해각서	65		
양후청(楊虎城)	190	우리베 베레즈	130
어전회의	181	우리베 정부	134, 135, 138
언론재벌	243	우익 정치세력	100
엔리케	143	우호적 관계	229
엘 티엠포	115, 116, 119	워크맨	226, 227, 229, 232, 235
엘리트 군단	133	원칙전략	185
여진	167, 168, 171, 174	원칙협상전략	185, 186
여진족	178, 179	월터 시수루	45
여행과 무역의 제약 완화	109	웨스턴 일렉트릭	223
역사적 배경	239	위니 여사	49
연소연공(聯蘇聯共)	194	위대한 경영자	231, 234
연합세력	253	위대한 협상가	5, 6, 79, 81, 84, 226, 231, 234, 236, 239, 240, 249, 256, 258
연합주의자	85		
영국 법원 소송	232		
영국 정부	241	위대한 협상가상(Great Negotiator Award)	5
영국 정부군	85		
영국기사작위	229	윈윈	72, 246
영향력	254	윈윈(win-win) 결과	185
예비내각	80	윈윈의 정신	114
예비협상	177	윈윈협상	109, 110
예비협상난계	176	유엔 상임이사국	251
오가 노리오(大賀典雄)	226	유엔 안전보장이사회	106, 107, 113
오바마	102, 103, 104, 250, 252, 254, 255, 256, 257	유엔 안전보장이사회의 결의안	108
		유엔개발프로그램(UNDP)	128
오바마 대통령	100, 106, 107, 109, 110, 111, 114	유엔의 비무장 관찰자	148
		윤서안	151
오바마의 인생관	98	음악 감상 방식	227
오바마의 협상력	242	의향선언문	59
오바마케어	99, 100, 101, 105, 111, 242, 250, 251, 256, 257	의회 핵심 지도부의 초당파적 모임	112
		의회의 절차	151
오사카대학 물리학과	220	이라크 전쟁	83, 99
오슬로 협상테이블	144	이란 은행의 국제 금융 활동 중지,	107
옥시덴탈 대학	95		
올리버 탐보	44, 50, 58		

찾아보기 | 279

이란 제재 결의안   113
이란 핵개발 억제   106, 113
이란 핵무기 개발   107, 242
이란과 직접적 소통 113
이란의 핵프로그램   106
이몽전   171
이미징기법   233
이부카 마사루(井深大) 221
이상주의자   98
이슈분리전술   186
이해관계 71, 92, 93, 185, 241
인간관계 구축   228
인간애적 사상   99
인간존엄성   69
인간존중의 정신   242
인격적 신뢰   178
인권과 감옥조건   110
인도네시아의 대장장이 97
인류 보편적 가치   259
인류문화   98
인류의 평화   251
인종차별 46, 49, 52, 54, 59, 70, 240
인종차별 갈등   250
인종차별 철폐운동   252
인종차별 해소   251
인종차별(아파르트헤이트) 252
인카타자유당 52, 56, 57, 60, 63, 65, 68, 72
일괄조정안   88, 93
일리노이 주 의회 상원 96
일몰조항   65
일반협정   145
일본 1등 황실장   229
임시헌법   67

(ㅈ)
자기결정 원칙   68
자기방어집단   122
자기통제력   180
자유당   117, 131
자유민주당   80
자유와 평등   259
자유전선   68
작전 불루   55
장쉐량(張學良)   190

장영   172
장위공 서희   6, 167
장제스(蔣介石) 187, 190, 245, 250
재협상   149, 154
저우언라이(周恩來, 주은래) 6, 187, 198, 206, 245, 246, 250, 251, 252, 253, 254, 255, 257
저우언라이 선집   196
저우언라이 협상력   246
저우언라이-장쉐량 비밀회담 191
저우언라이-키신저 비밀회담 201
적극적 대화의지   254
전 국민 의료보험   99
전략적 사고   184, 186
전략적 사전비밀회담 246
정보력   254
정보와 군사적 우위 243, 253
정부 보조금   100
정부의 협상팀   145
정부이양   69
정부측 협상팀   146
정안국   171
정의와 평화 법   131
정전협정   121, 123, 127
정체성 갈등   241
정치국   210
정치기회의 평등   240
정치범   72
정치일정 협조   254
정치적 해방   69
정치적 협상   137, 156
정치적 화법   181
정치협상회의   189
정파들 간 무력대결 253
제2인자   208
제2차 CODESA   61
제3의 길   82, 91
제레미 코빈   84
제리 아담스   87
제헌국회   127
제헌의회   65, 66, 69
조 슬로보   55
조빙   179
조정중재   154
존 스미스   80
존 스컬리   229

종교 분쟁	85		(ㅋ)	
종인타바	44		카구안 평화회담	129
종파간의 타협	257		카구안 프로세스	143, 153
좋은 관계 구축	259		카구안 회담	129
좋은정부재단	125		카를로스 카스타노	126
좌파 슬로건	80		캐럴 키언 수녀	104
주도권	177		캔자스대학교	115
주문자 생산방식(OEM)	224, 225		커뮤니케이션	81
주문자상표	222, 246		켈리에(Francois De Callieres)	206
주민간담회	100, 242			
주민설명회	112		코레타 스코트 킹	69
주짓수 협상	233		코민테른	195
죽음군단	122		코소보 내전	84
죽의 장막	205		콘스탄드 빌조엔	67
준군사조직과의 전쟁	130		콜롬비아 군대	123
준비회담	139		콜롬비아 내전	117
중국UN가입	205		콜롬비아 대통령	115
중국공산당	188, 195, 245		콜롬비아 마샬플랜	128
중국대륙 주도권	168		콜롬비아 청년공산당	140
중국의 유엔가입	252		콜롬비아 혁명군(Farc)	119
중립적 역할	155		콜롬비아의 평화달성	136
중소분쟁	199		쿠바 공산화	111
중일국교정상화	189, 209		쿠바 본회담	139
중재자	241		쿠바 파이브	109
중화소비에트공화국	188		쿠바 혁명의 성공	119
중화인민공화국	188, 201, 245		쿠바와 국교정상화	114, 242
지역사회 조직가	98		쿠바와 국교정상화 협상	108
직접 대화	137		쿠바의 공산주의혁명	243
직접 협상	154		크리스 하니	66
			크와줄루 나탈	68
(ㅊ)			크와줄루 자치권	68
창의적 대안	185		클라케베리 고등학교	34
천일의 전쟁	117		글린든 징부	129
철의 장벽	111		키신저 저우언라이 합의	203
철저한 사전준비	246		키신저 전 국무장관	228, 250
체크메이트작전	133		키신저-저우언라이 비밀회담	204
초당파적 모임	103		키신저-저우언라이 회담	203
초우량 기업	215		킨틴 라메 무장운동	120
총파업	64			
최양	171		(ㅌ)	
최종 서명식	147		타보 움베키	69
최종합의	148		태평양전쟁	221
출구전략	246		테러리스트	138
친교	180		테러와의 전쟁	130
친송 정책	167		테이프레코더	223
			토니 블레어	6, 78, 88, 241

통일아일랜드　　　241
통합적 협상　　　81, 212, 226
투르바이 자유당정부 121
투투 추기경　　　47
트랜지스터 라디오 223, 224, 255
트랜지스터 기술　223
트럼프　　　　　　105
트로츠키 혁명노동자당(PRT) 120
트루히요 대통령 정부 116
트리니트론　　　　224
특별작전합동사령부 131
특허분쟁 합의금　234
티모첸코　　　　　123, 141
티파티 여름　　　 100

(ㅍ)
파란 연필　　　　 221
파부침주(破釜沈舟) 227
파스트라나 대통령 128, 129
파스트라나 대통령 정부 116
페레즈 대통령　　 118
페어뱅크(J.K.Fairbank) 208
페티스 칼리지　　 78
평화 협상　　　　 86
평화5원칙　　　　 257
평화공존　　　　　251, 252
평화공존 10원칙　 211
평화공존 5원칙　　189, 204,
　　　　　　　　　210, 246, 253
평화구축　　　　　243
평화위원회　　　　121
평화의 승리　　　 134
평화의무　　　　　127
평화조정관　　　　128
평화프로세스　　　123, 126,
　　　　129, 136, 141, 155
평화프로세스의 협상 147
평화협상 89, 121, 134, 135,
140, 153, 155, 189
평화협상 프로세스 127, 156
평화협상의 신념　 243
평화협정　　　　　92, 117, 124,
　　　　140, 149, 152, 257
포괄적 농지개발　 145
포드 재단　　　　 98
포츈(Fortune)지　 235

포트 하레 대학교　44
폭력(The Violence) 118
폴스 무어 형무소　35
푸틴　　　　　　　107
프란시스 교황　　 110
프레토리아 의사록 56
프레토리아의 유니온 빌딩 64
플랜 콜롬비아　　 130, 131
피닉스작전　　　　132
피델 카스트로　　 108
피의 일요일　　　 88, 241
피해자 및 토지보상법 138
필리버스터　　　　102
핑퐁 외교　　　　 201, 204

(ㅎ)
하라레 선언　　　 53
하메네이　　　　　106
하바나 양자회담　 146
하바나 예비회담　 141
하바나 평화프로세스 142
하바나 평화회담　 153
하바나 협정　　　 243
하버드대학교　　　115, 240
하버드대학교 로스쿨 5
한국화(韓國華)　　169
할렘가　　　　　　54
할지론　　　　　　171, 182
합의 도출　　　　 253
합의안 수정　　　 149
합의지향형 태도　 212
항구적 평화프로세스 139
항복론　　　　　　182
항일 공동 전선　　189
해외무역장관　　　116
핵 프로그램　　　 108
핵 확산 저지 전략 106
핵무기 개발　　　 106
핵확산 위협　　　 105
헌법재판소　　　　135, 150
헨리 아코스타　　 136
헨리 키신저 187, 199, 246, 251
헨리 포드　　　　 235
협력적 이해관계　 184
협력적 협상　　　 232, 234
협력적(통합적) 전략 184

협상 3, 43, 52, 53, 61, 63, 70, 86, 87, 106, 107, 110, 111, 112, 113, 134, 172, 180, 236	
협상 결렬	225
협상 당사자	89
협상 실패	110
협상 아젠다	143
협상 역량	3
협상 조건	210
협상 힘(Power)	230
협상가(協商家, negotiator) 3, 4, 144, 184, 206, 234, 245	
위대한 협상가	3
협상가 사례연구	249
협상가우수성	239
협상가의 사례	7
협상가의 특징	7
협상결과	239
협상과정	63, 66, 179
협상과정의 증인	155
협상능력	178
협상단	107, 114
협상당사자	93, 111, 239
협상당사자의 대등관계	245
협상대표의 재량권	185
협상력 71, 72, 81, 114, 182, 228, 233, 239, 240, 241, 245, 250, 254, 258	
협상리더십	176, 184, 186
협상배경	239, 242
협상사안	210
협상스킬	7
협상에 대한 신념	256
협상의 결과	226, 229
협상의 법칙	92
협상의 성공법칙	93
협상의 아젠다	143
협상의 여건	181
협상의 원칙	229
협상의 정의	176
협상의 주도권	179
협상이론	4
협상쟁점	239
협상적 모델	239
협상전략 73, 81, 87, 113, 236, 239, 240, 241, 242, 253	
협상철학	210, 239, 255, 256
협상테이블	56, 116, 133, 134, 136, 140
협상팀	109, 116, 144, 146, 149
협상파워	258
협상프로그램	5
협상학	4, 176
협정체결	255
호놀룰루 대학원	97
홍군	194
화친	171
화해의 단계	154
환자보호 및 부담적정보험법	99, 101
황푸군관학교	188
효과적 커뮤니케이션	258
후고구려	168
후백제	168
후삼국 통일	167
후속협상	180
후안 마누엘 산토스	6, 115, 243
휴대용 카세트테이프 플레이어	232
휴머니즘	70
흑인 국민의 단합된 힘	253
흑인대통령	96
힐러리	107
힘(Power)	81
힘의 원천	230, 254

■ 저자 원창희 프로필

[학력]
고려대학교 경영대학 경영학학사
고려대학교 대학원 경제학석사
미국 오하이오주립대(The Ohio State University) 경제학박사

[경력]
한국노동교육원 교육본부장, 교수
숭실대 노사관계대학원 겸임교수
한국노동경제학회, 한국노사관계학회 부회장, 이사
서울지방노동위원회 공익위원
국회 환경노동위원회 전문위원
아주대학교 경영대학원 겸임교수
9th Asia Pacific Mediation Forum(APMF) Conference 준비위원장
한국조정중재협회 부회장
한국갈등조정가협회 회장
인천재능대학교 마케팅경영과 겸임교수
단국대학교 경영대학원 협상론 강사
서울중앙지방법원, 서울가정법원 조정위원(현)
한국코치협회 인증코치(현)
고려대학교 노동문제연구소 연구교수(현)
미국 연방조정알선청(FMCS) 명예조정관(현)
파인협상아카데미 대표(현)

[저서]
노사간 신뢰구축의 길(공저, 나남출판사, 2004)
노동분쟁의 조정: 이론과 실제(법문사, 2005)
사례로 배우는 대안적 분쟁해결: 협상조정중재(이지북스, 2009)
갈등관리의 이해(한국문화사, 2012)
직장인 행복서(인더비즈, 2014)
협상조정의 이해(한국문화사, 2016)
갈등코칭과 협상코칭(한국문화사, 2019)
함께 행복한 협상 이야기(네고메드, 2020)
직장인 행복서 개정판(한국문화사, 2020)
성공하는 협상의 10가지 핵심역량(파인협상아카데미, 2021)

■저자 정주영 프로필

[학력]
서울대학교 조경학과
서울대학교 환경대학원
동국대학교 대학원 행정학과 박사과정 수료(정책학 전공)

[경력]
서울대학교 환경계획연구소
한국전력공사
프로젝트경영전문가(Project Management Professional, 미 PROMAT)(현)
부동산디벨로퍼(한국경제아카데미)(현)
울산광역시 녹색포럼위원(공원녹지 시정정책개발자문)
갈등조정가1급(한국갈등관리조정연구소)(현)
협상가1급, 마스터협상가(파인협상아카데미)(현)
한국갈등조정가협회 조정가(현)
한국정책학회, 도시행정학회, 대한국토도시계획학회, 한국갈등학회 회원(현)
한국수력원자력(현)
동국대학교 WISE캠퍼스 행정경찰공공학부 강사(현)

[참여 프로젝트 등]
파주 출판문화산업단지(Book City) 기본구상 연구
서울대학교 연건캠퍼스 발전관리 기본계획 연구
울진원전 환경친화적 단지계획, 발전소 색채계획, 원자력공원 계획
울진원전 5호기 내 일반인 관람통로 조성
월성원전 1호기 대규모 설비개선사업(건축분야 시공관리)
한국수력원자력 본사 경주이전사업(이전기획, 입지, 건설계획)
신고리원전 5,6호기 건설사업(주민협상, 지역협력 및 갈등관리)
고리원전 계속운전 및 출력증강사업(주민협상, 지역협력 및 갈등관리)
신규양수발전소 건설사업(사업기획, 입지선정, 갈등관리)
한국수력원자력(주) 갈등관리심의위원회 운영 및 전사 갈등관리 총괄
영동군 양수발전소 주변지역 지원사업 장기계획 수립
동국대학교 WISE캠퍼스 강의(사회갈등치유론, 정책갈등관리론)

■저자 권희범 프로필

[학력]
숭실대학교 경제학사/경영학사
서강대학교 경영전문대학원 경영학석사(인사조직/전략 전공)
서강대학교 대학원 법학박사과정 수료(사회경제법/노동법 전공)

[경력]
LG그룹 LG전자물류, LG유플러스 사내노무사
현대자동차그룹 현대제철 사내노무사
네이버그룹 사내노무사
숭실대학교 창업지원단 멘토링 강사
동국대학교 BMC창업보육센터 강사
협상전문가(한국조정중재협회)(현)
협상가1급, 마스터협상가(파인협상아카데미)(현)
한국갈등조정가협회 조정가(현)
서울시 공익감사단 시민참여옴부즈만(현)
성남시 진로멘토단 멘토위원(현)
한국심리학회, 한국산업및조직심리학회 정회원(현)
한국고용노사관계학회 정회원(현)
한국공인노무사회 공인노무사(현)
사내노무사커뮤니티(ICC) 대표노무사(현)
인사노무컨설팅그룹 서중 대표 컨설턴트/공인노무사(현)
노무법인 한영 부대표 노무사(현)

[연구/강의]
고용관계윤리측면에서의 퇴직분쟁 개선방안에 관한 연구
(경영전문연구주제, 서강대학교, 2016)
현대자동차, 현대제철, DHL코리아, BMW코리아, 네스프레소,
KDB생명, 동화기업, 베스핀글로벌, 숭실대학교, 동국대학교 등
노사관계, 인사노무 및 갈등관리/협상/분쟁해결 강의

역사 속 위대한 협상가 이야기

1판1쇄 발행 2022년 9월 20일

지 은 이 원창희, 정주영, 권희범
펴 낸 이 원창희
펴 낸 곳 파인협상아카데미
등   록 2020년 5월 11일
주   소 경기도 용인시 수지구 용구대로2771번길 66, 201-302
전   화 031-308-4500
팩   스 050-4133-4540
이 메 일 fine@finenego.com
홈페이지 www.finenego.com

책값은 뒤표지에 있습니다.

잘못된 책은 바꾸어 드립니다.
이 책의 내용은 저작권법에 따라 보호받고 있습니다.

ISBN 979-11-979913-1-8

이 도서의 국립중앙도서관 출판예정도서목록 서지정보유통지원시스템(http://seoji.nl.go.kr)와
국가자료공동목록시스템(http://www.nl.go.kr/kolisnet)에서 이용하실 수 있습니다.
(ISBN 979-11-979913-1-8 으로 검색)